Max Lucado

FRAGEN SIE MAX LUCADO

Der Bestsellerautor beantwortet Fragen seiner Leser

SCM Hänssler

SCM

Stiftung Christliche Medien

FSC www.fsc.org MIX Papier aus verantwortungsvollen Quellen FSC® C006701

SCM Hänssler im SCM-Verlag GmbH & Co. KG · 71088 Holzgerlingen
Internet: www.scm-haenssler.de; E-Mail: info@scm-haenssler.de

Originally published in English under the title: Max on life

Übersetzung: Herta Martinache
Umschlaggestaltung: OHA Werbeagentur GmbH, Grabs, Schweiz; www.oha-werbeagentur.ch
Titelbild: Karen James, www.karenjames.com
Satz: typoscript GmbH, Walddorfhäslach
Druck und Bindung: CPI – Ebner & Spiegel, Ulm
Gedruckt in Deutschland
ISBN 978-3-7751-5311-9
Bestell-Nr. 395.311

Für Dave und Kathy Moberg

Über zwei Jahrzehnte lang habt ihr diesen Verlag mit sicherer Hand auch durch stürmische Zeiten gelenkt. Danke für unzählige Gebete, Ermutigungen und Anregungen (zu denen auch dieses Buch gehört).

Inhalt

Dank

Meine langjährige Redaktionsassistentin Karen Hill hat einen Großteil der Arbeit an diesem Buch geleistet. Danke, Karen, für das Durchsehen unzähliger Briefe, Predigten und E-Mails. Du hast dir einen langen Urlaub verdient.

Das gilt auch für Sie, Carol Bartley. Einem Manuskript tun Sie so gut wie einem Auto die Wäsche. Dank Ihres Aufpolierens liest sich dieses Manuskript besser als das, was ich geschrieben habe.

Paula Major, ganz besonders weiß ich Ihre Bereitschaft, ein solches Mammutprojekt in Angriff zu nehmen, zu schätzen. Großartige Arbeit!

Troy Schmidt, danke für Ihre wertvolle Mitarbeit. Dank Ihnen war die Aufgabe viel leichter zu bewältigen!

Terry Gibbs, Sie sind eine Goldgrube an Weisheit und eine Quelle der Inspiration. Von mir erhalten Sie donnernden Applaus!

Den Mitarbeitern von Ambassador Advertising danke ich für die mühevolle Vorarbeit, mit der sie Sprachnachrichten ermöglicht haben.

Den Hut ziehe ich vor Steve und Cheryl Green, Greg und Susan Ligon, Dave Schroeder und allen anderen Team-Mitgliedern.

Seit 1988 hat mir die Oak Hills Church ein Gewächshaus für Ideen zur Verfügung gestellt. Viele dieser Fragen wurden zuerst von dieser wunderbaren Gemeinde gestellt. Danke, dass ihr euch die Zeit zum Nachdenken genommen habt.

Und Denalyn, meine Frau, die Frage, auf die ich keine Antwort finde, lautet, wie ein Esel wie ich es geschafft hat, eine Prinzessin wie dich zu heiraten! Es ist wie das Wunder in einem Märchen.

Bevor wir anfangen

Wir haben Fragen. Echte, wichtige und herausfordernde Fragen. Sie haben Ihre Fragen. Ich habe meine Fragen. Unsere Fragen beginnen mit *Warum, Wann, Was* und *Wie kommt es, dass …*

Um unseren Fragen Nachdruck zu verleihen, haben wir das Fragezeichen erfunden. Es ist gebeugt und gebückt, vielleicht weil unsere Fragen uns selbst so aussehen lassen: belastet und abgespannt. Wir haben tiefgründige und drückende Fragen.

Wir sehnen uns nach Antworten. Machen wir das Fragezeichen gerade und richten es auf. Ersetzen wir den zusammengekauerten Kringel mit einem zuversichtlichen Ausrufezeichen!

Doch das ist leichter gesagt als getan.

Es gibt Fragen, auf die es keine einfachen Antworten gibt. Doch das wissen Sie. Sie haben sich ja schon Gedanken gemacht. Ich weiß es ebenfalls. Auch ich habe mir Gedanken gemacht.

Pastoren hören viele Fragen. Autoren erhalten viele Briefe. Da ich sowohl Pastor als auch Autor bin, habe ich mehr als genug Fragen gestellt bekommen. Und diese Fragen haben meine Gedanken geprägt. Aufrichtige Fragen waren für meine Rundfunkansprachen, Predigten und Bücher richtungweisend. Wenn Sie meine Werke bis zu ihrem Anfang zurückverfolgen, entdecken Sie schließlich ein buckliges Satzzeichen: »Max, darf ich dich etwas fragen?«

Wie Herbstlaub auf die Erde fällt, so sinken diese Fragen in mein Herz, bis der Frühling kommt und ich einen oder zwei Gedanken dazu habe.

Dieses Buch ist die Sammlung einiger dieser Gedanken.

Viele dieser Gedanken sind ursprünglich in früheren Büchern erschienen. Andere sind jetzt erst reif für eine Veröffentlichung. Aber ich bete, dass Ihnen alle bei Ihren Fragen helfen.

Bei dieser Gelegenheit möchte ich auch Ihnen danken. Danke für Ihre Fragen, Briefe, E-Mails und Anrufe. Viele von Ihnen haben sehr offen über Ihren Kummer und Ihre Sorgen erzählt. Sie haben mir über Ihre Kämpfe und Ihre Freuden berichtet. Sie haben mich an Ihrem Leben teilnehmen lassen. Es ist mir eine Ehre, ein Stück Weges mit Ihnen zu gehen. Sitzen wir schließlich nicht alle im selben Boot? (Eine andere gute Frage.)

Hoffnung

Gott, Gnade und »Wozu lebe ich?«

Dear Kelly,

Guilt is not what God wants for his children. When repentance occurs in the heart of the believer, forgiveness is extended by the Father.

Think of it this way: when grace moves in, guilt moves out. God has forgiven us. There is no reason to hold on to guilt –

Max

Liebe Kelly,

Gott will nicht, dass sich seine Kinder schuldig fühlen. Wenn Reue im Herzen eines Gläubigen auftaucht, wird ihm vom Vater Vergebung angeboten.

Du kannst es dir so vorstellen: Wenn Gnade einzieht, zieht Schuld aus. Gott hat uns vergeben. Es gibt keinen Grund, an der Schuld festzuhalten.

Max

1. Ich wurde sehr oft von menschlicher Liebe enttäuscht und glaube, dass ich dadurch eine falsche Auffassung von Gottes Liebe bekommen habe. Können Sie mir den Unterschied zwischen Gottes Liebe und menschlicher Liebe erklären?

Menschliche Liebe ist zweckmäßig. Sie entspricht den jeweiligen Bedürfnissen eines Menschen und passt in seinen Zeitplan.

Gottes Liebe ist ewig. Wir stehen immer auf Gottes Programm. Wir können kommen und gehen, wann wir wollen, er ist immer da.

Menschliche Liebe ist begrenzt. Sie hängt von der Schenkungsbereitschaft des Menschen ab.

Gottes Liebe ist unbegrenzt. Er hat beträchtliche Mengen an Liebe und benutzt sogar Wörter wie *überreich,* wenn er davon spricht, wie er seine Liebe über Menschen ausgießt.

Menschliche Liebe ist gefühlsbetont, sie wird von Gefühlen beherrscht.

Wir haben das Gefühl, verliebt zu sein, oder wir haben nicht das Gefühl, verliebt zu sein.

Hormone, Schlaflosigkeit, Sorgen, Verletzungen aus der Vergangenheit, scharfes Essen – all das macht Gefühle kompliziert.

Gottes Liebe ist Hingabe. Auch wenn Gott Gefühle für uns hat, wird seine Liebe nicht von seinen Gefühlen bestimmt. Seine Liebe gründet sich auf den Entschluss, uns zu lieben. Unsere Handlungen machen seine Hingabe weder größer noch kleiner. Seine Liebe ist tiefer und sicherer als die Achterbahn unserer Gefühle.

Menschliche Liebe ist selbstsüchtig. Sie muss unseren Bedürfnissen entsprechen und für uns da sein. Um lieben zu können, müssen wir geliebt werden.

Gottes Liebe ist selbstlos. Gott liebt uns, auch wenn wir ihn nie lieben. Unsere Liebe hat keinen Einfluss auf die Menge der Liebe, mit der er uns überschüttet.

Für menschliche Liebe spricht, dass man sie sehen kann – im Funkeln der Augen unseres Vaters, im Lächeln unseres Ehepartners, in der Freude, die in den Stimmen unserer Kinder schwingt.

Gottes Liebe ist genauso echt, doch nicht in gleicher Weise wahrnehmbar. Wir werden sie rechtzeitig und in Ewigkeit sehen, wenn wir im Himmel vor ihm stehen und in das Angesicht Gottes und seines Sohnes Jesus Christus schauen werden.

Als Christen sollten wir uns bemühen, in unseren menschlichen Beziehungen Gottes Liebe zum Ausdruck zu bringen, damit niemand eine Aussage wie Sie machen muss. Wir sollten alle jemanden im Leben haben, von dem wir sagen können: »In diesem Menschen habe ich Gottes Liebe gesehen.«

2. *An manchen Tagen zweifle ich an Gott. Ich zweifle an seiner Güte, an seiner Nähe – und sogar daran, dass es ihn gibt. Verlässt er mich, wenn ich an ihm zweifle?*

Als ich sieben Jahre alt war, riss ich von zu Hause aus. Ich hatte die Nase voll von den Regeln meines Vaters und beschloss, mein eigener Herr zu sein. Mit einigen Kleidungsstücken in einer Plastiktüte stürmte ich aus dem Hintereingang und marschierte die Straße hinunter. Wie der verlorene Sohn beschloss ich, dass ich keinen Vater mehr brauchte. Anders als der verlorene Sohn ging ich nicht weit fort. Am Ende der Straße fiel mir ein, dass ich Hunger hatte. Da kehrte ich eben nach Hause zurück.

Obwohl meine Aufsässigkeit von kurzer Dauer war, handelte es sich doch um Aufsässigkeit. Hätten Sie mich auf meinem Weg aufgehalten und nach meinem Vater gefragt, hätte ich vielleicht verkündet: »Ich brauche keinen Vater. Ich bin zu groß für die Regeln meiner Familie. Ich brauche nur mich und meine Plastiktüte.« Ich erinnere mich nicht, dass ich das zu jemandem gesagt habe, aber ich habe es gedacht. Und ich erinnere mich auch, dass ich recht kleinlaut durch den Hintereingang wieder ins Haus zurückschlich und mich zum Abendessen an den Tisch setzte, demselben Vater gegenüber, von dem ich mich kurz zuvor losgesagt hatte.

Wusste Papa etwas von meinem Aufstand? Ich nehme es an. Wusste er von meiner Ablehnung? Väter wissen so etwas im Allgemeinen. War ich noch sein Sohn? Offensichtlich ja. (Niemand anderes saß auf meinem Platz.) Nehmen wir an, Sie wären damals nach einem Gespräch mit mir zu meinem Vater gegangen und hätten gefragt: »Herr Lucado, Ihr Sohn hat erklärt, dass er keinen Vater braucht. Betrachten Sie ihn immer noch als Ihren Sohn?« Was hätte mein Vater wohl geantwortet?

Über seine Antwort muss ich nicht lange nachdenken. Er nannte sich mein Vater, selbst als ich nicht sein Sohn sein wollte. Die Verpflichtung, die er mir gegenüber eingegangen ist, war größer als meine Verpflichtung ihm gegenüber.

So ist es auch mit der Verpflichtung, die Gott uns gegenüber eingegangen ist.

Unser Gott ist kein Schönwetter-Vater. Er ist zuverlässig. Ich kann mich darauf verlassen, dass er auf meiner Seite steht, egal, wie ich mich verhalte. Auch Sie können sich darauf verlassen.

3. *Wer ist Gott? Woher kann ich wissen, wie er ist? Kann ich mich darauf verlassen, dass er so mächtig ist, dass er auch für mich sorgen kann?*

Wer ist Gott? Wie viel Zeit haben Sie?

Gott ist unveränderlich. Das Wetter ändert sich. Die Mode ändert sich. Sogar Änderungen verändern sich. Gott hat sich nicht geändert, er kann und will sich nie ändern. Er bleibt immer derselbe – gestern, heute und morgen (Hebräer 6,17-18).

Gott ist einzigartig. Niemand hat auch nur annähernd so viel Macht, Kreativität, Weisheit und Liebe. Viele meinen hochmütig, dass sie sich mit ihm messen können, doch niemand schafft es. Keiner ist wie Gott (Jesaja 40,13-14).

Niemand herrscht über Gott. Wir haben Polizisten, Sicherheitspersonal, Politiker und Hauseigentümerverbände, die uns sagen, was wir zu tun haben. Gott nicht, denn er ist der König der Könige (1. Timotheus 6,15-16).

Gott ist nicht zu fassen. Autoren (wie ich) versuchen, Gottes Wesen mit einer umfassenden Sammlung von Adjektiven einzufangen. Doch unsere Finger erstarren auf der Tastatur (wie meine gerade). Er ist so ... nun ... (Hiob 11,7-8).

Gott ist unantastbar. Es braucht nur zufällig jemand in meine Richtung zu niesen und schon bin ich angesteckt und werde eine Woche lang von Schnupfen geplagt. Niemand kann Gott beschmutzen oder beflecken. Kein Ausbruch von Sünde kann ihn infizieren. Gott ist heilig und gerecht, egal, wie schlecht die Welt wird (1. Samuel 2,2).

Gott wurde nicht erschaffen. An Gott klebt kein Etikett mit der Aufschrift »Made in ...«. Kein Geburtstag. Keine Kindheit. Keine Einflüsse, die in seinem Lebenslauf vermerkt werden. Da Gott von niemandem an die Macht gebracht wurde, kann er auch von niemandem abgesetzt werden (Psalm 90,1-2).

Gott kennt keine Grenzen. Uns sind Grenzen gesetzt: durch das Leistungsvermögen unseres Verstandes, die Zeit, familiäre und gesellschaftliche Verpflichtungen (man kann nicht gleichzeitig an zwei Basketball-Trainingsstunden teilnehmen) und Geduld. Gottes Zeit, Macht, Wissen und Liebe sind unbegrenzt (Psalm 147,4-5).

Kann Gott also für Sie sorgen?

Ich überlasse es Ihnen, die Antwort auf diese Frage zu finden.

4. *Allmählich bezweifle ich einige Dinge, die ich bisher als selbstverständlich betrachtet habe. Zum Beispiel, ob es Gott wirklich gibt. Wie kann man wissen, ob er wirklich existiert? Kann ich wissen, dass er nicht nur ein Produkt meiner Fantasie ist?*

Unser Glaube an Gott ist kein blinder Glaube. Glaube bedeutet, fest von etwas überzeugt sein (»Ich glaube, dass dies wahr ist«), nicht hoffen, dass es wahr ist (»Ich glaube, dass Hoffenheim in die

Bundesliga aufsteigt«). Es ist die Art Gewissheit, die man erhält, wenn man auf einem riesigen Felsen steht. Wie können Menschen in ihrem Glauben an Gott zu solch einem Ort gelangen?

Weltall: Betrachten Sie den Himmel. Zweihundert Milliarden Sterne alleine in unserer eigenen Galaxie, der Milchstraße. Milliarden von Galaxien in einem Weltall, das sich fortwährend ausdehnt. Wo endet es? Wie hat alles begonnen?

Erde: Betrachten Sie die Schöpfung. Welche Vielfalt. Wie viel Schönheit. Ein Kreislauf des Lebens. Wie ist das alles entstanden? Warum funktioniert es in vollkommener Harmonie?

Ethik: Betrachten Sie unsere moralischen Grundsätze. Ein gemeinsames Rechts- und Unrechtsbewusstsein der Menschen in verschiedenen Ländern und zu verschiedenen Zeiten in der Geschichte. Mord ist immer falsch. Mut ist immer gut. Wer hat uns programmiert?

Die Bibel: Betrachten Sie Gottes Wort. Prüfen Sie seine Weisheit. Lernen Sie die Geschichten kennen. Verfolgen Sie ihre Bewahrung während all der Jahre. Wie blieb sie trotz Kriegen und großem Widerstand so gut erhalten?

Das leere Grab: Schauen Sie die Auferstehung genau an. So viele von denen, die behaupteten, den auferstandenen Herrn gesehen zu haben, starben mit diesem Zeugnis auf den Lippen. Würden sie für eine Lüge sterben? Oder glaubten diese Menschen, dass auch sie auferstehen werden?

Jesus: Schauen Sie auf ihn. Kein anderer Mensch in der Geschichte hat so viele Fragen aufgeworfen, so viele Herzen bewegt, so viele Antworten gegeben. Könnte er wirklich der sein, der er behauptete zu sein?

Gott ist kein Produkt Ihrer Fantasie. Er ist viel mehr, als wir uns vorstellen können, und er ist die Wahrheit.

5. *Meine Verlobte und ich haben gestern Abend lange über die Bedeutung von Sünde und die Notwendigkeit der Erlösung gesprochen. Wir haben entdeckt, dass wir zwei völlig unterschiedliche Standpunkte vertreten. Ist Sünde eine Missachtung des Gewissens?*

Sünde ist viel mehr. Einer der deutlichsten Verse zu dieser Frage steht in Römer 3,23: »Denn alle Menschen haben gesündigt und das Leben in der Herrlichkeit Gottes verloren.«

Beachten Sie den Ausdruck *verloren*. Wir alle wissen, was »Verlieren« bedeutet. Denken wir nur an den Sport. Ein Stabhochspringer hat nicht die Kraft, über die Stange zu springen, also verliert er, auch wenn er sein Ziel nur knapp verfehlt, sein Mangel an Leistung also nur gering ist. Bei dem Wort Mangel fällt uns oft auch unsere finanzielle Lage ein. Wir leiden an einem Mangel, wenn bei uns am Ende des Geldes noch etwas Monat anstatt am Ende des Monats noch etwas Geld übrig ist. Laut Bibel gibt es noch einen anderen Mangel. Es gibt nicht nur einen Mangel an sportlicher Leistung, nicht nur einen finanziellen Mangel, sondern auch einen geistlichen Mangel. Einfach ausgedrückt: Wir genügen Gottes hohen Maßstäben nicht. Auf der Habenseite unseres Lebenskontos sind nicht genügend gute Eigenschaften und Taten verzeichnet. Der Himmel ist ein heiliger Ort und »wer nicht heilig ist, wird den Herrn nicht sehen« (Hebräer 12,14).

Mit anderen Worten: Wir sind für den Himmel nicht gut genug.

Was können wir also tun? Wir können beginnen, gute Taten zu vollbringen. Vielleicht können wir genug gute Taten vollbringen, die unsere schlechten Taten aufwiegen? Dann stellt sich die Frage, wie viele gute Taten dafür erforderlich sind. Kann ich meine Ungeduld im Straßenverkehr damit gutmachen, dass ich die nächsten vier Autos vor mir in die Kreuzung einfahren lasse? Mit wie vielen Jahren Großzügigkeit kann ein Jahr Habgier ausgeglichen werden? An wie vielen Gottesdiensten muss ich teilnehmen, um einen versäumten Kirchenbesuch am Sonntagvormittag wettzumachen?

Niemand kennt die Antwort auf diese Fragen. Niemand weiß, wie viele gute Taten erforderlich sind, um schlechte Taten aufzuwiegen. Es gibt keine Preisliste und keine Regeln. Bisher wurde auch kein Gesetzbuch entdeckt, das diese Fragen klärt. Denn ein solches Gesetzbuch gibt es nicht. So funktioniert es bei Gott nicht.

Ist Gott denn nicht mehr als ein himmlischer Geschäftevermittler, der Gnade als Pauschalangebote verkauft? Telefoniert er regelmäßig mit Sündern und sagt: »Alles klar, ich vergebe dir deine Selbstsucht, wenn du zwei Euro spendest und deine Schwiegermutter zum Abendessen einlädst«? Haben wir einen solchen Gott? Der Gott, von dem wir in der Bibel lesen, ist mit Sicherheit nicht so.

Gott hat uns so viel Güte erwiesen. Wir können die Waagschalen nicht ins Gleichgewicht bringen. Alles, was wir tun können, ist um Barmherzigkeit bitten. Und weil Gott so gütig ist, ist er barmherzig. Gott hat die Sünden auf seinen Sohn gelegt. Sein Sohn, Jesus Christus, starb für unsere Sünden. Er hat getan, was wir nicht vollbringen konnten, damit wir werden, wovon wir nicht zu träumen wagten: Bürger des Himmels.

6. *Warum soll ich meine Schwierigkeiten vor Gott bringen? Er kann sie nicht verstehen.*

Laut Bibel kann er es: »Dieser Hohe Priester [Jesus] versteht unsere Schwächen, weil ihm [selbst] dieselben Versuchungen begegnet sind wie uns, doch er wurde nicht schuldig« (Hebräer 4,15).

Der Verfasser des Hebräerbriefes betont seinen Standpunkt unnachgiebig, ja fast schon überspitzt. Als würde er mit unseren Einwänden schon rechnen, als wüsste er bereits, dass wir sagen: »Gott, für dich da oben ist es leicht. Du weißt nicht, wie schwer es hier unten ist.« Deshalb verkündet er resolut, dass Jesus uns verstehen kann. Betrachten Sie noch einmal diesen Vers.

Ihm selbst. Keinem Engel. Keinem Botschafter. Keinem Gesandten, sondern Jesus selbst sind die Versuchungen begegnet.

Dieselben Versuchungen. Kein kleiner Teil von ihnen, nicht fast, nicht weitgehend, sondern voll und ganz dieselben Versuchungen sind Jesus begegnet!

Wie uns. Er empfand Verletzungen und Schmerz. All die Belastungen und den Stress. Ohne Ausnahme. Warum? Damit er unsere Schwächen verstehen kann.

Jede Seite der Evangelien weist mit Nachdruck auf diesen entscheidenden Grundsatz hin: Gott weiß, was Sie empfinden. Von der Beerdigung über die Fabrik bis zur Frustration eines übervollen Terminplans. Jesus versteht es. Wenn Sie Gott sagen, dass Sie an Ihre Grenzen gekommen sind, dann weiß er, was Sie meinen. Wenn Sie den Kopf über unmögliche Fristen schütteln, schüttelt er auch den Kopf. Wenn Ihre Pläne von anderen Menschen, die anderes vorhaben, durchkreuzt werden, nickt er voller Einfühlungsvermögen.

Er hat das alles auch erlebt.

Er weiß, was Sie empfinden.

7. *Ich habe eine grundsätzliche Frage. Wozu sind wir da? Ich meine, hat Gott etwas mit uns vor? Wenn ja, was? Führt er uns zu einem Ziel? Wenn ja, wohin?*

Sie haben recht. Es gibt keine grundsätzlichere Frage.

Doch die Antwort kann knapp ausfallen: *Gottes Reich*. Gott schafft sich ein Reich. Er sammelt ein ewiges Volk für sich, das im neuen Himmel und auf der neuen Erde mit ihm herrschen wird.

Die Propheten des Alten Testaments sahen eine Zeit voraus, in der Gott auf neue Weise seine Herrschaft errichtet und bekräftigt: »Er herrsche von einem Meer bis zum anderen und vom Euphrat bis zum Ende der Erde … Alle Könige werden vor ihm niederfallen und alle Völker ihm dienen« (Psalm 72,8.11).

Sie versprachen die irdische Ankunft eines gesalbten Königs, eines Messias, der in einzigartiger Weise mit Gott verbunden ist und als Werkzeug für Gottes Herrschaft dienen soll. »Seht, euer König kommt zu euch. Er ist gerecht und siegreich, und doch ist er demütig und reitet auf einem Esel…« (Sacharja 9,9).

Alles dreht sich um den König und sein Reich. »Gott beschloss, wenn die Zeit dafür gekommen ist, alles im Himmel und auf der Erde der Vollmacht von Christus zu unterstellen« (Epheser 1,10).

Es scheint wie folgt abzulaufen:

- Gott schuf das Weltall als Wohnstätte für die Menschen.
- Die Menschen sind da, um Bürger für Jesus, den König, zu werden.
- Jesus, der König, kam auf die Erde, um seine Leute freizukaufen (für ihre Sünden zu zahlen) und um sie in den Himmel einzuladen.
- Wer sein Geschenk annimmt, wird in seine Familie aufgenommen und erhält die Kraft seines Geistes.
- Er kommt wieder, um Anspruch auf uns und seine Schöpfung zu erheben und für immer über sie zu herrschen.

Der König und sein Reich. Dazu sind wir da. Das ist unser Ziel. Das wird ein herrlicher Krönungstag werden, glauben Sie nicht auch?

8. *Wozu dient das Bekenntnis der Sünden? Weiß Gott nicht schon, was ich getan habe? Warum muss ich es ihm dann sagen?*

Das griechische Wort für *Bekenntnis* ist der zusammengesetzte Begriff *homologeo*, *homo* bedeutet »dasselbe« und *logeo* bedeutet »sprechen«. Bekennen bedeutet, dasselbe sagen, derselben Meinung sein. In diesem Fall, mit Gott derselben Meinung sein.

Diese Definition erklärt nicht nur, was Bekenntnis ist; sie erklärt auch, was Bekenntnis nicht ist. Bekenntnis bedeutet nicht zu jammern. Wenn ich nur meine Probleme aufliste und erzähle, wie schwer mein Leben ist, so ist das kein Bekennen.

Bekenntnis ist keine Schuldzuweisung. Wenn ich mit dem Finger auf andere zeige, aber nicht auf mich, dann tut mir das vielleicht eine Zeit lang gut, doch dadurch wird der Konflikt in mir nicht ausgeräumt.

Bekenntnis bedeutet, mit Gott ins Reine zu kommen.

David hat es erlebt. Die Sache mit Batseba war anscheinend noch nicht genug. Der Mord an ihrem Mann war anscheinend nicht genug. Irgendwie schlich David um die Wahrheit herum wie die Katze um den heißen Brei. Mindestens neun Monate, bis zur Geburt des Kindes, stritt er sein Fehlverhalten ab. Ein Prophet musste kommen, um die Wahrheit ans Tageslicht zu bringen. Doch dann missfiel David, was er sah (2. Samuel 11,1–12,13).

Er hisste die weiße Flagge. Kein Gefecht mehr mit Gott. Kein Diskutieren mehr mit dem Himmel. David bekannte seine Sünde. Er kam mit Gott ins Reine. Was war das Ergebnis dieser Aufrichtigkeit?

> Doch endlich gestand ich dir meine Sünde und
> gab es auf, sie zu verbergen.
> Ich sagte: »Ich will dem Herrn meine Auflehnung bekennen.«
> Und du hast mir vergeben und meine Schuld weggenommen!
> Psalm 32,5

Wollen auch Sie Ihre Schuld loswerden? Kommen Sie mit Gott ins Reine.

9. *Nach der Geburt unserer kleinen Tochter begannen mein Mann und ich, in die Kirche zu gehen. Der Pastor und die anderen dort sprechen oft vom Gerettetsein, aber wir verstehen nicht richtig, was das bedeutet. Können Sie uns helfen?*

Die beste Antwort auf Ihre Frage finden Sie in diesem bekanntesten Bibelvers:

> Denn Gott hat die Welt so sehr geliebt, dass er seinen einzigen Sohn hingab, damit jeder, der an ihn glaubt, nicht verloren geht, sondern das ewige Leben hat.
>
> Johannes 3,16

Warum will Gott uns retten? »Gott hat ... so sehr geliebt.« Welche Eltern könnten untätig daneben stehen, wenn ihr Kind Höllenqualen leidet? Wer würde zusehen, wenn ein geliebter Mensch auf eine gefährliche Grube zusteuert, ohne ihn aufzuhalten, bevor er in das Dunkel stürzt? Gott liebt uns so sehr, dass er uns gerettet sehen will ... von der Welt, von Satan, von uns selbst. Die Motivation für all sein Handeln ist Liebe ... Liebe ... Liebe ... Liebe. Und seine Liebe gilt Ihnen.

Wie rettet uns Gott? »... dass er seinen einzigen Sohn hingab ...« Eine Schuld wird durch eine Zahlung beglichen. Zorn wird durch ein Geschenk besänftigt. Ein Opfer stirbt anstelle des Schuldigen. Gott rettet uns, indem er selbst das Opfer bringt – seinen Sohn –, der für unseren Schuldenberg voller Sünden zahlt, um seinen riesigen Zorn über unsere Auflehnung zu stillen und die Last unserer Schuld wegzunehmen. Nur ein einziges Opfer war würdig genug, um für alle Sünden aller Menschen aller Zeiten zu sterben. Jesus. Er starb als ein sündloses und vollkommenes Opfer am Kreuz.

Was müssen wir tun, um gerettet zu werden? »Jeder, der an ihn glaubt ...« Die Schuld ist so groß, dass wir sie nie bezahlen können. Auch wenn wir uns zu Tode schuften, wäre das nicht genug. Deshalb hat Jesus aus Liebe vor zweitausend Jahren am Kreuz, vor den Mauern Jerusalems die ganze Arbeit für uns geleistet. Was müssen wir tun? Glauben. Glauben, dass Jesus für Sie und mich starb. Wissen, dass Gott zufriedengestellt wurde und dass die Rechnung für unsere Sünden vollständig beglichen wurde.

Was ist die Folge der Errettung? »Das ewige Leben.« Mit seinem Tod am Kreuz hat Jesus für unsere Sünden bezahlt. Die Auferstehung von Jesus aus dem Grab ist die Zusage des ewigen Lebens. Wir werden nicht mehr im Todestrakt gefangen gehalten. Wir werden frei sein, um mit unserem Retter selbst das ewige Leben zu haben.

Gott rettet uns, weil er uns liebt.
Gott rettet uns durch Jesus Christ.
Gott rettet uns, wenn wir glauben.
Gott rettet uns vom Tod.

Die einzige Frage, die Johannes 3,16 nicht beantwortet, lautet: Wie steht es mit Ihnen? Sind Sie gerettet?

10. *Jedes Jahr zu Ostern beginnt in unserer Familie die gleiche Diskussion: Ist Jesus von den Toten auferstanden? Mein Vater nennt die Auferstehung ein Märchen. Ich bin da anderer Meinung. Wie können wir wissen, was wirklich geschah?*

Niemand zweifelt daran, dass Jesus wirklich gelebt hat. Es ist geschichtlich belegt, dass er lebte, predigte, Anhänger gewann und dann umgebracht wurde. Niemand stellt diese Tatsachen infrage.

Und niemand stellt infrage, dass es eine Geschichte von der Auferstehung gibt. Manche glauben vielleicht nicht dran, doch niemand stellt infrage, dass es die Geschichte gibt. Skeptiker tun sie als Legende oder als Schwindel ab, doch jeder glaubt, dass die frühen Christen verkündeten, dass Jesus von den Toten auferweckt wurde.

Die Frage, die bleibt, lautet also: »Ist das Grab leer?«

Es gibt Leute, die behaupten, dass Jesus nie gestorben ist. Stattdessen, sagen sie, hat ein Soldat ihn irrtümlicherweise vom Kreuz genommen und die, die ihn liebten, haben ihn irrtümlicherweise ins Grab gelegt. Ehrlich. Könnte dieser erschöpfte, geschlagene Jesus nach einer Auspeitschung, bei der er bereits hätte sterben können, nach sechs Stunden am Kreuz und einem Speer in den Rippen zwei Nächte in einem Grab verbringen und am dritten Tag den schweren Stein wegschieben, die Soldaten überwältigen und den Jüngern mit solcher Lebenskraft entgegentreten, dass sie glaubten, dass er von den Toten auferstanden ist? Ich glaube das nicht.

Einige behaupten, der Leichnam von Jesus wurde von seinen Feinden, den religiösen Führern Jerusalems, gestohlen. Warum haben sie ihn dann nicht zur Schau gestellt, wenn dem so wäre? Damit hätten sie das Christentum im Keime ersticken können! Doch sie haben es nicht getan. Wieder andere behaupten, die Jünger haben den Leichnam weggenommen. Möglicherweise haben die Nachfolger von Jesus die Auferstehung vorgetäuscht. Hier gibt es aber ein Problem: Die Jünger haben danach ihr ganzes Leben lang die Auferstehung verkündet. Einige von ihnen sind für ihren Glauben gestorben. Es ist möglich, für eine Wahrheit zu sterben, aber für eine Lüge ist noch nie ein Mensch gestorben.

Was bleibt? Das leere Grab.

Man muss seinen Verstand nicht ausschalten, wenn man an die Auferstehung von Jesus glaubt. In der Tat ist es genauso schwierig, wenn nicht schwieriger, die Auferstehung zu widerlegen als sie zu beweisen.

11. *Ich habe schreckliche Zweifel an meiner Errettung und das macht mir große Angst. Ich weiß, dass die Zweifel von Satan kommen, und ich habe gebetet und Gott um Gewissheit angefleht. Wie kann ich sicher sein, dass ich wirklich errettet bin?*

Nach der Bibel ist es möglich, ohne jeden Zweifel zu wissen, dass man das ewige Leben hat (1. Johannes 5,13).

Wie kann man das wissen? »Denn wenn du mit deinem Mund bekennst, dass Jesus der Herr ist, und wenn du in deinem Herzen glaubst, dass ihn Gott von den Toten auferweckt hat, wirst du gerettet werden« (Römer 10,9).

Erstens: *Bekennen* Sie, dass Jesus der Herr ist. Sagen Sie es laut oder leise in Ihrem Herzen – so oder so. Sagen Sie es einfach in vollem Bewusstsein.

Zweitens: *Glauben* Sie, dass Jesus auferstanden ist. Er ist kein Mann im Grab, sondern Mensch gewordener Gott, der Macht über den Tod hat.

Bekennen und glauben Sie … und Sie werden errettet.

Achten Sie auf das, was nicht in Römer 10,9 steht: vollkommen leben, zu allen Menschen freundlich sein, keinen Mist bauen, nicht zweifeln, immer lächeln … dann wirst du gerettet. So geht es nicht. Unmöglich.

Bekennen und glauben Sie. Dann werden Sie gerettet.

Es ist so leicht … und doch so schwer.

Gott möchte, dass wir wissen, dass wir gerettet sind, denn gerettete Menschen sind gefährlich, sie sind bereit, der Welt ohne Angst vor den Folgen die Stirn zu bieten, da sie wissen, dass sie das ewige Leben haben, egal, was geschieht.

»Also gibt es jetzt für die, die zu Christus Jesus gehören, keine Verurteilung mehr« (Römer 8,1). Welt, pass auf!

12. *Ich lebte mehrere Jahre fern von Gott. Als Kind wurde ich Christ, doch als Teenager ging ich nicht mehr in den Gottesdienst und las nicht mehr in der Bibel. Ich betete nicht mehr zu Gott und gehorchte ihm nicht. War ich während dieser Zeit gerettet?*

Wirklich eine gute Frage, über die viele Bibelschüler schon nächtelang diskutiert und sich den Kopf zerbrochen haben. Hier sind die Gedanken, die mir am meisten einleuchten.

Jesus sichert seinen Schafen Schutz zu. Er kennt sie nicht nur mit Namen, sondern erklärt: »Ich schenke ihnen das ewige Leben, und sie werden niemals umkommen. Niemand wird sie mir entreißen« (Johannes 10,28). »Niemand« bedeutet wirklich »niemand«. Gott gibt denen, die ihm vertrauen, »ein unvergängliches Erbe, das rein und unversehrt« (1. Petrus 1,4) ist. Sie werden »von Jesus Christus bewahrt« (Judas 1). Er wird sie »in seiner großen Macht … beschützen« (1. Petrus 1,5). Gott ist es, »der euch bewahren kann, damit ihr nicht fallt, und der euch bereit macht, damit ihr makellos und voller Freude seid für seine große Herrlichkeit« (Judas 24). Wenn er uns vor dem Fallen bewahren kann, dann tut er es doch auch, oder? »Denn er möchte nicht, dass auch nur ein Mensch verloren geht« (2. Petrus 3,9).

Die Errettung ist nicht wiederholbar. Die Errettung ist kein wiederholter Vorgang. In der Bibel finden wir kein einziges Beispiel von einem Menschen, der errettet wurde, dann verloren ging, dann wieder errettet wurde und wieder verloren ging. Eine »Immer-mal-wieder«-Errettung gibt es in der Bibel nicht.

Die Familienbande bleiben. Sobald wir glauben, werden wir in die Familie Gottes aufgenommen. Wir sind Gottes Kinder (Römer 8,16). Wenn wir in eine Familie aufgenommen werden, gehören wir für immer zu dieser Familie. Die Verbundenheit zwischen Eltern und Kind kann beeinträchtigt werden, doch die familiären Bande bleiben. Wenn wir sündigen, werfen wir möglicherweise den Willen Gottes über Bord, doch aus der Familie Gottes können wir uns nie ausklinken.

Beharrliche Sünde ist Zeichen für das Fehlen echter Bekehrung. Johannes betont, dass die Menschen, die sich aus der Gemeinde zurückzogen, gar nicht gerettet waren. »Diese Leute haben unsere Gemeinden verlassen, weil sie nie wirklich zu uns gehörten; sonst wären sie bei uns geblieben. Als sie uns verließen, wurde deutlich, dass sie nicht zu uns gehörten« (1. Johannes 2,19).

Gott straft ungehorsame Kinder, aber er enterbt sie nicht (Hebräer 12,5). Wenn wir sündigen, verlieren wir unsere Stellung nicht. Paulus behauptet von sich, der größte Sünder zu sein: »Christus Jesus kam in die Welt, um Sünder zu retten – und ich bin der Schlimmste von allen« (1. Timotheus 1,15). Er sagt nicht: »Ich war der Schlimmste.« Paulus sündigte immer noch, doch er zweifelte nie an seiner Errettung. Er betonte den Unterschied zwischen »Stellung« und »Praxis«. Unsere Stellung mag sicher sein, doch die Praxis sieht anders aus. Die Korinther hatten die Stellung einer geheiligten christlichen Gemeinde, doch in der Praxis verhielten sie sich so, als würden sie noch zu dieser Welt gehören (1. Korinther 3,1).

Wenn Werke für die Errettung erforderlich sind, dann wird die Errettung durch Werke verdient. Würde Gott mit der Errettung beginnen und es uns dann überlassen, sie zu vollenden? Nein. Er ist der »Anfänger und Vollender« unseres Glaubens (Hebräer 12,2;

LUT). Wer etwas anderes sagt, bürdet dem Christen eine unerträgliche Last auf.

Wenn man die Errettung aufgrund von Sünde verlieren kann, dann sind alle Menschen von Zeit zu Zeit verloren, weil alle sündigen. Die Errettung wird dann eine Frage des richtigen Zeitpunkts. Wir können nur hoffen, dass Gott uns in einem Zeitabschnitt, in dem wir gerettet sind, in den Himmel holt. Wenn die Errettung aufgrund von Unglauben verfallen kann, dann sind wir alle verloren, oder nicht? Wer hat schon einen vollkommenen Glauben? Menschen, die sich ständig Sorgen machen, nicht. Auch die Ängstlichen nicht. Wenn vollkommener Glaube eine Eigenschaft des Erretteten ist, wer ist dann errettet?

Letztendlich machen wir eine große Entdeckung: Das, was uns anfangs errettet hat, bewahrt uns in alle Ewigkeit. Während all der Jahre ferne von Gott haben Sie viel verloren: Freude, Friede und die Möglichkeit, Gott zu verherrlichen. Doch Ihren Platz im Himmel haben Sie nicht verloren.

13. *Ich weiß, dass Gott mir meine Sünden vergeben hat, doch es fällt mir schwer, mir selbst zu vergeben. Ich habe zwei Schwangerschaften abgebrochen. Jahrelang habe ich Drogen genommen und wirklich mein Leben vermasselt. Gott hat mich erlöst, aber ich schäme mich immer noch für das, was ich getan habe, und halte es für eine Schande.*

Willkommen im Gerichtssaal der Scham. Schauen Sie sich um. Kennen Sie jemanden? Erkennen Sie den Richter in der langen schwarzen Robe? Das sind Sie. Auch der Staatsanwalt kommt Ihnen bekannt vor. Auch das sind Sie. Werfen Sie einen Blick auf die Schöffen. Alle sehen aus wie Sie, werfen Ihnen böse Blicke zu und erklären:

»Schuldig.«

Wenn es um unsere Schuld geht, sind wir selbst unsere strengsten Richter.

Manchmal ist die Schuld geheim.

Manchmal ist sie öffentlich.

Sie ist immer schmerzlich.

Jesus wandte sich der Ehebrecherin zu und erklärte: »Dann verurteile ich dich auch nicht... Geh und sündige nicht mehr« (Johannes 8,11). Wenn Jesus diese Frau nicht verurteilt hat, was glauben Sie dann, was er über Sie sagt?

Zu solchen Zeiten müssen Sie sich eine Frage stellen: Wer kann ein besseres Urteil sprechen – Sie oder Jesus?

Wir sind schlechte Richter. Da wir verletzt und gedemütigt sind, sehen wir die Dinge nicht klar. Wir hören zu sehr auf die Stimmen, die uns in dieses Schlamassel gebracht haben. Unser Selbstwertgefühl wird immer noch misshandelt. Wir lassen es zu, dass unsere Seele immer noch missbraucht wird. Unsere Urteile sind begrenzt.

Jesus kennt die Situation in- und auswendig. Er sieht sie aus allen Blickwinkeln, er verspürt allen Schmerz. Er weiß, wann Grenzen überschritten wurden und wann die Beweggründe richtig waren. Jesus ist der beste Richter.

Wenn er also sagt: »Ich verurteile dich nicht«, dann geschieht das nicht aus einer Laune heraus, sondern aufgrund einer sorgfältigen Prüfung des Herzens aller Beteiligten, der ganzen Schuld und der echten Reue.

Jesus sagt, dass er Ihnen Ihre Verfehlungen nicht mehr zur Last legt. Wenn Jesus Sie nicht verurteilt, wer flüstert Ihnen dann noch ins Ohr, dass Sie schuldig sind?

Wer wohl?

14. *Wie kann ich die Angst überwinden, dass Gott mir nicht vergeben könnte? Ich fürchte immer, dass ich nicht gut genug bin.*

Kurz nach unserem Umzug nach San Antonio beschoss ich, mir zu Ostern ein neues Sakko zu kaufen. Da, wo wir zuvor in Brasilien arbeiteten, hatte niemand Jacketts oder Krawatten getragen. Deshalb hatte ich kaum welche. Also wollte ich mir ein Sakko kaufen. Am Kleiderständer bemerkte ich, dass ich neben Red McCombs, einem bekannten Mann der Stadt, stand. Er ist Besitzer von Autohäusern und hat auch schon einen Fußballverein der ersten Liga in Minnesota gesponsert.

Wir begrüßten uns und tauschten Höflichkeiten aus. Er sprach kurz von seinem Bruder, einem Pastor. Ich erzählte ihm, wie glücklich ich darüber war, in San Antonio zu leben. Dann befassten wir uns wieder mit unseren Einkäufen. Ich wählte ein Sakko aus und ging zur Kasse. Dort wurde mir gesagt: »Ihr Sakko ist bereits bezahlt. Der Mann, mit dem Sie gesprochen haben, hat Ihre Rechnung beglichen.« Mein erster Gedanke war: *Hätte ich doch noch eine Hose gekauft.*

Lassen Sie sich durch den Kopf gehen, was ich erlebt habe. Ich hatte Schulden. Und plötzlich entdeckte ich, dass meine Schulden bezahlt sind. Ich hätte das Geschenk ablehnen oder annehmen können. Die Entscheidung fiel mir nicht schwer. Der Schenkende verfügte über reichlich Mittel, um das Jackett zu bezahlen. Ich hatte keinen Grund, seine Aufrichtigkeit oder seine Zahlungsfähigkeit infrage zu stellen.

So geht es auch Ihnen. Gott verfügt über eine unerschöpfliche Bereitschaft, Sie zu lieben und für Sie zu sorgen.

Natürlich war das, was Jesus am Kreuz getan hat, viel größer als das, was Red McCombs für mich tat. Jesus nahm unseren Platz ein. Was wäre geschehen, wenn mein Wohltäter mir angeboten hätte, mit mir zu tauschen? Seine Kontoauszüge und sein Vermögen gegen meine Kontoauszüge und mein Vermögen einzutauschen? Er hätte meine Schulden geerbt und ich seinen Überfluss.

Durch Christus erben wir Barmherzigkeit im Überfluss. Genug für ein ganzes Leben voller Fehler. Jesus dagegen hat extreme Armut auf sich genommen. Als er am Kreuz hing, wurde ihm alles genommen – seine Gesundheit, seine Würde, seine Freunde, seine Kraft und vor allem sein Gott.

Ein für alle Mal hat er seine Liebe bewiesen.

15. *Ich weiß, in der Bibel steht, dass mir vergeben wurde. Doch mein Gewissen sagt mir das Gegenteil.*

Jesus liebt uns viel zu sehr, als dass er uns im Ungewissen über seine Gnade ließe, »weil die vollkommene Liebe alle Angst vertreibt« (1. Johannes 4,18). Würde Gott mit unvollkommener Liebe lieben, hätten wir allen Grund zur Sorge. Die unvollkommene Liebe führt eine Liste über alle Sünden und schaut oft in dieser nach. Gott führt keine Liste mit Ihren Verfehlungen. Seine Liebe vertreibt die Angst, denn er vertreibt unsere Sünde!

Klammern Sie sich fest an dieses Versprechen. Wir können Gott voller Zuversicht begegnen, »selbst wenn unser Herz uns verurteilt. Denn Gott ist größer als unser Herz, und er weiß alles« (1. Johannes 3,20). Wenn Sie das Gefühl haben, dass Ihre Sünden nicht vergeben wurden, dann verscheuchen Sie diese Gefühle. Gefühle haben hier nichts zu melden. Greifen Sie auf die Bibel zurück. Gottes Wort hat einen höheren Stellenwert als Selbstkritik und Selbstzweifel.

Paulus schrieb an Titus: »Denn die Gnade Gottes, die allen Menschen Rettung bringt, ist sichtbar geworden ... Dies alles sollst du lehren. *Ermutige* die Menschen« (Titus 2,11.15; Hervorhebung des Autors). Kennen Sie Gottes Gnade? Dann können Sie mutig lieben und unverzagt leben. Sie können sich von einem Trapez zum anderen schwingen; sein Sicherheitsnetz schützt sie, wenn Sie fallen.

Nichts fördert Mut so sehr wie ein klares Verständnis von Gnade. Und nichts fördert Angst so sehr wie die Unkenntnis der Gnade.

Darf ich offen sprechen? Wenn Sie Gottes Vergebung nicht angenommen haben, sind Sie dazu verdammt, in Angst zu leben. Nichts kann Sie von der zermürbenden Erkenntnis befreien, dass Sie Ihren Schöpfer übergangen und seine Anweisungen missachtet haben. Kein Medikament, keine aufmunternden Worte, kein Psychiater und kein materieller Besitz kann dem Herzen eines Sünders Ruhe verschaffen. Sie können die Angst dämpfen, aber nicht beseitigen. Das kann nur Gottes Gnade.

Haben Sie die Vergebung von Christus angenommen? Wenn nicht, dann tun Sie es. »Doch wenn wir ihm unsere Sünden bekennen, ist er treu und gerecht, dass er uns vergibt und uns von allem Bösen reinigt« (1. Johannes 1,9). Ihr Gebet kann so einfach wie dieses hier sein: *Vater, ich brauche Vergebung. Ich gebe zu, dass ich mich von dir abgewandt habe. Bitte vergib mir. Ich lege mein Leben in deine Hand und vertraue auf deine Gnade. Ich bete im Namen von Jesus. Amen.*

Wenn Sie Gottes Vergebung erhalten haben, dann leben Sie aus der Vergebung!

16. *Wenn Gott im Voraus wusste, dass Jesus, nachdem er eine Zeit lang den Himmel verlassen hatte, wieder mit ihm vereint sein würde und dass der Tod von Jesus die Menschheit retten würde, dann betrachte ich das nicht wirklich als Opfer. Was hat Gott aufgegeben?*

Diese Frage beschäftigt mich seit Langem, nicht erst, seitdem Sie sie gestellt haben. Was genau hat Gott aufgegeben, als er seinen Sohn der Welt gab?

Ich bin zu dem Schluss gekommen, dass ich es nicht wissen kann. Warum nicht? Weil ich nie im Himmel war. Als Gott uns seinen Sohn gab, hat sein Sohn den Himmel aufgegeben. Versuchen Sie einmal, sich dieses Opfer vorzustellen. Wie wäre es, wenn Sie Ihre Wohnung verlassen und obdachlos werden oder wenn Sie Ihr Menschsein aufgeben und eine Stechmücke oder eine Wespe würden? Wäre das vergleichbar mit der Menschwerdung Gottes? Jesus, dessen Adresse im Himmel *überall* war, beschränkte sich auf den Körper eines Menschen in einer kleinen Stadt am Rande des römischen Reichs.

Natürlich haben Sie recht, er tat es »eine Zeit lang«. Vielleicht ist dies Teil des Opfers. Gott ist zeitlos und nicht an Uhren oder Kalender gebunden. Eine Zeit lang trat er in die endliche Zeit ein.

Doch wie ich sagte, habe ich noch nie im Himmel gelebt und war auch noch nie ewig. Deshalb kann ich nicht verstehen, was er aufgegeben hat.

Ich war auch noch nie sündlos. Deshalb kann ich mir nicht vorstellen, wie es für ihn war, zur Sünde zu werden. Hier liegt das Herzstück der christlichen Botschaft: Dass er, der von keiner Sünde wusste, für uns zur Sünde gemacht wurde (vgl. 2. Korinther 5,21; LUT). Dass Christus am Kreuz in den Augen des Himmels zum Sünder wurde. Dass er den Schmerz und die Strafe erfahren hat, die jeder Vergewaltiger, Dieb, Massenmörder und Schreckensherrscher verdient hat.

Indem er ein Sünder wurde, hat er den Preis für die Sünde bezahlt. Da ich schon immer ein Sünder bin, kann ich dieses Opfer nicht nachempfinden.

Ich habe auch nie mein Kind für böse Menschen hingegeben. Ich könnte eventuell mich selbst oder einen Teil von mir hingeben, um bösen Menschen zu helfen. Aber eine meiner Töchter opfern? Nie im Leben. Auch wenn ich wüsste, dass ich sie wiedersehen würde, würde ich es nicht tun.

Aber Gott hat es getan.

Ich finde, dass Gott mehr gegeben hat als wir jemals erbitten konnten.

17. *Mein Onkel lebte wie der Teufel und hat meinen Eltern, einfachen, frommen Leuten, das Leben zur Hölle gemacht. Mein Vater erzählt, dass mein Onkel nur wenige Stunden, bevor er starb, errettet wurde. Kann ein solch schrecklicher Mensch auf dem Sterbebett errettet werden, nachdem er so viele schreckliche Dinge getan hat?*

Jesus erzählt ein Gleichnis von Arbeitern in einem Weinberg (Matthäus 20). Einige wurden beim ersten Morgengrauen eingestellt, andere im Verlauf des Vormittags. Wieder andere gegen Mittag und die letzten bei Sonnenuntergang. Alle erhielten einen vollen Tageslohn.

Die Frühharbeiter waren damit nicht zufrieden. Sie wollten, dass der Chef entweder den Nachzüglern weniger oder den Frühaufstehern mehr bezahlt. Nicht alle Arbeiter haben den gleichen Lohn verdient, oder? Der Gutsbesitzer antwortete:

> Mein Freund, ich war nicht ungerecht! Warst du nicht damit einverstanden, dass du den ganzen Tag für den üblichen Lohn[1] arbeitest? Nimm dein Geld und gib dich zufrieden. Ich will aber diesem letzten Arbeiter genauso viel geben wie dir. Oder ist es mir nicht erlaubt, mit meinem Geld zu machen, was ich will? Willst du dich etwa darüber beklagen, dass ich gütig bin?
> Matthäus 20,13-15

Wenn wir die Erlösung von Jesus Christus annehmen, gehen wir alle auf das gleiche Geschäft ein – das ewige Leben mit unserem Retter.

Worin besteht also der Unterschied zwischen jemandem, der Christus im Alter von zehn Jahren annimmt und jemandem, der ihn mit fünfundachtzig Jahren auf dem Sterbebett annimmt?

Gott hat das Recht, das Heil, wem er will in voller Höhe zu geben.

Wollen wir uns über seine Großzügigkeit beklagen? Nein! Das Heil haben wir ja sowieso nur aufgrund seiner Großzügigkeit erhalten. Wir sind froh über seine Großzügigkeit. Bitte, Gott, ändere das nicht!

Der Verbrecher am Kreuz ist das beste praktische Beispiel für diese Großzügigkeit.

> Und auch die Verbrecher, die mit ihm gekreuzigt worden waren, verhöhnten ihn.
> Matthäus 27,44

Beide Verbrecher verhöhnten Jesus und überhäuften ihn mit Beleidigungen.

Doch als der Tod herankam, berichtet Lukas 23 von einer Veränderung. Während ein Verbrecher Jesus immer noch wüst beschimpfte, verteidigte ihn der andere. Was war geschehen? In wenigen Stunden verwandelte sich der zweite Verbrecher von einem wütenden Atheisten in einen bußfertigen Sünder. War Jesus nicht beleidigt, denn die Schimpfwörter klangen noch immer in seinen Ohren?

> Dann sagte er: »Jesus, denk an mich,
> wenn du in dein Reich kommst.«
> Da antwortete Jesus: »Ich versichere dir: Heute noch wirst
> du mit mir im Paradies sein.«
> Lukas 23,42-43

Jesus vergab ihm im letzten Augenblick.

Auf den Zeitpunkt der Vergebung kommt es nicht an. Jederzeit ist der geeignete Zeitpunkt, um Christus und den Lohn des Lebens anzunehmen.

18. *Ich finde in der Religion keinen Frieden. Die Leute sprechen über die Gemeinde und geistliche Dinge, als ob sie eine Oase wären. In meinem Leben war die Gemeinde eher eine Wüste.*

Vielleicht verwechseln Sie Christus mit Gesetzlichkeit. Gesetzlichkeit ist freudlos, denn bei Gesetzlichkeit gibt es nie ein Ende. Es gibt immer noch einen Kurs, der zu belegen ist, einen Menschen, der unterwiesen, und einen Hungrigen, der gespeist werden muss. Menschen, die im Gefängnis der Selbsterlösung sitzen, finden Arbeit, aber nie Freude. Wie könnten sie auch? Sie wissen nie, wann sie fertig sind. Gesetzlichkeit zehrt die Freude auf.

Gnade jedoch schenkt Frieden. Der Christ verlässt sich auf ein Werk, das vollendet ist.

Mir gefällt das folgende Zitat:

> Verschwunden sind die Bemühungen, das Gesetz einzuhalten, verschwunden die Kasteiungen und die Askese der Gesetzlichkeit, verschwunden die Angst, dass es nicht genug sein könnte, wenn wir alles getan haben, was wir tun konnten.
> Wir kommen zum Ziel, nicht durch Treppensteigen, sondern im Aufzug ... Gott sichert seine versprochene Gerechtigkeit denen zu, die mit dem Versuch aufhören, sich selbst zu retten.[2]

Die Gnade schenkt Frieden, die Gesetzlichkeit nie.

19. *Ehrlich gesagt, glaube ich nicht, dass Gott mich gebrauchen kann. Ich glaube, dass er mir vergeben und dass er mich errettet hat, aber ich habe ihm nichts zu bieten.*

Lassen Sie nicht zu, dass Satan Ihnen so etwas einredet. Er wird es versuchen. Er wird Ihnen erzählen, dass Gott eine Mindestanforderung an Ihren Intelligenzquotienten stellt oder Eintrittsgeld verlangt, dass er nur Spezialisten und Sachverständige, Regierungen und leistungsstarke Persönlichkeiten einstellt. Wenn Satan Ihnen solche Lügen einflüstert, dann weisen Sie ihn mit folgender Wahrheit ab: Gott hat die Gesellschaft des ersten Jahrhunderts mit einfachen Menschen, nicht mit Kultivierten, für sich gewonnen. Bevor Jesus kam, beluden die Jünger Lastwagen, trainierten lokale Fußballmannschaften und verkauften Limonade im Lebensmittelladen. Sie waren einfache Arbeiter mit schwieligen Händen, und es gibt keinen Hinweis darauf, dass Jesus sie ausgewählt hat, weil sie gewandter oder netter waren als ihre Nachbarn. Das einzige, was für sie sprach, war ihre Bereitschaft, einen Schritt zu tun, als Jesus ihnen zurief: »Kommt mit und folgt mir nach« (Markus 1,16-20).

Sind Sie eher ein Schlauchboot als ein Luxusdampfer? Eher ein Ersatzspieler als ein Filmstar? Eher ein Klempner als ein Generaldirektor? Eher einer aus dem einfachen Volk als ein Adliger? Herzlichen Glückwunsch. Gott verändert die Welt mit Menschen wie Ihnen.

20. *Zurzeit geschehen in meinem Leben mehr Veränderungen, als ich ertragen kann. Ich bin vor Kurzem mit der Schule fertig geworden und gehe zum Studium in eine andere Stadt, mein Freund hat mit mir Schluss gemacht und meine Eltern lassen sich scheiden! Ich habe den Eindruck, dass ich in einem Meer von Veränderungen versinke.*

Niemand ist von Veränderungen begeistert. Wir finden höchstens kleine Veränderungen interessant, aber keine dramatischen, einschneidenden Umwälzungen von Gegebenheiten und Gewohnheiten.

Änderungen werden von Angst, Unsicherheit, Kummer und Stress begleitet. Worin liegt die beste Lösung? Den Kopf in den Sand stecken und hoffen, dass alles vorübergeht? Das funktioniert nicht. Die Änderungen werden Sie einholen.

Ihr Eindruck vom Versinken in einem Meer von Veränderungen erinnert mich an Petrus. Er und seine Freunde segelten in stillen Wassern, als plötzlich ein Sturm aufkam. Der Wind drehte sich, die Wellen wurden höher. Nicht unbedingt die Änderung, die sich ein Fischer wünscht.

> Gegen drei Uhr morgens kam Jesus über das Wasser zu ihnen.
> Als ihn die Jünger sahen, schrien sie entsetzt auf,
> denn sie hielten ihn für einen Geist.
> Doch Jesus sprach sie sogleich an: »Es ist gut«, sagte er.
> »Ich bin es! Habt keine Angst.«
> Da rief Petrus ihm zu: »Herr, wenn du es wirklich bist,
> befiehl mir, auf dem Wasser zu dir zu kommen.«
> Matthäus 14,25-28

Als Petrus sah, dass Jesus auf dem Wasser ging, entschloss er sich zu einem Ortswechsel, das Schiff zu verlassen und im Glauben den Fuß auf das Wasser zu setzen.

Der Wechsel gelang.

»Dann komm«, sagte Jesus. Und Petrus stieg aus dem Boot und ging über das Wasser, Jesus entgegen.
Vers 29

Es ist möglich, einfach über die Stürme der Veränderung hinwegzugehen. Petrus hat es bewiesen! Leider hat etwas anderes den Glauben von Petrus verändert.

Als er sich aber umsah und die hohen Wellen erblickte, bekam er Angst und begann zu versinken.
»Herr, rette mich!«, schrie er.
Sofort streckte Jesus ihm die Hand hin und hielt ihn fest.
»Du hast nicht viel Glauben«, sagte Jesus. »Warum hast du gezweifelt?«
Verse 30-31

Wir können Petrus nicht wirklich einen Vorwurf machen, dass er kurzzeitig seine Sicherheit verloren hat. Der Wind und die Wellen waren furchterregend.

Wenn Petrus sich nur auf die Kraft von Jesus verlassen hätte ... *Habt keine Angst.*

Wenn Petrus nur dem Befehl von Jesus vertraut hätte ... *Komm.*

Wenn Petrus nur vertrauensvoll geblieben wäre ... *Warum zweifeln?*

Petrus hätte einfach über das Meer der Veränderungen hinweggehen können.

Eines sollte man nie vergessen: Als Petrus versank, schrie er: »Herr, rette mich!« Er wusste, wo er Hilfe finden würde.

Und Jesus streckte Petrus die Hand hin und hielt ihn fest.

Das ist etwas anderes, das sich nie ändert. Jesus ist immer da, um uns in Sicherheit zu bringen.

21. *Mein Vater war ein sehr ungeduldiger Mensch. Er konnte das Leben für alle in seinem Umfeld zur Hölle machen. Ich glaube, ich werde ihm immer ähnlicher, weil ich oft mit anderen ungeduldig bin. Ich will aber nicht so sein. Was kann ich tun?*

Haben Sie schon das Sprichwort gehört: »Solange man den Topf im Auge behält, kocht er nicht«? Nun, er kocht irgendwann, ob man ihn anschaut oder nicht. Wenn man ihn anschaut, hat man nur den Eindruck, dass er nicht schnell genug kocht. Das Sprichwort sollte besser so lauten: »Wenn man den Topf im Auge behält, kocht man schneller als der Topf.«

Die Ungeduld will *sofort* kochendes Wasser! Man schimpft über den Hersteller des Topfes, ballt die Faust gegen diese Herd-Bürokraten, begehrt zornig gegen die Flamme auf und greift die Eigenschaften des Wassers an! Das einzige, was man tun kann, ist die Flamme höher zu drehen. Eine stärkere Flamme bedeutet schnelleres Kochen.

Geduld köchelt. Sie dreht die Flamme nicht stärker. Sie wartet, bis die Herdplatte den Topf erhitzt hat, der dann das Wasser auf 100 Grad erhitzt. Das dauert seine Zeit, und man akzeptiert es. Man kann das Gesetz der Wärmeübertragung nicht ändern. Also lehnen Sie sich zurück und lassen Sie es geschehen.

In beiden Situationen wird das Gleiche benötigt: kochendes Wasser. Einer ist bereit zu warten, der andere gebraucht jedes Mittel, um es sofort zu bekommen, einschließlich der Selbstzündung.

Ungeduld ist Selbstsucht hinsichtlich der Zeit. Wir vergeuden unsere Zeit nicht gerne. Die Menschen kommen uns in die Quere und alles wird langsamer.

Deshalb brennen wir vor Ungeduld!

Das griechische Wort für *Geduld* bedeutet »lange Zeit zum Kochen brauchen«. Geduld erkennt, dass wir die Zeit mit anderen teilen – es ist nicht nur unsere Zeit. Die Geduld weiß, dass andere Faktoren in dieser Welt am Werk sind, und wir müssen uns auch an deren Terminpläne halten. Manche Dinge können beschleunigt werden (mit Ermutigung, nicht mit den Flammen der Vergeltung). Und es gibt Dinge, deren Tempo nicht gesteigert werden kann.

Am besten kann die Flamme mit Liebe heruntergedreht werden. »Die Liebe ist geduldig« (1. Korinther 13,4).

Die Liebe vergibt der Faulheit. Die Liebe versteht die Schwächen der Menschen. Die Liebe will das Beste für jeden. Die Liebe ist eine Beziehung, kein Mittel zum Zweck.

Die Liebe ist eine Frucht am Baum von Galater 5,22. Sie ist die erste Frucht und manche halten sie für die wichtigste. Die Samen der Liebe führen zur Ernte aller anderen Früchte: Freude, Friede, Geduld…

Wenn Sie den Heiligen Geist haben, dann haben Sie die Möglichkeit, Geduld zu einem Teil Ihres Lebens zu machen. Zum Glück ist Gott geduldig, während Sie auf der Suche nach dieser Geduld sind.

22. *Ehrlich gesagt freue ich mich nicht auf das Alter. Ich habe jahrelang in einem Pflegeheim gearbeitet und deshalb graut mir vor dem Alter. Das klingt nicht sehr vernünftig, aber es fällt mir schwer, das Unvermeidliche zu akzeptieren.*

> Abraham wurde 175 Jahre alt und starb im hohen Alter
> nach einem erfüllten Leben.
> Er wurde im Tod mit seinen Vorfahren vereint.
> 1. Mose 25,7-8

Ein Ausdruck in der Bibel hat mich schon immer fasziniert. Wenn vom Tod die Rede ist, lesen wir oft, dass die Menschen »nach einem erfüllten Leben« starben.

So wird es über Abraham, Isaak und Hiob berichtet.

»Nach einem erfüllten Leben« kann viele Jahre bedeuten. Abraham und Isaak lebten zweimal so lange wie die Menschen unserer Zeit. Das sind viele Jahre.

Der Ausdruck könnte auch bedeuten, dass ihr Leben gefüllt war mit Gottes arbeitsreicher Terminplanung. Vielleicht bedeutet es, dass Menschen starben, nachdem sie alles erfüllt hatten, was sie tun sollten.

Ich weiß nicht, ob ich 180 Jahre lang leben möchte, aber ich weiß, dass ich alle Jahre meines Lebens so leben möchte, als seien sie das letzte, und dass ich alles tun will, was ich kann, um sicherzustellen, dass ich das erfülle, was Gott von mir will.

Ich will nach einem erfüllten Leben sterben, wenn ich alles getan habe, was ich in der Zeit, die mir zur Verfügung stand, tun konnte. Wenn ich in einem Seniorenheim bin, will ich Bibelstunden, Nachmittage zum Mitsingen von Beatle-Songs und Volkstanzgruppen leiten und sicherstellen, dass jeder Bewohner eine persönliche Beziehung zu Christus hat, solange die Synapsen in meinem Gehirn noch funken und meine Hüftknochen kräftig sind.

Altwerden ist unvermeidlich. Aber werden Sie auf dem Weg zum Grab humpeln und stöhnen oder mit ihrem alten klapprigen Rollstuhl den Berg hinunter zu Ihrer Beerdigung flitzen? Das gleiche Ende wartet auf uns alle, aber auf dem Weg dorthin können wir etwas Spaß haben!

23. *Zählt unser Leben für Christus, auch wenn wir nicht die Berufung haben, Pfarrer oder Missionar zu werden? Ich versuche treu, anderen über Jesus und die Erlösung zu erzählen, insbesondere meinen Enkeln. Glauben Sie, dass das auf lange Sicht eine Rolle spielt?*

Das klingt, als ob Sie genau das tun, was ein Pfarrer oder Missionar tut. Paulus schreibt in Römer 15,15-20:

> ... Denn durch die Gnade Gottes bin ich ein Bote von Jesus Christus für die Völker. Ich verkünde euch die gute Botschaft und – wie ein Priester – bringe ich euch

Gott als angenehmes Opfer dar, damit ihr durch den
Heiligen Geist rein seid und Gott sich über euch freut.
So habe ich Grund, mich über alles zu freuen,
was Christus Jesus durch mich in meinem Dienst
für Gott getan hat. Ich würde es nicht wagen,
auf etwas anderes stolz zu sein als auf Christus,
der die anderen Völker durch mein Reden und
Tun zu Gott geführt hat. Ich habe sie gewonnen durch
die Wunder, die als Zeichen Gottes durch mich geschahen,
und durch die Kraft des Heiligen Geistes.
Auf diese Weise habe ich
die Botschaft von Christus überall verbreitet,
von Jerusalem bis in das Gebiet von Illyrien.
Mein Bestreben war immer, die Botschaft da zu verkünden,
wo der Name von Jesus Christus noch nicht bekannt war.

Sie brauchen keinen Talar anlegen, nicht an allen Feiern teilnehmen und keine endlosen, langweiligen Predigten halten, um ein Bote von Jesus Christus zu sein.

Laut Paulus tun Boten von Jesus Christus Folgendes:

- Sie verkünden die Botschaft, wo immer sie sind,
- Sie bezeugen Gottes Wirken in ihrem Leben.

Paulus hat etwas bewirkt. Sie wahrscheinlich auch.

Wird es eine Rolle spielen?

Wenn Sie im Himmel ankommen, frage ich mich, ob Jesus vielleicht folgende Worte an Sie richtet: »Ich bin so stolz, dass du dich von mir gebrauchen ließest. Wegen dir sind heute andere Menschen hier. Möchtest du sie gerne treffen?«

Nachbarn, Arbeitskollegen, Freunde, Fremde und Familienangehörige (Eltern, Ehepartner, Kinder, Enkel) kommen nach vorne.

Sogar Urenkel, die Sie nie gesehen haben, sind da, weil Sie Ihren Kindern und Enkeln von Gott erzählt haben.

Bewirkt das Verkünden der Botschaft etwas? Ja.

Sind Sie ein Bote von Jesus Christus? Auf jeden Fall.

Bewirken Sie etwas? Allerdings!

Und wenn Sie schon dabei sind, gehen Sie zu so vielen Feiern, wie Sie können.

24. *Ich leide darunter, dass meine Gebete nicht erhört werden. Ich bitte Gott um etwas, aber was er tut, ist etwas ganz anderes.*

Vielleicht sollten Sie sich klarmachen, was für Gott oberste Priorität hat. *Gott ist da, um Gott in Szene zu setzen.*

Warum existiert der Himmel? Der Himmel ist da, um die Herrlichkeit Gottes zu bezeugen (Psalm 19,2).

Warum hat Gott das Volk Israel auserwählt? Durch Jesaja rief er »alle, die nach meinem Namen benannt sind, die ich zu meiner Ehre gemacht habe, die ich gebildet und erschaffen habe« (Jesaja 43,7).

Warum müssen Menschen Schweres durchmachen? Gott antwortet: »Ich habe dich geläutert, nicht so, wie Silber geläutert wird, sondern im Glutofen des Leidens. Um meinetwillen werde ich es tun – allein um meinetwillen« (Jesaja 48,10-11). »Vertraue auf mich, wenn du in Not bist, dann will ich dich erretten, und du sollst mir die Ehre geben« (Psalm 50,15).

Gott hat ein Ziel: »Ich überlasse meine Ehre keinem anderen!« (Jesaja 48,11).

Gott hat kein Problem mit seinem Selbstwertgefühl. *Er zeigt seine Herrlichkeit nicht, weil es für ihn von Vorteil ist. Es dient unserem Vorteil, wenn wir Zeuge von Gottes Herrlichkeit sind.*

Gott ist nicht dazu da, unsere Gebete zu erhören. Wir sind dazu da, um seine Herrlichkeit widerzuspiegeln.

25. *Gestern habe ich mich um eine Arbeitsstelle beworben und hatte den Eindruck, dass das dem Plan Gottes für mich entspricht. Heute frage ich mich, ob stattdessen nicht ein Auslandspraktikum sein Plan sein könnte. Wie kann ich wissen, was das Richtige ist?*

Jeder von uns tat die Arbeit, die der Herr ihm auftrug.
1. Korinther 3,5

Wie ein Pilot vor dem Start gehe ich vor einer Reise ins Unbekannte immer die Vorflug-Kontrollliste durch. Ich frage mich:

Wohin hat Gott mich schon hingeschickt? Ich schaue meinen Reisepass an und erinnere mich an all die interessanten und abenteuerlichen Orte, an die mich Gott in der Vergangenheit geführt hat. Ich erinnere mich an die Erlebnisse, die ich hatte, an die Kulturen und Lebensweisen, die ich kennenlernte. Dann überlege ich mir, wie oft Gott in der Bibel Menschen aus ihrem gewohnten Umfeld herausgerissen hat. Wer hätte dem Pharao besser entgegentreten können als ein in Ägypten aufgewachsener Jude? Wer hätte das Volk Israel besser führen können als ein von Hirten ausgebildeter Krieger? Wer hätte die Kluft zwischen scharfsinnigen Denkern und Tiefgläubigen besser überbrücken können als ein ehemaliger Pharisäer mit römischer Bildung? Gott benutzt Erfahrungen aus der Vergangenheit, um aktuelle Probleme zu lösen.

Fragen Sie sich, wo Gott Sie bisher schon hingeführt hat.

An welchen Reisen bin ich leidenschaftlich interessiert? Manche Menschen finden eine Reise nach Hawaii fantastisch, andere ziehen Toledo vor. Viele sind der Meinung, dass Alaska zu kalt ist. Anderen ist es auf den Bahamas zu heiß. Wir alle haben unterschiedliche Vorlieben und Abneigungen. Manche wollen im Ausland predigen, wieder andere ihrem Nachbarn helfen. Manche haben ein Herz für Kriminelle und Drogendealer, andere weinen über die Vorgänge an der Börse oder in der Regierung.

Fragen Sie sich, an welchen Menschen und an welchen Orten Sie brennend interessiert sind.

Bin ich Pilot, Flugbegleiter, Mechaniker oder Gepäckträger? Ich habe noch nie einen Piloten gesehen, der Kaffee kocht, oder einen Flugbegleiter mit einem Schraubenzieher in der Hand und dem Kopf unter der Motorhaube des Flugzeugs. Warum nicht? Weil wir alle etwas gut können, und man erwartet von uns, dass wir genau das gut machen. Piloten bringen Leute an verschiedene Orte. Flugbegleiter sorgen für das Wohl der Passagiere. Mechaniker stellen sicher, dass im Hintergrund alles funktioniert. Gepäckträger tragen die Lasten anderer.

Überlegen Sie, was Ihr Ziel ist.

Wenn Sie …

- Ihre Erfahrungen in der Vergangenheit,
- Ihre derzeitigen Vorlieben,
- Ihre beruflichen Ziele

ausgelotet haben, sind Sie startbereit!

26. *Ich möchte Arzt werden und für mittellose Menschen arbeiten. Doch das scheint ein aussichtsloser Traum zu sein. Mein Herz sagt mir, dass dieser Traum von Gott ist, aber meine Eltern meinen, dass ich unvernünftig bin. Wie kann ich verhindern, dass ihre Zweifel meinen Traum zerstören?*

Seien wir ehrlich – viel im Leben ergibt keinen Sinn.

Schule. Freunde. Die Nachrichten. Die Politik. Die Börse.

Sogar Gottes Erfolgsbilanz in der Bibel klingt nicht gerade vernünftig:

- Vierzig Jahre lang ungefähr eine Million Menschen durch die Wüste in ein geheimnisvolles verheißenes Land führen (2. Mose – 5. Mose).
- Ein 32 000 Mann starkes Heer auf dreihundert Soldaten dezimieren, um die am meisten gefürchteten Krieger des

Landes anzugreifen, dann die dreihundert Männer mit Widderhörnern, Tonkrügen und Fackeln bewaffnen (Richter 7,1-16).

- Die Welt durch ein Baby retten, das in einem Stall geboren wurde (Lukas 2,1-7).
- Das Evangelium mit zwölf unvollkommenen Männern verbreiten – einem Kassenwart, der Bestechungsgelder annahm, einem Vertrauensmann, der Jesus verleugnete, und einem anderen, der nackt davonlief, um der Festnahme zu entgehen (Matthäus 26,14-16; Johannes 12,4-6; Matthäus 26,69-75; Markus 14,51-52).

Wenn also jemand einen Traum hat, der vollkommen vernünftig klingt, dann kann er wirklich nicht von Gott kommen. So träumt Gott nicht!

Wir vergessen, dass *unmöglich* eines von Gottes Lieblingswörtern ist. Er hat unmögliche Träume. Warum?

Wenn man einen möglichen Traum verwirklicht, bekommt man selbst all die Ehre.

Doch wenn man einen unmöglichen Traum verwirklicht, dann erhält Gott alle Ehre.

Das Ziel unmöglicher Träume besteht darin, der Welt zu zeigen, dass es einen unglaublichen, nicht zu fassenden Gott gibt, der im Leben von Menschen wirkt.

Und das alles begann mit Träumen wie Ihrem, sich den Armen und Hilflosen zuzuwenden.

Auch wenn Sie den Eindruck haben, dass Ihre Eltern mit ihren Zweifeln Ihre Begeisterung dämpfen wollen, kann es sein, dass sie etwas der dringend erforderlichen Weisheit in Ihre Pläne bringen. Ihre Eltern lieben Sie und wollen sicherstellen, dass Sie die beste Entscheidung treffen. Deshalb hören Sie auf Ihre Eltern. Sachlichkeit und Logik haben auch ihr Gutes. Zweifel können eine besondere Form von Vorsicht sein.

Doch letztendlich müssen Sie sich fragen, wessen Traum Sie folgen: Ihrem Traum, dem Traum Ihrer Eltern oder Gottes Traum?

Gottes Träume sind immer größer und besser und unglaublicher. Gottes Träume sehen so aus:

- Ihre Nachbarn … Ihre Gemeinde … Ihre Schule kommen zu Christus.
- Die Gemeinden Ihrer Gegend beten gemeinsam für eine Erweckung.
- In nur einem Land werden Hunger und Krankheit ausgerottet.
- Friede auf Erden.

Wagen Sie es, wie Gott zu träumen?

27. *Ist Gott bereit, wirklich jeden zu gebrauchen, um die Welt zu verändern? Auch Menschen, die ein sündiges Leben geführt haben?*

Ich hoffe es. Wenn Gott nur gerechte Menschen zur Veränderung der Welt ausgewählt hätte, könnte man sie alle an einem Finger abzählen: Jesus. Doch er hat auch andere in seinen Plan einbezogen: Sünder, Übeltäter, Unvollkommene, Ängstliche, Stolze, Menschen, die es mit der Wahrheit nicht so genau nahmen. Man könnte diese Aufzählung fortsetzen. Er gebrauchte Menschen wie

- Abraham – einen Lügner,
- Jakob – einen Betrüger,
- Mose – einen Mörder und einen, der Ausflüchte suchte,
- David – einen Ehebrecher und Mörder,
- Salomo – einen Menschen, der irdische Vergnügen suchte, einen Ehebrecher,
- Elia – den schmollenden Propheten,
- Gomer und Rahab – Prostituierte,
- Matthäus – einen Steuereintreiber,
- Petrus – einen Verleugner mit Zornproblemen.

Was wir daraus lernen, ist beruhigend. Gott gebrauchte (und gebraucht!) Menschen, um die Welt zu verändern. Menschen! Keine Heiligen oder Übermenschen oder Genies, sondern Menschen. Gauner, Fieslinge, Liebhaber, Lügner – er gebraucht sie alle. Und das, was ihnen an Vollkommenheit fehlt, gleicht Gott in Liebe aus.

Wenn Sie sich jemals fragen, wie Gott Sie gebrauchen kann, um Ihr Umfeld zu verändern, dann betrachten Sie die Menschen, die er schon gebraucht hat. Und dann fassen Sie Mut. Egal, wer Sie sind oder was Sie getan haben: Gott kann Sie gebrauchen.

Da Sie unvollkommen sind, können Sie aus eigener Erfahrung von Fehlern berichten.

Da Sie ein Sünder sind, können Sie von Vergebung sprechen.

Gott heilt die Zerbrochenen und Schwachen und stellt sie dann stolz der Welt vor, als Siegeszeichen seiner Liebe und Macht. Die Menschen sehen, wie Sünder rechtschaffen werden und erkennen, dass Gott auch sie lieben muss.

28. *Kann Gott seine Nachfolger heute so gebrauchen wie seine ersten Nachfolger? Ich höre immer wieder, dass wir uns dadurch von Nichtchristen unterscheiden sollen. Doch ich glaube nicht, dass wir uns nur annähernd mit den ersten Christen vergleichen können. Warum nicht?*

Die reichste Generation von Christen aller Zeiten ist die unsere. Wir sind intelligent, gut ausgebildet und sachkundig. Wir können in 24 Stunden um die Welt reisen und in einer Millisekunde eine Nachricht versenden. Wir haben hoch entwickelte Forschungsergebnisse und Medikamente zur Verfügung. Wir haben umfassende Ressourcen. Nur zwei Prozent der Weltgetreideernte würden – gerecht verteilt – ausreichen, um Hunger und Unterernährung weltweit zu besiegen.[3] Auf unserem Planeten ist genug Nahrung vorhanden, um jeden Menschen täglich mit 2500 Kalorien zu versorgen.[4] Wir haben genug Nahrung, um die Hungrigen satt zu machen.

Und wir haben genügend Unterkünfte für alle Waisen. Stellen wir eine einfache Berechnung auf. Weltweit gibt es 145 Millionen Waisenkinder.[5] Fast 236 Million Menschen in den Vereinigten Staaten nennen sich Christen.[6] Statistisch gesehen haben die amerikanischen Christen alleine die erforderlichen Mittel, um jedes Waisenkind auf der Welt mit einer Unterkunft zu versorgen.

Ich möchte diese schrecklich komplizierten Fragen nicht allzu sehr vereinfachen. Wir können nicht einfach mit den Fingern schnalzen und erwarten, dass Getreide über Grenzen fließt oder Regierungen Auslandsadoptionen erleichtern. Die Politik legt die besten Bemühungen lahm. Die internationalen Beziehungen sind angespannt. Korrupte Beamte behindern die Systeme. Das habe ich verstanden.

Doch eines liegt auf der Hand: Das Lager ist gefüllt. Das Problem liegt nicht in der Beschaffung, sondern in der Verteilung. Gott hat unserer Generation alles gegeben, was wir brauchen, um das menschliche Leid zu lindern.

Das Problem liegt nicht in der Information, sondern in der Verbreitung. Wir haben die vollständige Bibel mit allen Schriften, die erforderlich sind, um der Welt das Evangelium zu bringen, und wir haben die Mittel, um diese Botschaft mündlich, elektronisch und im 3-D-Format zu verbreiten.

Die Veränderung muss bei den Christen heute beginnen – wie sie vor zweitausend Jahren mit der Änderung der Apostel begann, die alles aufgaben, um das Evangelium nah und fern zu verkünden.

Wir können zweitausend Mal effektiver sein, wenn wir es nur versuchen würden.

29. *Wie sollte ich auf Armut reagieren? Dies scheint ein Riesenproblem zu sein.*

Manche Menschen sind arm, weil sie faul sind. Sie müssen ihren Hintern hochbekommen. Andere sind arm, weil ihr Körper von Parasiten geschwächt ist oder weil sie sechs Stunden am Tag mit

Wasserholen verbringen oder weil bewaffnete Rebellen ihre Bauernhöfe verwüstet haben oder weil ihre Eltern an AIDS gestorben sind.

Brauchen diese Leute Hilfe?

Natürlich. Deshalb …

Die christliche Gemeinde soll etwas für die Armen tun. Die Apostel handelten auch so. »Deshalb beriefen die zwölf eine Versammlung aller Gläubigen ein« (Apostelgeschichte 6,2). Sie riefen die ganze Gemeinde zusammen. Das Problem der Benachteiligung rechtfertigte ein Gespräch, an dem alle Mitglieder der christlichen Gemeinde teilnahmen. Die Verantwortlichen wollten, dass alle Gemeindeglieder wussten, dass Armut ernst genommen wird. Die endgütige Lösung des Problems der Armut liegt im Mitgefühl der Gläubigen. Die Bibel befürwortet keinen aufgezwungenen Kommunismus, sondern vom Heiligen Geist geleitete freiwillige Leistungen unter den Gläubigen.

Die Klügsten sollen die Sache in die Hand nehmen. »Deshalb, Freunde, wählt unter euch sieben Männer mit gutem Ruf aus, die vom Heiligen Geist erfüllt sind und Weisheit besitzen. Ihnen wollen wir die Verantwortung für diese Aufgabe übertragen« (Apostelgeschichte 6,3).

Die erste Versammlung der Urgemeinde führte zu einem Einsatzteam. Die Apostel setzten ihre besten Leute für die Lösung ihres größten Problems ein. Die riesige Aufgabe verlangte danach. Rich Stearns, der Präsident von World Vision in den Vereinigten Staaten, sagte mir: »Armut ist eine komplexe Wissenschaft für sich.« Einfache Lösungen gibt es nicht. Die meisten von uns wissen nicht, wie sie mit der Lawine der Staatsverschuldung, dem Zurückhalten lebensrettender Medikament, der Korruption in den Seehäfen und der Entführung von Kindern umgehen sollen. Die meisten wissen nicht, was sie tun sollen, aber jemand weiß es!

Und noch eine Idee. *Jetzt reicht es.* Sauer genug, um zu kontern? Gerechter Zorn würde viel Positives bewirken. Armut liegt nicht an einem Mangel an Wohltätigkeit, sondern an einem Mangel an Gerechtigkeit. Warum gehen jeden Abend eine Milliarde Menschen hungrig ins Bett?[7] Warum sterben täglich fast dreißigtausend Kinder – eines alle drei Sekunden – an Hunger und vermeidbaren Krankheiten?[8] Das ist einfach nicht gerecht. Warum nicht die Ärmel hochkrempeln und etwas unternehmen?

Niemand kann alles, aber jeder kann etwas tun.

30. *Kommt Reue, wenn ein Mensch zu Christus kommt oder wenn ein Mensch in Christus wächst?*

Die Antwort lautet Ja.

Wenn wir zu Christus kommen, wenden wir uns von unserem alten Leben ab. Wenn wir im Ehebruch gelebt haben, beenden wir diese Beziehung. Wenn wir bei der Steuererklärung betrogen haben, hören wir damit auf. Wenn wir uns selbst gerühmt haben, beginnen wir, Christus zu rühmen. Wir versuchen, alles zu tun, was wir wissen.

Das Problem ist jedoch, dass wir nicht alles wissen, was wir tun sollen. Je länger wir mit Jesus leben, umso mehr erkennen wir, was geändert werden muss. Reue ist dann nicht mehr nur ein Ereignis. Reue wird zu einer Lebenshaltung.

Mein Zimmerkollege Steve Green war sehr ordentlich. Ich dagegen bin eher schludrig. Warum soll man ein Bett machen, wenn man in der folgenden Nacht sowieso wieder in ihm schläft?

Bevor ich zum Studium ging, versprach ich meiner Mutter, dass ich ordentlicher werden würde. Und ich hielt mein Versprechen. Ich bereute meine Schlamperei. Doch als ich sah, wie Steve lebte, erkannte ich, dass meine Reue noch Fortschritte machen musste. Ein Blick in unser Zimmer, und man sah den Unterschied. Auf seiner Seite des Zimmers hätte man vom Fußboden essen können. Auf meiner Seite des Zimmers konnte man den Fußboden nicht sehen. Nun war Steve sehr großzügig. Er verlangte keine Änderung von mir, aber nach und nach half er mir, mich zu ändern. Alle paar Tage lernte ich etwas Neues. Ich lernte den Zweck von Kleiderbügeln und den Grund für das Verschließen von Zahnpastatuben.

Ich lernte, dass man Unterwäsche nur einen Tag lang tragen sollte. Die vier Jahre, in denen wir ein Zimmer teilten, waren vier Jahre regelmäßiger Reue. Dann hat Steve mich an Denalyn übergeben, und sie arbeitet immer noch an mir.

Das Gleiche geschieht mit einem Christen. Wenn ein Mensch zu Christus kommt, tut er Buße und bereut seine Taten. Doch in dem Maße, in dem Christus in sein Herz und sein Leben einzieht, erkennt er, wie liederlich er ist. Mit der Zeit ändern sich seine Sprache und seine Gewohnheiten. Er geht anders mit seinem Geld um. Reue ist zu seiner Lebenshaltung geworden.

Wir sind ständig dabei, unsere Taten zu bereinigen.

Verletzungen

Konflikte, Schicksalsschläge und »Warum gerade ich?«

Dear Amy,

God must love you very much. He entrusted you with Madison, a special child. She needed a mom with a deep heart and a rock-solid faith. For whatever time Madison has on earth, she will see Jesus in you. You can be Jesus in her life. What a gift you are able to give her!

May God grant healing, strength and peace —

Liebe Amy,

Gott muss dich sehr lieben. Er hat dir Madison anvertraut, die ein besonderes Kind ist. Sie brauchte eine Mama mit einem tiefgründigen Herzen und einem felsenfesten Glauben. Wie viel Zeit auch immer Madison auf dieser Erde hat, sie wird Jesus in dir sehen. Du kannst Jesus in ihrem Leben sein. Welch ein Geschenk du ihr geben kannst!

Möge Gott dir Heilung, Kraft und Frieden gönnen,

Max

31. *Ich arbeite in einer Klinik für Krebskranke und sehe Patienten, insbesondere Kinder, die jeden Tag um Wunder beten. Sie müssen so viel Schweres durchmachen. Was kann ich ihnen sagen?*

Sagen Sie Ihnen, dass Gott Schweres zu seiner Ehre gebraucht. Die letzten drei Jahre des Lebens meines Vaters waren von ALS, amyotropher Lateralsklerose, geprägt. Die Krankheit machte aus dem gesunden Mechaniker einen bettlägerigen Gelähmten. Er verlor seine Stimme und seine Muskeln, doch seinen Glauben verlor er nie. Seine Besucher merkten das. Nicht so sehr an dem, was er sagte, sondern vielmehr an dem, was er nicht sagte. Jack Lucado zeigte nie Zorn oder Bitterkeit, sondern litt in Würde.

Sein Glaube hat bewirkt, dass ein anderer Mann auch einen solchen Glauben haben wollte. Nach der Beerdigung meines Vaters besuchte mich dieser Mann und erzählte es mir. Aufgrund des Beispiels meines Vaters wurde er ein Nachfolger von Jesus. Hat Gott die Krankheit meines Vaters aus diesem Grund herbeigeführt?

Wenn wir den Wert kennen, den er einer einzigen Seele beimisst, würde mich das nicht wundern. Wenn ich mir die Pracht des Himmels vorstelle, weiß ich, dass sich mein Vater nicht beklagt.

Eine Zeit des Leidens ist eine kleine Aufgabe im Vergleich zu der Belohnung, die auf uns wartet.

32. *Heute Nachmittag habe ich eine Freundin im Krankenhaus besucht. Sie hat ein Baby bekommen, und das Baby kam mit nur einem Fuß auf die Welt. Warum? Wie kann ein guter Gott solche Missbildungen zulassen?*

Manches hat keinen Sinn. Wer kann im Puzzle des Lebens Raum für die Missbildung eines Kindes oder die gewaltigen Zerstörungen durch ein Erdbeben finden? Wozu dienen diese Ereignisse?

Es ist hilfreich, sie vom Standpunkt der Ewigkeit her zu betrachten. Was in diesem Leben sinnlos ist, hat im künftigen Leben durchaus einen Sinn. Ich habe den Beweis dafür: Sie im Mutterleib.

Ich weiß, dass Sie sich nicht an diese Zeit vor der Geburt erinnern können, deshalb beschreibe ich Ihnen kurz, was geschah. Jeder Tag der Schwangerschaft hat Sie auf Ihr irdisches Leben vorbereitet. Ihre Knochen haben sich gefestigt, Ihre Augen entwickelten sich, durch die Nabelschnur wurde Ihr wachsender Körper mit Nährstoffen versorgt … wozu? Damit Sie in der Gebärmutter bleiben? Ganz im Gegenteil. Die Zeit in der Gebärmutter hat Sie für Ihre Zeit auf der Erde vorbereitet und für Ihr Leben nach der Geburt ausgestattet.

Einige Dinge entwickelten sich auch, obwohl sie vor der Geburt nicht gebraucht wurden. Ihre Nase ist gewachsen, doch Sie atmeten nicht. Augen bildeten sich, doch Sie konnten nichts sehen. Ihre Zunge, Ihre Zehennägel und ein Haarschopf hatten im Mutterleib keinerlei Funktion. Doch sind Sie heute nicht froh, dass Sie sie haben?

Manche Kapitel im Leben erscheinen so unnötig wie Nasenlöcher vor der Geburt. Leiden, Einsamkeit, Krankheit, der Holocaust, Märtyrertum. Wenn wir meinen, dass diese Welt nur dem Glück vor dem Grab dient, dann haben diese schrecklichen Dinge wirklich keinen Sinn. Doch wenn diese Erde eine Gebärmutter ist? Könnten diese Probleme, so schwer sie sind, uns auf die künftige Welt vorbereiten? Paulus schrieb: »Denn unsere jetzigen Sorgen und Schwierigkeiten sind nur gering und von kurzer Dauer, doch sie bewirken in uns eine unermesslich große Herrlichkeit, die ewig andauern wird« (2. Korinther 4,17).

33. *Auf Wunsch besucht unser Pfarrer die Kranken und salbt sie mit Öl. Für mich klingt das nach Voodoo. Was halten Sie davon?*

Ich glaube, Ihr Pfarrer liest die Bibel.

> Leidet jemand von euch? Dann soll er beten. Und wer Grund zur Dankbarkeit hat, soll dem Herrn Loblieder singen. Ist einer von euch krank? Dann soll er die Ältesten der Gemeinde holen lassen, damit sie für ihn beten und ihn im Namen des Herrn mit Öl salben. Ihr Gebet im Glauben an Gott wird den Kranken heilen, und der Herr wird ihn aufrichten. Und wenn er Sünden begangen hat, wird Gott ihm vergeben. Bekennt einander eure Schuld und betet füreinander, damit ihr geheilt werdet. Das Gebet eines gerechten Menschen hat große Macht und kann viel bewirken.
>
> Jakobus 5,13-16

Jakobus stellt sich einen Menschen mit einem schmerzenden Körper, quälenden Gedanken und vielleicht einem gebrochenen Herzen vor, der Hilfe braucht. Welches Rezept stellt er aus? Die Gebete, Berührung und Tränen eines Ältesten. Dem Leidenden wird nicht gesagt, er solle einen Freund, Diakon, Evangelisten oder Wundertäter rufen; ihm wird gesagt, er solle einen Ältesten rufen. Ihm wird nicht aufgetragen, eine Veranstaltung, ein Seminar oder eine Evangelisationsversammlung zu besuchen, sondern sich an seine geistlichen Hirten zu wenden.

Jakobus fordert das leidende Gemeindemitglied auf, die Ältesten zu rufen. Das geschieht freiwillig, ohne Zwang oder Überredung. Ein verwundetes Schaf ruft nach seinen Hirten, und sie kommen, um zu beten.

In diesem Vers werden zum ersten Mal Älteste in der christlichen Gemeinde erwähnt. Es ist kein Zufall, dass in dieser ersten Erwähnung von Ältesten von Gebet die Rede ist. Gebet ist ihre

Hauptaufgabe. Genau wie die Apostel viel Zeit mit Gebet und der Verkündigung des Wortes Gottes verbrachten (Apostelgeschichte 6,4), ist das auch heute die Aufgabe der Ältesten. Kein kraftloses oder auswendig gelerntes Gebet, sondern ein Gebet im Glauben. Ein Gebet, das in dem Glauben wurzelt, dass Gott gut ist und tun wird, was richtig ist.

Bei ihrem Besuch hören die Ältesten auch das Sündenbekenntnis des Kranken. Die Heilung der Seele und die Heilung des Körpers hängen zusammen. Jakobus erkannte, dass viele körperliche Leiden von ungelösten geistlichen Problemen verursacht werden. Wie viele Krankenhausbetten sind wegen Schuld, Sorgen, Ärger, Hass oder Frömmelei belegt? Viele Menschen sind nicht aufgrund einer Infektion krank, sondern wegen eines geistlichen Problems.

Denken Sie, wie viel Kraft in einem solchen Augenblick liegt! Ein bereitwilliges Gemeindemitglied unterwirft sich dem Sturm des Gebets der Ältesten.

Wenn die Ältesten für den Kranken beten, salben sie ihn mit Öl. Im Alten Testament verkörpert Öl die Gegenwart des Heiligen Geistes. Wenn das Öl den Menschen berührt, geschehen zwei wunderbare Dinge. Erstens wird die Kraft des Heiligen Geistes gesucht und zweitens wird der Kranke berührt.

Wenn Sie jemals eine lange Krankheit durchgemacht haben, wissen Sie, wie bedeutend es ist, von einem Menschen berührt zu werden. Wenn Sie die Bibel aufmerksam gelesen haben, wissen Sie, wie viel Raum das Auflegen der Hände einnimmt. Jesus hat oft das Auflegen der Hände mit Heilung verknüpft. Er legte dem Mann in Betsaida zweimal die Hände auf, bevor dieser wieder richtig sehen konnte (Markus 8,22-25). Auf der Insel Malta legte der Apostel Paulus den Kranken die Hände auf und sie wurden geheilt (Apostelgeschichte 28,7-10). Jesus sagte von seinen Jüngern, dass sie Kranken die Hände auflegen und sie heilen werden (Markus 16,18).

Das Heilungsgebet soll weder einen zu hohen Stellenwert bekommen noch vernachlässigt werden, es soll weder verehrt noch von der Hand gewiesen werden. Das Heilungsgebet sollte ganz normal zum täglichen Leben unter der Herrschaft Gottes gehören.

34. *Ich kann es nicht mehr hören, wenn Leiden mit der Floskel »alles führt zum Guten« abgetan wird. Ich finde, das ist besonders Menschen gegenüber, die schreckliche Tragödien erleiden, grausam. Sind Ihrer Meinung nach solche Aussprüche grausam oder hilfreich?*

Sie beziehen sich auf Römer 8,28: »Und wir wissen, dass für die, die Gott lieben und nach seinem Willen zu ihm gehören, alles zum Guten führt.« Ich glaube, das ist einer der hilfreichsten und tröstlichsten Verse der ganzen Bibel, denn er verkündet Gottes Souveränität in jeder schmerzlichen, tragischen Situation, mit der wir konfrontiert werden.

Gott wirkt. Das Wort, das Paulus hier benutzt, ist *sunergeo*. Von diesem Verb wird das moderne Wort *Synergie* abgeleitet. Paulus sagt, dass Gott bewirken kann, dass alle Dinge zum Guten *sunergeo*. Gott ist aktiv und kreativ, er mischt Paprika mit Petersilie, Glauben mit Versagen, Siege mit Tränen und feste Schritte mit Straucheln. Einzeln für sich sind die Zutaten vielleicht abstoßend. Doch zusammen haben sie ihren Reiz. Warum?

Weil wir wissen, dass Gott so wirkt, dass für uns alles *zum Guten führt*.

Gott gebraucht Nöte, um unseren Charakter zu formen. Jakobus weist in seinem Brief ebenfalls darauf hin. »Liebe Brüder, wenn in schwierigen Situationen euer Glaube geprüft wird, dann freut euch darüber. Denn wenn ihr euch darin bewährt, wächst eure Geduld. Und durch die Geduld werdet ihr bis zum Ende durchhalten, denn dann wird euer Glaube zur vollen Reife gelangen und vollkommen sein und nichts wird euch fehlen« (Jakobus 1,2-4).

Die Glaubensprüfungen von heute führen zur Reife von morgen. Haben wir das nicht von der Muschel gelernt? Ein Sandkorn dringt in die Behaglichkeit ihrer Schale ein. Wie reagiert die Muschel darauf? Wie geht sie mit diesem Unglück um? Geht sie in die Muschelbar und gießt sich einen hinter die Binde? Wird sie depressiv und schottet sich ab? Bricht sie zu einer Einkaufsorgie auf und gibt Unsummen aus, um über den Schmerz hinwegzukommen? Nein!

Sie sondert eine Substanz ab, die nicht nur das Unglück überwindet, sondern das Unglück in eine Perle verwandelt. Jede Perle ist ein Sieg über ein Unglück.

Was tun wir in der Zwischenzeit? Wir haben Vertrauen. Wir haben vollständiges Vertrauen und erinnern uns daran: »Gott wirkt... Gott bewirkt etwas Gutes... Gott gebraucht alle Dinge.«

Jeder Vers kann missbraucht werden, doch dadurch verliert er seinen Wert nicht. Römer 8,28 sollte nie als bedeutungslose Floskel dienen, sondern eine der bedeutendsten Zusicherungen von Gottes Souveränität für die Müden und Niedergeschlagenen sein.

35. *Mein Chef hat die Angewohnheit, abfällige Bemerkungen über mich zu machen, die wirklich wehtun. Meine Arbeit gefällt mir, aber er reduziert mein Selbstwertgefühl und macht mir das Leben schwer. Was kann ich tun?*

> Er [Jesus] hat sich nicht gewehrt, wenn er beschimpft wurde. Als er litt, drohte er nicht mit Vergeltung. Er überließ seine Sache Gott, der gerecht richtet.
> 1. Petrus 2,23

Nach stundenlangen Demütigungen, Beleidigungen und Verhöhnungen sagte Jesus nichts. Er schoss nicht mit einer sarkastischen Atombombe zurück. Und Sie können mir glauben: Aufgrund seiner Sprachgewandtheit und der zahlreichen klugen Anfeindungen, denen er in seinem Leben ausgesetzt war, hätte er sie bestimmt ins Schwitzen bringen können.

Was sollen wir also tun, wenn der Chef uns beschimpft?

Haben Sie gesehen, was Jesus tat, als die Menge und die Wächter ihn beleidigten? Er hat keine Vergeltung geübt. Er zahlte nicht mit gleicher Münze heim. Er sagte nicht: »Wartet nur, euch bekomme ich schon noch!« Nein, solche Aussagen kamen nicht über seine Lippen.

Haben Sie gesehen, was Jesus getan hat? Er betete. »Er überließ seine Sache Gott, der gerecht richtet.« Oder einfacher ausgedrückt, er überließ Gott das Richten. Jesus hat nicht nach Rache gesucht. Er forderte keine Entschuldigung. Er hat keine Kopfjäger angeheuert.

Noch nie habe ich eine solche Liebe gesehen. Wenn jemals ein Mensch Grund zu einem Vergeltungsschlag und gleichzeitig die Macht hatte, dabei ernsthaften, übernatürlichen Schaden anzurichten, dann war es Jesus. Doch er hat keine himmlischen Heere herbeigerufen. Er flehte um Gnade für sie. Er starb für sie.

Wie er dazu fähig war? Ich weiß es nicht. Doch ich weiß, dass auf einmal meine Verletzungen gering und mein Groll und meine Verärgerung recht läppisch erscheinen.

Wenige Tage danach ist Jesus siegreich zum ewigen Leben auferstanden, während die Spötter immer noch in ihrem erbärmlichen Leben schmorten – voller Zorn, Ärger, ohne Vergebung und ohne Gnade. Letztendlich hat die Wahrheit gesiegt. Sie siegt immer.

36. *Ich bin sehr aufbrausend und werde wegen Kleinigkeiten zornig. Ich weiß, dass das zu Spannungen in meinen Beziehungen führt, und das tut weh. Wie komme ich aus diesem Teufelskreis heraus?*

Wie ist eigentlich der Grand Canyon entstanden?

Vielleicht hier und da ein paar Tropfen. Ein tropfender Wasserhahn unter der Erde oder ein sanfter Regen in einer friedlichen Nacht. Langsam hat sich immer mehr Wasser aufgestaut. Gewitter. Blitze. Zornesausbrüche des Himmels ergossen sich in den reißenden Fluss namens Colorado.

Bald beginnt dieser Fluss, durch die Erde zu brausen, sie auszuwaschen und abzutragen. Reißend und zerrend. Dieser einst harmlose Wasserlauf ist jetzt voller Gewalt. Mit den Jahren wird eine tiefe Kluft gegraben.

Unser Zorn wirkt wie der Colorado. Langsam, ganz langsam tropft es, kleine Tropfen, die verstimmen, ärgern und schließlich wütend machen.

Das gehörte mir! Tropf.

Geh mir aus dem Weg! Tropf.

Immer tust du das! Tropf.

Warum kann ich nicht auch einmal etwas bekommen! Tropf.

Du hast mir nichts zu sagen! Tropf.

Der aufgestaute Druck führt zur Explosion und entfesselt einen Zornesausbruch, Worte sprudeln heraus und reißen die Menschen, die wir lieben, unser Zuhause und unseren Frieden fort.

Warten Sie nicht, bis eine Fontäne aus einem Wasserhydranten aufschießt. Kümmern Sie sich um die kleinen Tropfen. Reagieren Sie auf jedes kleine Ärgernis mit Vergebung und Gebet. Langsam lässt der Druck nach, und der Druckanzeiger sinkt von zehn auf vier, auf drei, dann zwei und eins.

Tun Sie es, bevor Ihr Zorn einen Canyon in Ihr Leben gräbt … bei dem Sie auf einer Seite sind und alle, die Sie kennen, auf der anderen.

37. *Ich habe Angst davor, die schönen Dinge des Lebens zu genießen und Neues auszuprobieren. Ich habe den Eindruck, ausgelacht zu werden. Ich habe auch Angst vor Reisen, weil ich fürchte, dass ein Unfall passieren könnte. Deshalb hänge ich zu Hause in meiner kleinen Stadt herum und wage es nie, mich weit aus meiner Komfortzone zu entfernen. Diese Lebensweise gefällt mir eigentlich gar nicht.*

In meinem Buch *Fearless*[9] schrieb ich:

> Wenn unser Leben von Angst geprägt ist, wird Sicherheit zu unserem Gott. Wenn Sicherheit zu unserem Gott wird, vergöttern wir ein risikoloses Leben. Kann ein Sicherheitsfanatiker etwas Großes leisten? Kann der Risikoscheue Außerordentliches vollbringen? Für Gott? Für andere? Nein. Furchtsame können nicht lieben. Liebe ist riskant. Furchtsame können nichts für die Armen geben, denn eine Gegen-

leistung ist hier nicht zu erwarten. Furchtsame können keine kühnen Träume haben, denn die Träume könnten zerplatzen. Die Vergötterung der Sicherheit höhlt wahre Größe aus. Kein Wunder, dass Jesus so nachhaltig gegen die Angst ins Feld gezogen ist.

Die Evangelien befassen sich sehr direkt mit der Angst. Alle vier sind sich einig: Fürchtet euch nicht.

Angst vor dem Tod und satanischen Mächten? »Habt keine Angst vor denen, die euch umbringen wollen. Sie können nur euren Körper töten; eure Seele ist für sie unerreichbar« (Matthäus 10,28).

Angst vor Gottes Ruf in ein völlig neues Leben? »Da erklärte er [der Engel] ihr: ›Hab keine Angst, Maria, denn du hast Gnade bei Gott gefunden‹« (Lukas 1,30).

Angst vor der Welt? »Ich lasse euch ein Geschenk zurück – meinen Frieden. Und der Friede, den ich schenke, ist nicht wie der Friede, den die Welt gibt. Deshalb sorgt euch nicht und habt keine Angst« (Johannes 14,27).

Angst vor dem Verlust des Arbeitsplatzes, vor einer Zwangsvollstreckung oder dem Bankrott? »Hab also keine Angst, kleine Herde. Denn es macht eurem Vater große Freude, euch das Reich Gottes zu schenken« (Lukas 12,32).

Angst vor dem, was die Leute hinter Ihrem Rücken munkeln? »Doch fürchtet euch nicht vor denen, die euch bedrohen. Denn die Zeit kommt, in der die Wahrheit ans Licht kommt und alle Geheimnisse bekannt werden« (Matthäus 10,26).

Angst, dass Jesus Sie verlassen hat? »Denn Gott hat gesagt: ›Ich werde dich nie verlassen und dich nicht im Stich lassen‹« (Hebräer 13,5).

Das Hauptziel der Angst ist, Sie von Gottes Plan für Ihr Le-ben abzuhalten.

Lassen Sie es deshalb auf keinen Fall zu, dass die Angst gewinnt.

Wenn irgendjemand oder irgendetwas Grund zur Angst hat, dann die Angst selbst.

38. Immer wenn mein Chef darauf angewiesen war, dass ich Überstunden machte, versprach er mir eine Beförderung. Jahrelang arbeitete ich sechzig Stunden pro Woche. Doch als eine größere Beförderung anstand, überging er mich und ein Betriebsneuling erhielt die Stelle. Ich muss weiterhin mit diesem Chef arbeiten, doch meine Verbitterung macht es mir sehr schwer, ihm auch nur höflich zu begegnen.

Der Chef, der Ihnen Beförderungen versprach, hat Sie vergessen. Und Sie sind verletzt.

Teils sind Sie niedergeschmettert, teils verbittert. Einesteils möchten Sie weinen, andererseits wollen Sie kämpfen. Sie vergießen heiße Tränen, denn in Ihrem Herzen brennt ein Feuer. Es ist das lodernde, verzehrende Feuer des Zorns. Seine Flammen züngeln unter dem dampfenden Topf der Rache hervor.

Jetzt stehen Sie vor einer Entscheidung. »Soll ich das Feuer löschen oder anfachen? Komme ich darüber hinweg oder sinne ich auf Vergeltung? Kann ich loslassen oder grolle ich? Will ich, dass meine Verletzungen heilen oder lasse ich zu, dass sich die Verletzungen in Hass verwandeln?«

Die folgende Definition von Groll finde ich zutreffend: Groll bedeutet, es zuzulassen, dass eine Verletzung sich in Hass verwandelt. Groll bedeutet zuzulassen, dass das, was an Ihnen nagt, Sie völlig in Beschlag nimmt. Groll bedeutet, das Feuer zu schüren, die Flammen anzufachen und die Wunden immer wieder aufzureißen.

Rache ist das lodernde Feuer, das den Brandstifter verzehrt. Bitterkeit ist die Falle, in der sich der Jäger verfängt.

Barmherzigkeit ist die Möglichkeit, mit der alle frei werden können.

»Gott segnet die Barmherzigen«, sagt Jesus in der Bergpredigt. Wer anderen gegenüber barmherzig ist, wird selbst gesegnet. Warum? Jesus hat die Frage beantwortet: »Sie werden Barmherzigkeit erfahren« (Matthäus 5,7).

Die Barmherzigen werden Barmherzigkeit erfahren, sagt Jesus. Ihnen wird Gnade zuteil. Sie sind gesegnet, weil sie Zeugen von etwas Größerem sind. Wenn wir anderen vergeben, erkennen wir, wie Gott uns vergeben hat. Gnädig sein ist der Schlüssel zum Verständnis von Gnade, denn wenn wir vergeben, beginnen wir zu empfinden, was Gott empfindet.

Da Gott Ihnen mehr vergeben hat, als Sie jemals einem anderen vergeben müssen, entlassen Sie Ihren Feind – und sich selbst – in die Freiheit.

39. *Meine Exfrau und ich haben das gemeinsame Sorgerecht für unsere Kinder. Sie erzählt den Kindern ständig Negatives über mich und scheint fest entschlossen zu sein, meine Beziehung zu den Kindern zu zerstören. Um der Kinder willen möchte ich eine positive Beziehung zu ihr aufrechterhalten, aber es fällt mir sehr schwer, ihr zu vergeben.*

Wir vergeben einmaligen Übeltätern. Wir verzeihen den Menschen, die uns einen Parkplatz vor der Nase wegschnappten, die uns sitzen ließen und sogar denen, die uns die Brieftasche raubten.

Wir können über geringfügige Verfehlungen hinweggehen. Doch wie gehen wir mit schweren Straftaten und mit Wiederholungstätern um?

Rache lenkt die Aufmerksamkeit auf die hässlichsten Augenblicke des Lebens. Man starrt wie gebannt auf grausame Vorfälle in der Vergangenheit. Wollen Sie wirklich Ihren Blick darauf richten? Werden Sie ein besserer Mensch, wenn Sie Ihre Verletzungen ständig wieder aufwärmen und erneut durchleben? Keinesfalls. Sie machen sich damit nur kaputt.

Ihre Feinde sind immer noch Teil von Gottes Plan. Solange sie leben, hat Gott sie noch nicht aufgegeben. Sie scheren sich vielleicht nicht um Gottes Willen, aber Gott schert sich noch um sie. Sie selbst ehren Gott, wenn Sie diese Menschen nicht als Gottes Misserfolge, sondern als Gottes Projekte betrachten.

Gott nimmt den einzigen Sitz im obersten Gerichtshof des Himmels ein. Er trägt die Richterrobe und lässt sich den alleinigen

Vorsitz nicht streitig machen. Aus diesem Grund schrieb Paulus: »Liebe Freunde, rächt euch niemals selbst, sondern überlasst die Rache dem Zorn Gottes. Denn es steht geschrieben: ›Ich allein will Rache nehmen; ich will das Unrecht vergelten‹, spricht der Herr« (Römer 12,19).

Die Rache lässt Gott aus dem Spiel. Die Selbstjustiz verdrängt und ersetzt Gott. »Ich bin nicht sicher, dass du damit umgehen kannst, Herr. Du strafst vielleicht zu milde oder zu langsam. Ich nehme diese Sache lieber selbst in die Hand.«

Nur Gott spricht richtige Urteile aus. Die Strafen, die wir verhängen, sind zu mild oder zu streng. Gottes Rechtsprechung ist vollkommen. Die Rache ist seine Aufgabe. Lassen Sie Ihre Feinde in Gottes Händen. Damit heißen Sie ihr Fehlverhalten nicht gut. Sie können das, was jemand tut, verabscheuen, ohne von Hass verzehrt zu werden. Vergebung ist etwas anderes, als Nachsicht zu üben.

In der begrenzten Zeit, die Sie mit Ihren Kindern verbringen, können Sie ihnen einen wertvollen Unterricht in Vergebung erteilen. Rache und Vergeltung sind nicht Ihre Sache. Leben Sie Ihren Kindern die Gesinnung vor, die Jesus in seinem Leben und am Kreuz offenbarte.

40. *Eine Freundin von mir, die bewusst als Christ lebt, benimmt sich mit Worten und Taten oft sehr unhöflich gegenüber Menschen, die im Dienstleistungsgewerbe arbeiten. Das stört mich.*

In der Bibel wird öfter berichtet, dass Jesus auswärts aß. Wie hat er sich dabei verhalten?

Bei der Speisung der viertausend und fünftausend Menschen spielte Jesus Chef und beauftragte die Jünger, als Kellner für die Bedienung zu sorgen (Matthäus 15,29-38; 14,13-21).

Als er mit den Aposteln das Passahfest feierte, spielte er den Gastgeber und wusch ihnen die Füße. Der Gastgeber wurde zum Diener (Johannes 13,1-17).

Als Jesus mit den Pharisäern zusammen aß, salbte ihn eine Frau mit sündhafter Vergangenheit mit einem kostbaren Öl. Jesus ließ es freundlich zu, dass sie ihn beim Essen unterbrach und ihn verehrte (Lukas 7,36-38).

Beim Essen war Jesus nur zu einer einzigen Gruppe unhöflich – zu den Pharisäern, die ihm mit ihrem abscheulichen Umgang mit anderen Menschen den Appetit verdarben (Lukas 7,39-50).

Was würde Jesus also einem Kellner geben?

Ermutigung, um ihm zu helfen, diese belastende Arbeit durchzuhalten.

Vergebung, trotz falsch aufgenommener Bestellungen und trotz eines schmutzigen Löffels.

Ewigkeit, mit einem Wort oder der Einladung, mehr zu hören.

Dank, der konkret mit einem befriedigenden Trinkgeld von 15 bis 20 Prozent ausgedrückt wird.

Jesus wusste, was es bedeutet, ein Diener zu sein, und er würde Dienstpersonal ganz sicher mit Freundlichkeit und Achtung behandeln.

41. *Als Kind wurde ich sexuell missbraucht, und ich habe aufrichtig versucht, diesem Menschen zu vergeben. Jedoch leide ich psychisch und körperlich immer noch unter den Folgen des Missbrauchs. Schmerz und Angst halten mich in einem Teufelskreis gefangen. An einem Tag meine ich, dass ich vergeben kann und am Tag darauf denke ich, dass dies nie möglich sein wird.*

Ihr Schmerz ist Wirklichkeit. Kein salbungsvoller Spruch kann all Ihre Probleme lösen.

Aber klappen Sie das Buch jetzt nicht gleich zu. Ich versuche, Ihnen eine Änderung des Blickwechsels vorzuschlagen.

Verletzte Menschen verletzen andere. Der Mensch, der Sie sexuell missbraucht hat, hat das getan, weil er selbst irgendwann einmal verletzt wurde. Dieser Mensch hat sich geweigert, seinem Peiniger zu vergeben und beschloss, seine Aggressionen an Ihnen auszulassen.

Vergebung durchbricht die Kette des Missbrauchs und der Misshandlungen. Vergebung überwindet die Vergangenheit und schützt die Zukunft.

Ohne Vergebung sind Sie verurteilt, den Missbrauch weiterzugeben. Dabei muss es sich nicht unbedingt um sexuellen Missbrauch handeln. Der Missbrauch kann auch in Form von Zorn oder mangelnder Verbindlichkeit in Beziehungen auftreten. Irgendwo, irgendwann schnellt bei einem nichts ahnenden Opfer die Verletzung unerwartet zum Vorschein und zerstört einen weiteren Menschen.

Jesus vergab den Menschen in der Vergangenheit, in der Gegenwart und in der Zukunft. Stellen Sie sich vor, dass Sie eine Verletzung vergeben, die Ihnen noch nicht zugefügt wurde. Sie haben keinen Grund, jemanden zu hassen, doch Sie vergeben, bevor dieser Mensch Ihnen einen Grund dafür gibt. Ein Mensch empfindet keine Reue für etwas, das er noch gar nicht getan hat, aber Jesus hat ihm schon vergeben.

Bevor Sie in dem Teufelskreis von Verletzungen und fehlender Vergebungsbereitschaft gefangen werden, versuchen Sie, Ihren Blick von dem, der Sie verletzt hat, abzuwenden und auf den Einen zu schauen, der Sie errettet hat.

Wir alle brauchen Vergebung. Ganz besonders der Mensch, der Sie verletzt hat.

42. *Ich habe an Vergebung geglaubt, bis unser ehemaliger Schwiegersohn das Herz unserer Tochter gebrochen hat. Er hat sie betrogen und verlassen und jetzt beantragt er das Sorgerecht für unser Enkelkind. Vergebung? Unwahrscheinlich.*

Vor einiger Zeit sprach ich bei einer Männerversammlung über Zorn. Ich beschrieb Groll als Gefängnis. Wenn wir jemanden in die Gefängniszelle unseres Hasses sperren, erläuterte ich, müssen wir immer vor der Tür sitzen und sie bewachen. Nach der Veranstaltung kam ein Mann auf mich zu und stellte sich als ehemaliger Gefängnisinsasse vor. Er bestätigte mir, dass der Wärter an der Gefängnispforte noch weniger Bewegungsfreiheit hat als ein Gefangener. Der Wärter verbringt seinen Tag in einem nicht einmal zwei Quadratmeter großen Häuschen. Der Gefangene hat eine Zelle mit über zehn Quadratmetern. Der Wärter kann seinen Platz nicht verlassen, der Gefangene kann umhergehen. Der Gefangene kann entspannen, doch der Wächter muss ständig wachsam sein. Sie können jetzt einwenden: »Ja, aber der Gefängniswärter geht abends nach Hause.« Stimmt, doch der Wärter des »Groll-Gefängnisses« kann das nicht.

Wenn Sie darauf aus sind, alte Rechnungen zu begleichen, werden Sie nie zur Ruhe kommen. Wie könnten Sie auch? Ihr Schuldner bezahlt seine Schuld wahrscheinlich nie. Sie denken, dass Sie Anspruch auf eine Entschuldigung haben, doch Ihr Feind ist anderer Meinung. Der Rassist empfindet vielleicht nie Reue. Der Chauvinist ändert sich womöglich nie. So berechtigt Ihr Wunsch nach Rache sein mag, er wird vielleicht nie erfüllt. Und wird es Ihnen ausreichen, wenn Sie doch recht bekommen sollten?

Bleiben wir noch etwas bei diesem Gedanken. Wie viel Gerechtigkeit ist genug? Stellen Sie sich Ihren Feind einen Augenblick lang bildlich vor. Stellen Sie sich vor, wie er an den Marterpfahl gebunden wird. Der Mann mit den kräftigen Armen und der Peitsche in der Hand wendet sich an Sie und fragt: »Wie viele Hiebe?« Und Sie nennen eine Zahl. Die Peitsche knallt, Blut fließt und die Strafe ist verbüßt. Ihr Feind sackt auf dem Boden zusammen und Sie gehen nach Hause.

Sind Sie jetzt glücklich? Ist Ihnen wohler zumute? Haben Sie Frieden im Herzen? Eine Zeit lang vielleicht, doch bald kommt eine andere Erinnerung hoch, und ein weiterer Hieb wird nötig und … Wann wird das aufhören?

Es hört auf, wenn wir beginnen zu vergeben.

43. *Ist es in Ordnung, wenn ich einen leistungsschwachen Arbeiter entlasse? Ich bin Christ, aber ich bin auch Abteilungsleiter. Wie erweise ich einem faulen Arbeitnehmer Liebe?*

Wenn wir die Liebe von Christus betrachten, machen wir eine herrliche Entdeckung. Liebe ist mehr als eine Entscheidung, mehr als ein Gefühl. Sie bekommen keine Gänsehaut vor freudiger Erregung und keine gefühlvollen Anwandlungen, wenn Sie Ihren Arbeitnehmer sehen? Jesus auch nicht! In der Tat hat er oft etwas ganz anderes als Gefühle der Freude bekommen. Mindestens einmal hat er gefragt: »Wie lange muss ich euch noch ertragen?« (Markus 9,19).

Lieben, wie Jesus geliebt hat, ist keine Frage des Gefühls, sondern der Entschluss, das zu tun, was dem Wohl des jeweiligen Menschen dient. Das kann bedeuten, gutes Verhalten zu loben. Jesus hat den Glauben des römischen Offiziers und das Opfer der Frau mit dem Alabasterkrug gelobt (Matthäus 8,5-10; 26,6-13). Christusähnliche Liebe lobt gutes Verhalten.

Gleichzeitig weigert sich christusähnliche Liebe, schlechtes Verhalten gutzuheißen. Jesus liebte die Frau, die beim Ehebruch erwischt worden war, aber er ist nicht über ihre Sünde hinweggegangen (Johannes 8,2-11). Jesus liebte seine Jünger, aber er schwieg nicht, als sie kleingläubig waren (Matthäus 8,23-26). Jesus liebte die Menschen im Tempel, aber er blieb nicht still sitzen, als sie heuchlerisch waren (Johannes 2,14-16). Die Liebe tut das, was dem Wohl eines Menschen dient.

Der Teenager sagt zu seinen Eltern: »Wenn ihr mich lieben würdet, dürfte ich so lange ausgehen, wie ich Lust habe.« Das ist eine Lüge. Die Liebe tut das, was dem Wohl eines Menschen dient. Die Liebe setzt Ausgehverbote fest.

Der betrügende Ehemann sagt zu seiner Frau: »Wenn du mich lieben würdest, würdest du vergessen, was geschehen ist, und würdest mich nach Hause kommen lassen.« Das stimmt möglicherweise nicht. Die Liebe tut das, was dem Wohl eines Menschen dient. Die Liebe setzt Grenzen und bemüht sich um Beratung.

Der Bedürftige sagt: »Wenn die Kirche mich lieben würde, würde sie alle meine Rechnungen bezahlen.« Das stimmt vermutlich nicht. Es könnte ein größerer Beweis für Liebe sein, diesem Menschen eine Arbeitsstelle zu besorgen, als ihm Geld zu geben.

Die Liebe von Christus ist keine gefühlvolle Anwandlung, sondern eine tief empfundene Entschlossenheit, das zu tun, was dem Wohl eines anderen dient. Manchmal bedeutet das, einen Tempel zu reinigen. Zu anderen Zeiten bedeutet es, an einem Kreuz zu sterben.

44. *Vor Kurzem habe ich herausgefunden, dass ein Freund von mir schlecht über mich spricht. Ich versuche, ihm zu vergeben, aber es fällt mir nicht leicht.*

Es gab einmal eine Person in unserem Umfeld, die Denalyn und mir viel Stress verursachte. Mitten in der Nacht rief sie uns. Sie war anspruchsvoll und rücksichtslos. Sie schrie uns in der Öffentlichkeit an. Wenn sie etwas wollte, dann wollte sie es sofort, und sie wollte es nur von uns.

Aber wir haben sie nie gebeten, uns in Ruhe zu lassen. Wir sagten ihr nie, sie solle andere Leute nerven. Wir versuchten nie, es ihr heimzuzahlen.

Schließlich war sie erst ein paar Monate alt.

Es fiel uns leicht, das Verhalten unserer kleinen Tochter zu vergeben, weil wir wussten, dass sie es nicht besser wusste.

Es ist ein gewaltiger Unterschied zwischen einem unschuldigen Kind und einem berechnenden Zerstörer. Doch worauf ich mit meiner Geschichte hinaus will, ist Folgendes: Wir können mit dem Verhalten einer Person nur angemessen umgehen, wenn wir die Ursache dieses Verhaltens verstehen. Eine Möglichkeit, mit den Eigentümlichkeiten anderer umzugehen, besteht in dem Versuch, zu verstehen, warum sie eigentümlich sind.

Jesus wusste, dass Judas von einem mächtigen Feind verführt worden war. Er kannte die raffinierten Tricks von Satans Geflüster (er hatte sie selbst gehört). Er wusste, wie schwer es für Judas war, das Richtige zu tun.

Jesus hat die Tat von Judas nicht gerechtfertigt. Er hat sein Tun nicht bagatellisiert. Er hat Judas auch nicht die Entscheidung abgenommen. Aber er hat seinem Verräter in die Augen geschaut und versucht zu verstehen.

Solange Sie Ihren Feind hassen, ist eine Gefängnistür geschlossen und ein Mensch gefangen genommen. Doch wenn Sie versuchen, Ihren Feind zu verstehen und ihn aus Ihrem Hass zu entlassen, wird der Gefangene frei – und der Gefangene sind Sie.

45. *Als sich die Gesundheit meiner Mutter verschlechterte, mussten wir sie in ein Pflegeheim bringen. Meine Mutter hat das akzeptiert, doch mich bedrückt es so sehr, dass ich mich zwingen muss, sie zu besuchen. Was läuft bei mir falsch?*

Jahrelang lebte meine Mutter in einer Einrichtung für betreutes Wohnen in der Nähe von uns. In den ersten paar Monaten fiel es mir schwer, etwas Farbe in all den Falten, Gehhilfen, Rollstühlen und künstlichen Gebissen zu sehen. Jeder Besuch war eine bedrückende Erinnerung an die Verschlechterung des Gesundheitszustandes und des nachlassenden Gedächtnisses meiner Mutter.

Dann begann ich, Gottes Schönheit in diesen Menschen zu sehen.

Die Treue von Elaine, die ebenfalls 87 Jahre alt ist und beim Essen neben meiner Mutter sitzt. Sie schneidet das Essen für meine Mutter.

Die unverwüstliche Begeisterung von Lois, die fast achtzig Jahre alt ist und sich trotz Arthritis in beiden Knien jeden Morgen freiwillig zum Kaffeeausschenken meldet.

Bisher habe ich nur Alter, Krankheit und nachlassende Kraft gesehen. Jetzt sehe ich Liebe, Mut und unerschütterliche Selbstlosigkeit.

Bitten Sie Gott, dass er Ihnen sein Werk zeigt. Er wird es nur allzu gerne tun.

46. *In den letzten sechs Monaten habe ich meine Mutter, die mehrmals operiert wurde, ganz alleine gepflegt. Ich bin jetzt psychisch und körperlich so erschöpft, dass ich nicht einmal mehr die Kraft zum Beten habe. Bedeutet das, dass ich Gott enttäusche oder dass er mir in dieser Prüfung nicht hilft?*

> …dann gibt es jemanden, der vor dem Vater für euch eintritt:
> Jesus Christus, der vor Gott in allem gerecht ist.
> 1. Johannes 2,1

Wissen Sie, dass Sie bei Gericht nicht immer selbst anwesend sein müssen? Manchmal kann ein Rechtsanwalt für Sie sprechen. Er versteht die Situation, wenn Sie nichts verstehen, und er spricht Juristendeutsch, während Sie über Ihre eigenen Worte stolpern.

Sie haben auch einen Anwalt, der vor dem Vater für Sie eintritt. Wenn Sie schwach sind, ist er stark. Wenn Sie zaghaft sind, spricht er.

Jesus versteht alle unsere Schwächen. Er lebte in einem dieser müden, ausgemergelten Körper! Deshalb kann er für uns eintreten, wenn wir nicht für uns sprechen können.

Wir haben ebenso die Unterstützung des Heiligen Geistes.

> Der Heilige Geist hilft uns in unserer Schwäche. Denn wir
> wissen ja nicht einmal, worum oder wie wir beten sollen.
> Doch der Heilige Geist betet für uns mit einem Seufzen,
> das sich nicht in Worte fassen lässt. Und der Vater,
> der alle Herzen kennt, weiß, was der Geist sagt,
> denn der Geist bittet für die, die zu Gott gehören,
> wie es dem Willen Gottes entspricht.
> Römer 8,26-27

Steigen solche Töne aus Ihrer müden Seele auf? Unentzifferbar? Kaum hörbar. Der Heilige Geist spricht die Sprache der Seufzer. Unser Seufzen ist tausend Worte wert.

»Uuuggghhh«– Hilf mir, Herr. Bring mich aus diesem Elend heraus.

»Uhhhhhhhh« – Ich weiß nicht, was ich tun soll. Der Schmerz ist zu groß.

»Ooohhhhhh« – Wo sind denn alle?

Gott ist nicht enttäuscht, wenn wir so belastet sind, dass wir nicht beten können. Er ist verständnisvoll und macht da weiter, wo wir aufgehört haben. Mit Jesus als Ihrem Anwalt und dem Heiligen Geist als Ihrem Gebetspartner haben Sie, glaube ich, mehr gebetet, als Sie denken.

47. *Oft wache ich mitten in der Nacht auf und kann nicht mehr einschlafen. Es ist so viel Unerledigtes liegen geblieben. So vieles könnte schiefgehen. Wie kann ich das Gedankenkarussell anhalten?*

Das griechische Wort für Sorge, *merimnao*, stammt von dem Verb *merizo* (teilen) und *nous* (Gedanken, Bewusstsein) ab. Sorge spaltet das Bewusstsein, entzweit die Gedanken zwischen dem Heute und dem Morgen. Das Heute hat hier keine Chance. Das Sorgen über die Probleme von morgen zehrt die Kraft auf, die Sie heute brauchen und macht Sie kraftlos und schwach.

Wenn Sie nicht schlafen können, dann zählen Sie keine Schafe, sondern lesen Sie die Bibel. Halten Sie die Stimme Gottes und die Stimmen der Angst auseinander.

Die Sorge wirft einen Blick auf Katastrophen und stöhnt: »All das stürzt auf mich ein.«

Gott sagt: »Und wir wissen, dass für die, die Gott lieben und nach seinem Willen zu ihm gehören, alles zum Guten führt« (Römer 8,28).

Die Sorge behauptet: »Die Welt ist verrückt geworden.«

Gottes Wort ist anderer Meinung: »Es ist alles wunderbar, was er [Jesus] tut« (Markus 7,37).

Die Sorge fragt sich, ob irgendjemand die Dinge unter Kontrolle hat.

Gottes Wort nennt Gott »den König der Könige und Herrn der Herren« (1. Timotheus 6,15).

Die Sorge flüstert uns diese Lüge ein: »Gott weiß nicht, was ich brauche.«

Gottes Wort erklärt: »Und mein Gott wird euch aus seinem großen Reichtum, den wir in Christus Jesus haben, alles geben, was ihr braucht« (Philipper 4,19).

Die Sorge schläft nie.

Gottes Kinder können ruhig schlafen.

48. *Meine Angst beeinträchtigt meine Gesundheit, meine Familie und meine Arbeit. Wohin soll ich mich wenden?*

Ich ermutige Sie, Ihre Ängste anderen mitzuteilen. Öffnen Sie die Vorhänge. Decken Sie jede einzelne Ihrer Ängste auf. Wie Vampire können sie das Sonnenlicht nicht ertragen. Finanzielle Ängste, Beziehungsängste, Berufsängste, Sicherheitsbefürchtungen – nennen Sie sie alle im Gebet. Holen Sie alle Ihre Ängste hervor und stellen Sie sie vor Gott, damit sie ihren wohlverdienten Rüffel bekommen!

Jesus hielt seine Ängste nicht geheim. Er hat »mit lautem Schreien und unter Tränen seine Gebete und Bitten an den einen gerichtet, der ihn aus dem Tod befreien konnte« (Hebräer 5,7). Jesus betete so laut, dass man ihn hörte und seine Gebete aufzeichnen konnte, und er bat seine Freunde, mit ihm zu beten.

Sein Gebet im Garten Gethsemane wird für Christen zum Bild der christlichen Gemeinde in Aktion, ein Ort, an dem Ängste in Worte gefasst, ausgesprochen, auseinandergenommen und angeprangert werden können; es ist ein Ausstieg aus der wortlosen Dunkelheit unterdrückter Ängste. Eine gesunde christliche Gemeinde ist der Ort, an dem unsere Ängste zum Tode verurteilt werden. Wir durchbohren sie mit Bibelversen, Lob- und Klagepsalmen. Wir bringen sie im Sonnenlicht des Bekenntnisses zum Schmelzen. Wir löschen sie mit dem Wasserfall der Anbetung, indem wir unseren Blick auf Gott und nicht auf unsere Ängste richten.

Sprechen Sie Ihre Ängste in einer kleinen Gruppe überzeugter Christen aus. Das Tolle (und die gute Nachricht) ist: Sie brauchen mit Ihrer Angst nicht alleine leben.

49. *Seit Wochen ist mein Bruder in einer Krise. Er hat seine Arbeitsstelle und, wie es scheint, auch seinen inneren Antrieb verloren. Was ist los?*

Die Bibel spricht von Wüstenzeiten. Ihr Bruder macht vielleicht gerade eine solche durch. Auch Jesus hat solche Zeiten erlebt.

Jesus war in der »Wüste, wo der Teufel ihn vierzig Tage lang in Versuchung führte« (Lukas 4,1-2). Die Auseinandersetzung beschränkte sich allerdings nicht auf drei Fragen. Einen Monat und zehn Tage lang trug Jesus einen Kampf mit dem Satan aus. Die Wüste ist ein langer, einsamer Winter.

Ein Arzt nach dem anderen. Ein Lebenslauf nach dem anderen. Eine Windel nach der anderen. Ein Antidepressivum nach dem anderen. Ein Herzschmerz nach dem anderen. Der Kalender ist im Februar stehen geblieben und Sie können sich nicht einmal mehr an den Geruch von Frühlingsluft erinnern.

In der Wüste denkt man das Undenkbare. Jesus hat es auch getan. Verrückte Möglichkeiten schwirrten ihm durch den Kopf. Mit Satan gemeinsame Sache machen? Ein Diktator anstatt ein Retter werden? Die Erde in Brand setzen und auf dem Pluto wieder bei Null beginnen? Wir wissen nicht, was er dachte. Wir wissen nur, dass er versucht wurde. Und »ein jeder, der versucht wird, wird von seinen eigenen Begierden gereizt und gelockt« (Jakobus 1,14; LUT). Die Versuchung reizt und lockt. Was vor der Wüstenzeit unvorstellbar war, wird in der Wüste möglich. Spannungen in der Ehe können dazu führen, dass ein guter Mann sich zweimal nach der falschen Frau umdreht. Auch der tapferste Mensch kann bei einer langen Krankheit Selbstmordgedanken hegen. Bei Stress kann der verrauchte Nachtclub süß duften. In der Wüste denkt man das Undenkbare.

Aus diesem Grund ist die Wüste der Geburtsort für Süchte. Essstörungen, ruinöse Spielsucht, Alkoholmissbrauch, Pornografie – alles kurzfristige Lösungen für tief liegende Probleme. Normalerweise findet man sie uninteressant, doch in der Wüste räumt man Gedanken über das Undenkbare Raum ein.

Bitten Sie Ihren Bruder eindringlich, sich an die Bibel zu halten. Stellen Sie Zweifel infrage, bevor Sie den Glauben infrage stellen. Jesus antwortete Satan: »Der Mensch lebt nicht vom Brot allein, sondern von einem jeden Wort, das aus dem Mund Gottes geht« (Matthäus 4,4; LUT). Das Verb *gehen* bedeutet in diesem Zusammenhang wörtlich »ausströmen«. Die Zeitform deutet darauf hin, dass Gott durch sein Wort ständig und offensiv mit der Welt kommuniziert. Toll! Gott spricht immer noch!

Die Wüstenzeit Ihres Bruders wird vorübergehen. Bei Jesus war es auch so. »Da verließ ihn der Teufel, und Engel kamen und sorgten für Jesus« (Matthäus 4,11).

50. *Ich habe versucht, mit einem neuen Jungen in unserer Schule Freundschaft zu schließen. Er kommt aus einem anderen Kulturkreis und die meisten anderen behandeln ihn wie Dreck. Jetzt machen sie sich über mich lustig, weil ich mit ihm befreundet bin. Das tut wirklich weh, aber er tut mir leid. Bisher bin ich sein einziger Freund. Was soll ich tun?*

Philosophisch und religiös konnte man nicht unterschiedlicher sein als Juden und Griechen. Die Juden glaubten an einen Gott, eine Wahrheit, eine Heilige Schrift. Sie strebten nach Reinheit und Rechtschaffenheit. Die Griechen glaubten an viele Götter, viele Wahrheiten und hatten viele Schriften der Weisheit. Sie lebten genusssüchtig: Was ein gutes Gefühl hervorrief, musste gut sein.

Die beiden Gruppen schüttelten den Kopf übereinander. Sie verachteten einander. Sie aßen nie zusammen.

Dann kamen das Christentum und ein Mann namens Paulus, der versuchte, auf beide Seiten zuzugehen und sie durch seinen Dienst miteinander zu versöhnen.

> Einige von uns sind Juden, andere Nichtjuden; einige sind Sklaven, andere frei. Aber wir haben alle denselben Geist empfangen und gehören durch die Taufe zum Leib Christi.
> 1. Korinther 12,13

> Nun gibt es nicht mehr Juden oder Nichtjuden,
> Sklaven oder Freie, Männer oder Frauen.
> Denn ihr seid alle gleich – ihr seid eins in Jesus Christus.
> Galater 3,28

> Es kommt in diesem neuen Leben nicht darauf an,
> ob ihr Jude oder Grieche, beschnitten oder unbeschnitten seid, ob euer Volk zivilisiert oder primitiv ist, ob ihr versklavt oder frei seid, sondern es kommt in allem nur auf Christus an und darauf, dass er in uns allen lebt!
> Kolosser 3,11

Unwissenheit ist der Grund für Vorurteile. Die Leute verstehen die anderen nicht, deshalb greifen sie einander an und grenzen einander aus.

Wenn wir die Hautfarbe, die kulturellen Normen und die Sprache außer Acht lassen, erkennen wir, dass wir alle gleich sind.

Wir alle wollen geliebt werden.

Wir alle wollen überleben.

Ich würde ein Freund des neuen Schülers bleiben, egal, was die anderen sagen. Der neue Junge ist ein Unbekannter, und du machst ihn bekannt. Die ersten paar Witze tun immer weh, doch mit der Zeit verblassen die Vorurteile, die Witze klingen alt und die Leute sehen, dass ihr Gespött nicht viel bewirkt. Andere sehen nur das Äußere und stellen Unterschiede fest. Du schaust offensichtlich tiefer und erkennst Ähnlichkeiten mit deinem Freund.

Der Himmel ist nicht in Wohngegenden aufgeteilt. Hier die Juden, dort die Griechen. Die Iraner dort drüben und die Peruaner in der Mitte. Wenn die Farben des Himmels erwähnt werden, ist immer von Regenbogenfarben die Rede (Offenbarung 4,3; 10,1).

Zu dieser Farbenpalette des Himmels kommen die Hautfarben vieler Völker hinzu. Wir sollten uns schon hier auf der Erde zusammentun, denn so wird es im Himmel sein … wo niemand alleine essen muss.

51. *Ich bin erst vor Kurzem Christ geworden. In all den Jahren habe ich mir viele schlechte Gewohnheiten zugelegt. Wie kann ich sie jetzt loswerden?*

Indem Sie sich neue, gute Gewohnheiten zulegen. Hier sind vier, mit denen Sie beginnen können:

Erstens: *Die Gewohnheit des Betens:* »Freut euch auf alles, was Gott für euch bereithält. Seid geduldig, wenn ihr schwere Zeiten durchmacht, und *hört niemals auf* zu beten« (Römer 12,12; Hervorhebung durch den Autor). Die Körperhaltung, der Ton und der Ort sind persönliche Angelegenheiten. Suchen Sie sich die Form aus, die zu Ihnen passt. Aber verschwenden Sie nicht allzu viele Gedanken darauf. Es ist besser, unbeholfen zu beten als nicht zu beten.

Zweitens: *Die Gewohnheit des Bibellesens:* »Wer aber *ständig* auf das vollkommene Gesetz Gottes achtet … und befolgt, was es sagt, und nicht vergisst, was er gehört hat, den wird Gott segnen« (Jakobus 1,25; Hervorhebung durch den Autor).

Drittens: *Die Gewohnheit des Gebens:* »An *jedem Tag des Herrn* soll jeder von euch so viel Geld beiseite legen, wie es ihm möglich ist, und für diese Sammlung aufbewahren« (1. Korinther 16,2; Hervorhebung durch den Autor). Sie geben nicht um Gottes willen. Sie geben um Ihretwillen. Der Zweck des Gebens: »Dadurch sollt ihr lernen, dem Herrn, eurem Gott, immer mit Ehrfurcht zu begegnen« (5. Mose 14,23).

Schließlich: *Die Gewohnheit der Gemeinschaft:* »Und lasst uns unsere Zusammenkünfte nicht versäumen, wie einige es tun, sondern ermutigt und ermahnt einander« (Hebräer 10,25). Sie brauchen Unterstützung. Sie brauchen, was in der Bibel *Gemeinschaft* genannt wird. Und Gemeinschaft brauchen Sie jede Woche.

Vier Gewohnheiten, die sich lohnen. Ist es nicht gut zu wissen, dass es Gewohnheiten gibt, die gut für Sie sind?

52. *Warum entscheiden sich Frauen für eine Abtreibung? Ich kann einfach nicht verstehen, wie sie mit der Tötung ihres ungeborenen Kindes einverstanden sein können. Das finde ich so barbarisch.*

Es wäre schwierig, jeden Grund, aus dem heraus sich Frauen für eine Abtreibung entscheiden, zu kennen und zusammenzufassen. Aber ich glaube, dass man die meisten Gründe einigen wenigen Bereichen zuordnen kann.

Ungewollte Schwangerschaft: Eine Frau betrachtet die Schwangerschaft als Fehler. Dies ist nicht der richtige Zeitpunkt. Dies ist nicht der richtige Vater.

Medizinische Diagnose: Der Fötus wird in medizinischen und nicht in menschlichen Begriffen beschrieben. Man sieht das Kind nur als Zellhaufen, nicht als menschliches Wesen.

Das Gesetz: Da Abtreibungen gesetzlich erlaubt sind, treiben wir ab.[10] Da ein Schwangerschaftsabbruch nicht als Mord bestraft wird, muss er zulässig sein.

Selbstverwirklichung als oberstes Ziel: In den Träumen und Plänen der Frau ist für ein Kind kein Platz. Der Stärkere überlebt.

Gesundheitliche Bedenken: Die Mutter oder das Baby haben körperliche Probleme.

Wir können nicht genug betonen, wie schwierig diese Entscheidung ist. Als Mann will ich mir nicht anmaßen, die Belastung einer unerwünschten Schwangerschaft verstehen zu können. Gleichzeitig können wir den Wert eines menschlichen Wesens an sich und die

Souveränität Gottes nicht genug betonen. Wir müssen das Kind schützen, außer in Fällen, bei denen ein Schwangerschaftsabbruch das Leben der Mutter rettet.

In allen Fällen müssen wir barmherzig sein. Viele Frauen, die sich für eine Abtreibung entscheiden, sind erschüttert, verängstigt, gedemütigt, mit Schuldgefühlen beladen, wütend auf sich selbst und werden alleingelassen. In manchen Fällen wurden sie vergewaltigt oder geschändet. Sie brauchen nicht noch mehr Verurteilungen, sondern Klärung und Mitgefühl.

Überlegen Sie, wie Sie eine Quelle der Freundlichkeit werden können. Gottes Ziel ist es, unsere Fehler in Augenblicke der Gnade zu verwandeln.

53. *Was geschieht, wenn die Klimaerwärmung weiter fortschreitet? Was geschieht, wenn ein Terrorist ein Flugzeug besteigt, in dem ich sitze? Was geschieht, wenn in der Welt alles schlimmer wird? Wie kann ich all diese schlechten Nachrichten aus der richtigen Perspektive betrachten?*

Das Paradies wurde uns nicht vor der Wiederkunft von Jesus versprochen. Friede, Freude und ein Leben ohne Schmerz sind Zusagen für die Zukunft, nicht für die Gegenwart. Die Sünde grassiert noch wie eine ansteckende Krankheit. Aber die Heilung wird kommen.

Denken Sie daran, dass *Christus schlechte Nachrichten vorhergesagt hat.* Christus hat uns vorgewarnt, dass wir uns auf geistlichen Niedergang, Umweltkatastrophen und weltweite Verfolgung einstellen müssen. Er teilte uns mit, dass die Dinge unangenehm, wirklich unangenehm werden, bevor es besser wird. Und wenn die Lage schlimmer wird: »Seht zu und erschreckt nicht« (Matthäus 24,6; LUT). Jesus gebrauchte hier einen starken Ausdruck für *erschreckt,* den er bei keiner anderen Gelegenheit benutzte. Er bedeutet wörtlich »klagen, laut schreien«, als ob Jesus den Jüngern geraten hat: »Geratet nicht in Panik, wenn Schlimmes geschieht.«

Wir sollten nur Angst bekommen, wenn Gott von irgendetwas überrascht wird. Wenn Gott überrascht wird, sind wir verloren. Da Gott alle Dinge weiß, können wir getrost sein.

Wenn Christus das Problem vorhersagen kann, dann kann er es lösen. Derselbe Gott, der die Macht der Allwissenheit (alles zu jeder Zeit wissen) hat, hat auch die Macht der Allgegenwart (an mehreren Orten gegenwärtig sein) und der Allmacht (alle Macht haben). Diese Dreiheit ist nicht aufzuhalten. Im Schatten Gottes sind alle Problem zu klein.

Trösten Sie sich; *es ist der Beginn des Endes und der Beginn eines Neuanfangs.* In Matthäus 24,8 nennt Jesus diese Herausforderungen Geburtswehen. Geburtswehen müssen vor einer neuen Geburt eintreten. Während dieser Zeit konzentriert sich die Mutter auf das Endergebnis, den Augenblick, in dem sie ein wunderbares Kind im Arm hält. Sie weiß, dass Geburtswehen nicht ewig dauern und dass sie die Ankündigung eines Neuanfangs in ihrem Leben sind. Unheil und Katastrophen sind die irdischen Schmerzen, die vor der Geburt einer neuen Welt eintreten müssen. Beißen Sie die Zähne zusammen. Der nächste Schlag könnte der letzte sein.

54. *Schaut Gott tatenlos zu, wenn Gebete nicht erhört werden und schlimme Dinge geschehen? Warum hüllt sich Gott manchmal in Schweigen, wenn ich am lautesten zu ihm schreie?*

Ihre Frage unterstellt zwei Reaktionen Gottes in schweren Zeiten:

Gott kann nicht.

Gott will nicht.

Kann Gott alles tun, wenn er mit Katastrophen und Schicksalsschlägen konfrontiert ist? Im Buch Daniel lesen wir: »Alles was er [Gott] tut, ist Wahrheit, und seine Wege sind gerecht. Diejenigen, die stolz und hochmütig sind, kann er erniedrigen« (Daniel 4,35).

Die Bibel erklärt deutlich, dass Gott alles tun kann. Paulus schrieb: Gott ist der »König der Könige und Herrn der Herren« (1. Timotheus 6,15).

Jesus kann ebenfalls alles. »Der Sohn ... erhält das Universum durch die Macht seines Wortes« (Hebräer 1,3). Gott hat alles erschaffen. Er hat die Bedienungsanleitung für alles. Er weiß, wie die Dinge funktionieren. Gottes Macht ist unbegrenzt.

Er kann eingreifen, und Sie können sich auf seine Kraft verlassen.

Aber wird Gott alles tun, wenn wir sein Eingreifen brauchen? Diese Frage ist komplizierter. Ich weiß die Antwort darauf nicht, denn sonst wäre ich Gott. Hier müssen wir seiner Liebe und Weisheit vertrauen. Gott rettet, wen er retten will. Er heilt, wen er heilen will. »Ich habe dich geläutert, nicht so, wie Silber geläutert wird, sondern im Glutofen des Leidens. Um meinetwillen werde ich es tun – allein um meinetwillen« (Jesaja 48,10-11).

Er kann eingreifen, und wir müssen seiner Souveränität vertrauen.

Manchmal ist Gottes Schweigen die beste Antwort Gottes. Wollen wir wirklich, dass Gott zurückschreit, wenn wir zu ihm schreien? Die Berge zittern vor dem Herrn. Wenn mich jemand anschreit, dann halte ich Schweigen für die beste Antwort. Friede erzeugt Frieden. Wut reizt zu Wut. Seien Sie froh, dass Gott in solchen Zeiten schweigt.

Auch wenn Gott nicht spricht, wenn wir es uns wünschen, ist er still und hinter den Kulissen am Werk und bringt die bestmögliche Lösung für die jeweilige Situation zustande.

Deshalb denken Sie immer daran:

Gott kann es hinbekommen, und Gottes Wille *wird* immer geschehen.

55. *Täglich werden wir mit Schlagzeilen über die schlimmsten Fälle von Krankheiten, Terrorismus oder einem finanziellen Zusammenbruch bombardiert. Dabei geht es um sehr reale Sorgen. Wir können den Kopf nicht in den Sand stecken. Welchen Rat geben Sie uns?*

Versuchen wir, zwei Extreme zu vermeiden.

Das eine Extrem ist Hühnchen Junior in dem Film »Himmel und Huhn«, das herumrennt und schreit: »Der Himmel fällt mir auf den Kopf, der Himmel fällt mir auf den Kopf.« So etwas nennt man Panik.

Das andere Extrem ist der überoptimistische Mensch, der erklärt: »Nichts Schlimmes wird passieren, nicht Schlimmes wird passieren. Es ist nicht so schlimm. Alles ist gut.« So etwas nennt man Ignoranz.

Diese Welt stinkt manchmal zum Himmel. In dieser Welt gibt es Krebs und Tod. In dieser Welt gibt es Traurigkeit, Waisenkinder und Hunger. Und manchmal betet man für Dinge und das Gebet wird nicht so erhört, wie man möchte. Es ist schwer, überoptimistisch zu sein, wenn einem der Himmel auf den Kopf fällt!

Doch irgendwo zwischen Hühnchen Junior und dem Oberoptimisten stehen die nüchternen, ehrlichen Jünger von Jesus, die bei Problemen nicht in Panik geraten, die den Glauben nicht verlieren, wenn Probleme auftauchen. Sie wissen, dass all diese Probleme nur die natürliche Entwicklung der Ereignisse sind.

Denn am Ende werden alle Gläubigen in die Umarmung des Himmels taumeln, wo niemals mehr etwas Schlimmes passiert.

56. *Warum müssen Christen Verfolgung und Gewalttätigkeiten erleiden, wenn Gott für die Seinen sorgt? Das ist ein Widerspruch.*

Ich würde wirklich gerne den Vers in der Bibel finden, der verspricht, dass Christen keine Verfolgung und keine Gewalttätigkeit erleiden müssen. Ich würde mich darauf berufen und ihn Gott hinhalten, damit Christen nie mehr um ihres Glaubens willen sterben müssen.

Leider kann ich einen solchen Vers nicht finden. Ich finde eher das Gegenteil. Hebräer 11, die kurze Biografie von Gottes allerbesten Leuten in der Bibel, ist keine einfache Lektüre: »Doch andere vertrauten Gott und wurden gefoltert, weil sie lieber starben, als sich von Gott abzuwenden und freizukommen. Sie setzten ihre Hoffnung auf die Auferstehung zu einem besseren Leben. Einige wurden verspottet und ausgepeitscht, wieder andere wurden im Gefängnis angekettet. Manche starben durch Steinigung, andere wurden zersägt, wieder andere mit dem Schwert getötet. Einige gingen in Schaf- oder Ziegenfellen umher, litten Hunger und wurden unterdrückt oder misshandelt« (V. 35-37). So behandelt Gott seine Freunde.

Jesus sandte die zwölf Apostel aus, um in ganz Israel eine Erweckung zu beginnen. Dabei versprach er Heilungen und Wunder für alle und – Verfolgung. In Matthäus 10 erklärte Jesus in einer höchst entmutigenden Rede: »Aber hütet euch vor den Menschen! Denn ihr werdet vor die Richter gezerrt und in den Synagogen geschlagen werden« (V. 17), »wenn ihr verhaftet werdet« (V. 19), werden sie euch »dem Tod ausliefern« (V. 21), »alle werden euch hassen« (V. 22), »wenn ihr … verfolgt werdet« (V. 23). Und: »Habt keine Angst vor denen, die euch umbringen wollen. Sie können nur euren Körper töten; eure Seele ist für sie unerreichbar« (V. 28). Danke, Jesus. Ich kann es kaum erwarten.

Einigen dieser Freunde gefiel die Verfolgung. Zum Beispiel Paulus: »Da ich weiß, dass es für Christus geschieht, bin ich mit meinen Schwächen, Entbehrungen, Schwierigkeiten, Verfolgungen und Beschimpfungen versöhnt. Denn wenn ich schwach bin, bin ich stark« (2. Korinther 12,10). Paulus dachte, dass dadurch der Charakter geformt wird. Vielleicht hatte er recht.

Die Verfolgung ist unvermeidlich. Sogar Jesus konnte ihr nicht entkommen. In der Tat wurde er der Inbegriff für Verfolgung, zur Durchhalteparole derer, die für ihren Glauben sterben würden.

Die Offenbarung spricht von den Seelen der Märtyrer, die nach Gerechtigkeit jetzt und in Zukunft rufen (6,9-11).

Die Verfolgung ist für die Verbreitung des Evangeliums notwendig. Der Tod von Stephanus in Apostelgeschichte 7 führte zur Verkündigung des Evangeliums in fernen Ländern. Im heutigen China, wo die Christen schwer verfolgt werden, wächst die christliche Gemeinde explosionsartig, da Nichtgläubige sehen, wie Gläubige ihr Leben und ihre Gesundheit opfern.

Doch keine Sorge, die Verfolgung ist kein Problem.

> Kann uns noch irgendetwas von der Liebe Christi trennen?
> Wenn wir vielleicht in Not oder Angst geraten,
> verfolgt werden, hungern, frieren, in Gefahr sind oder
> sogar vom Tod bedroht werden? …
> Und wären wir hoch über dem Himmel oder befänden uns
> in den tiefsten Tiefen des Ozeans, nichts und niemand in der
> ganzen Schöpfung kann uns von der Liebe Gottes trennen,
> die in Christus Jesus, unserem Herrn, erschienen ist.
> Römer 8,35.39

Die Sünde ist das Problem, und wir sind hier, um den Menschen zu helfen, mit ihr fertig zu werden, auch wenn wir dabei unser Leben aufs Spiel setzen.

57. *Warum gibt es so viel Chaos und Böses in der Welt? Anscheinend schert sich niemand um den Willen Gottes, und die Menschheit geht kaputt.*

Haben Sie schon einmal einen Kreisel zum Drehen gebracht? Der anfängliche Drehimpuls bringt ihn in eine kräftige Drehbewegung, sodass er Hindernisse umstößt, während er über die Tischplatte flitzt. Dann ändert sich etwas. Der Drehimpuls wird schwächer, der Kreisel schwankt. Wenn er jetzt an etwas anstößt, taumelt und torkelt er. Schließlich dreht er sich ein letztes Mal, bis er stürzt und zum Stillstand kommt.

Der Kreisel ist ein Beispiel für den zweiten Hauptsatz der Thermodynamik, der erklärt, warum Dinge mit der Zeit von einem geordneten in einen chaotischen Zustand übergehen.

Der Hauptsatz kann direkt auf die physikalische Welt der Planeten, Fußbälle und Kreisel angewandt werden, doch indirekt gilt er sogar in gewisser Weise für die geistliche und sittliche Struktur unserer Gesellschaft.

Im Laufe der Zeit scheint es, dass die Dinge immer mehr außer Kontrolle geraten.

Die Sünde verursachte das erste Schwanken im Paradies. Seither seufzt die Welt nach Erlösung (Römer 8,22). Geschieht die Verschlechterung langsam?

Jesus hat uns sicherlich in Matthäus 24 vor Kriegen, Verfolgungen und Erdbeben gewarnt, doch viele dieser Dinge sind geschehen und geschehen immer noch. Zu jeder Zeit haben die Menschen gedacht, dass das Böse weiter um sich greift.

- Die Christenverfolgung in der Zeit der Römer.
- Die Kreuzzüge.
- Hitler und der Zweite Weltkrieg.
- Der Terrorismus im Nahen Osten.

Die Sünde wirkt im Verhältnis zu der Zahl der Gelegenheiten, die ihr gegeben werden. Mit dem Wachstum der Kommunikation und der Technik breitet sich auch die Sünde aus. Wenn wir meinen, dass die Welt außer Kontrolle geraten würde, verhält sie sich nur so wie erwartet.

Von unserem Standpunkt aus sieht die Welt chaotisch aus. Aus Gottes Sicht geschieht alles nach Plan. Von unserem Standpunkt aus steht das Böse im Mittelpunkt. Aus Gottes Sicht ist es ein letztes Aufbäumen vor dem endgültigen Ende.

58. *Ich bin über die vielen Anzeichen von Rassismus in der Gemeinde beunruhigt. Für unsere Kirchengemeinde scheint dieses Problem überhaupt kein Thema zu sein. Es wird nie erwähnt. Hat Jesus sich nie damit befasst?*

Er hat sich ganz bestimmt damit befasst.

Er hat die Geschichte eines reichen weißen Mannes erzählt, der von seinem Büro in der Stadt nach Hause fuhr. Da es schon spät und er müde war, schlug er den direkten Weg ein, der durch einen Stadtteil führte, der als sozialer Brennpunkt eine hohe Kriminalitätsrate aufwies. Man kann es kaum glauben – das Benzin ging ihm aus. Als er zu Fuß zur nächsten Tankstelle ging, wurde er überfallen und halbtot auf dem Gehsteig liegen gelassen.

Wenig später fuhr ein Prediger auf dem Weg zum Abendgottesdienst vorbei. Er sah den Mann auf dem Gehsteig liegen und wollte ihm helfen. Doch dann wurde ihm klar, dass das Anhalten zu gefährlich ist.

Kurz darauf kam ein führender Mitarbeiter der Gemeindeverwaltung vorbei und sah den Mann. Er beschloss jedoch, dass es am besten sei, sich nicht einzumischen.

Schließlich sah ein alter Einwanderer aus Puerto Rico, der mit seinem verbeulten, klapprigen Lieferwagen vorbeifuhr, den Mann, hielt an und brachte ihn ins Krankenhaus. Er zahlte die Krankenhausrechnung und ging seines Weges.

Ich habe die Personen geändert, aber nicht die Frage von Jesus: »Wer war der Nächste für den Mann?« (vgl. Lukas 10,36). Ihr

Nächster ist nicht nur Ihr Nachbar, sondern der Mensch im Häuserblock nebenan oder im sozialen Brennpunkt Ihrer Stadt. Ihr Nächster ist der Mensch, den Sie eigentlich nicht beachten sollten, weil man Ihnen gesagt hat, Sie sollen ihn verabscheuen. Für einen Juden in der Zeit von Jesus war es ein Samariter.

Für einen Israeli heute ist es ein Palästinenser.

Für einen Araber ist es ein Jude.

Für einen dunkelhäutigen Mann in den USA könnte es ein bewaffneter, Tabak kauender, konservativer Südstaatler mit Baseball-Mütze in einem Pick-up sein.

Für den armen Puerto Ricaner der wohlhabende Puerto Ricaner? Für jeden Puerto Ricaner ein illegaler Einwanderer aus Mexiko?

Für den Weißen der Mann, der ihn »Gringo« nannte.

Und für den Schwarzen der Mann, der ihn »Boy« nannte.

Den Nächsten zu lieben, bedeutet den Menschen lieben, den man bisher verabscheut hat.

Ein Christ hat keine Entschuldigung für Vorurteile. Die Vorurteile der Nichtchristen kann man erklären, doch bei Christen gibt es keine Erklärung und keine Rechtfertigung. Wir werden nie eine kulturelle Hürde überwinden, die höher ist als diejenige, die Jesus bezwungen hat. Er lernte unsere Sprache, lebte in unserer Welt, aß unser Essen ... aber wichtiger noch ist, dass er unsere Sünden auf sich nahm. Wie können wir, die wir so sehr geliebt wurden, nicht das Gleiche für andere tun? Wenn es Ihnen schwer fällt, über Rassenschranken hinwegzugehen, dann denken Sie gründlich nach. Falls Sie kein Jude sind, ist ein Ausländer für unsere Sünden am Kreuz gestorben.

59. *Lässt Gott Krieg zu? Wenn ja, wie können wir Krieg mit seinem Gebot der Feindesliebe in Einklang bringen?*

»Was verursacht die Kriege und Streitigkeiten unter euch? Sind es nicht die vielen Begierden, die in euch kämpfen?« (Jakobus 4,1). Krieg ist das Ergebnis von Sünde. Wenn wir Gott bitten, den Krieg zu verbieten, dann bitten wir ihn, die Folgen des menschlichen Verhaltens zu verbieten. Das ist etwas, was er nie getan hat. Solange es Sünde gibt, solange wird es Krieg geben.

In der Tat hat Gott den Krieg benutzt, um die Sünde auszurotten. Als Mose die Israeliten zum Kampf rief, erteilte er ihnen Verhaltensmaßregeln:

> Wenn der Herr, euer Gott, sie vor euch vertrieben hat, dann sagt nicht zu euch selbst: »Weil wir so rechtschaffen sind, hat der Herr uns in dieses Land gebracht, damit wir es erobern.« Nein, er vertreibt diese Völker aufgrund ihrer Verkommenheit vor euch.
>
> 5. Mose 9,4

Können Menschen so boshaft, so gottlos, so abscheulich sein, dass Gott sie berechtigterweise vernichtet? Können leitende Persönlichkeiten so böse und grausam sein, dass Gott in dem Wissen ihrer Herzenshärte sie berechtigterweise von der Erde vertilgt? Anscheinend ja. Er hat es so mit Sodom und Gomorrha getan (1. Mose 19,24-25). Er hat so mit den Hetitern, Amoritern, Kanaanitern, Hiwitern und Jebusitern gehandelt (2. Mose 23,23).

> In den Städten der Völker, die der Herr, euer Gott, euch zum Besitz gibt, dürft ihr niemanden am Leben lassen ... Denn die Völker des Landes sollen euch nicht ihre verabscheuungswürdigen religiösen Bräuche lehren, die sie zu Ehren ihrer Götter ausgeführt haben, damit ihr euch dadurch nicht gegen den Herrn, euren Gott, versündigt.
>
> 5. Mose 20,16.18

Gott hat Kriege als Urteil gegen seine Feinde gebraucht. Er gebraucht Kriege sogar als Urteil gegen sein eigenes Volk, wenn sie zu Feinden Gottes geworden sind.

Die Rettung von Seelen hat für Gott Vorrang. Wenn eine Volksgruppe seinen Plan blockiert, hat er dann nicht das Recht, sie zu beseitigen? Er ist der Gott, der von Anfang an das, was kommen wird, weiß (Jesaja 46,10). Er kennt das Herz jedes Menschen und schützt sein Volk, indem er das Böse ihrer verdorbenen Nachbarn bestraft.

Hat Gott nicht das Recht, das Böse zu bestrafen? Ist es nicht angebracht, wenn Gott, der uns sagt, wir sollen das Böse hassen, das Böse bestraft? Natürlich!

In diesem Zusammenhang sagen mir die Worte von C.S. Lewis besonders zu:

> Bedeutet Feindesliebe, dass man seinen Feind nicht bestraft? Nein, denn Selbstliebe bedeutet nicht, dass ich nicht meine Strafe auf mich nehme – und sei es die Todesstrafe. Wenn jemand einen Mord begangen hat, dann wäre es christlich, wenn er sich der Polizei stellt, auch wenn er gehängt wird. Meiner Meinung nach ist es deshalb für einen christlichen Richter vollkommen in Ordnung, einen Mann zum Tode zu verurteilen, oder für einen christlichen Soldaten, einen Feind zu töten. Das war schon immer meine Meinung seit ich Christ wurde und lange vor dem Krieg, und jetzt, in Friedenszeiten, denke ich immer noch so. Das Zitat »Du sollst nicht töten« ist hier nicht angebracht. Im Griechischen gibt es zwei Wörter: das gewöhnliche Wort *töten* und das Wort *morden*. Wenn Christus dieses Gebot zitiert, benutzt er das Wort *morden* in allen drei Berichten, bei Matthäus, Markus und Lukas. Im Hebräischen, hat man mir gesagt, gibt es die gleiche Unterscheidung. Jedes Töten ist genauso wenig Mord wie jeder Geschlechtsverkehr Ehebruch ist. Als Soldaten zu Johannes dem Täufer kamen und ihn fragten, was sie tun sollten, hat er nicht im Entferntesten auch nur angedeutet, sie sollten die Streitkräfte verlassen. Auch Jesus hat nichts dergleichen getan, als er mit einem römischen Hauptfeldwebel – er wurde Zenturio genannt – sprach. Die Idee des Ritters – eines Christen in Waffen, der eine gute Sache verteidigt – ist eine der großen christlichen Ideen. Krieg ist etwas

Schreckliches, und ich kann einen ehrlichen Pazifisten achten, obwohl ich meine, dass er sich gründlich irrt.[11]

60. *Ehrlich gesagt fällt es mir schwer, Zuneigung für Menschen aus anderen Kulturen zu empfinden, wenn ich höre, welche Gräueltaten sie gegen ihre eigenen Mitbürger oder auch gegen christliche Völker verüben. Empfindet Gott mehr Zuneigung für ein Volk oder eine Kultur als für andere?*

Haben Sie schon einmal einen Gobelin gesehen? Die besten Künstler weben viele Farben und Muster zusammen, um ein wunderschönes Kunstwerk zu schaffen. Wenn der Gobelin nur eine einzige Farbe hätte, könnte man ihn für einen Lappen oder einen Teppich halten. Doch wenn man dieses Mosaik betrachtet, möchte man es an einem ganz besonderen Ort anbringen.

Gott ist begeistert von dem Gobelin der Völker. Er liebt die Iraker, Somalier, Israelis, Neuseeländer und Honduraner. Er sehnt sich danach, seine Kinder aus jedem Dschungel, jedem Wohngebiet, Dorf oder Slum nach Hause zu bringen. »*Alle Welt* [soll] der Herrlichkeit des Herrn voll werden« (4. Mose 14,21; LUT; Hervorhebung durch den Autor). In den Tagen von Josua brachte Gott sein Volk nach Kanaan, »damit *alle Völker* der Erde die große Macht des Herrn erkennen« (Josua 4,24; Hervorhebung durch den Autor). David forderte uns auf: »Singt dem Herrn ein neues Lied! *Die ganze Erde* singe dem Herrn! … Erzählt *den Völkern* von seinen Taten und sagt allen, welche Wunder er tut!« (Psalm 96,1.3; Hervorhebung durch den Autor). Gott sprach durch Jesaja zu uns: »Ich mache dich auch zum Licht für die Völker und zur Rettung *für die ganze Welt*« (Jesaja 49,6; Hervorhebung durch den Autor). Am Ende der Geschichte sieht er »Menschen für Gott freigekauft, Menschen aus *jedem* Stamm und *jeder* Sprache und *jedem* Volk und *jeder* Nation« (Offenbarung 5,9; Hervorhebung durch den Autor).

Gott sehnt sich danach, seine Größe in allen 6 909 Sprachen, die es heute auf der Welt gibt, zu verkünden.[12] Er liebt Subkulturen: die Zigeuner aus Rumänien, die Hippies aus Kalifornien, die Cowboys und die konservativen Südstaatler aus West-Texas. Er hat ein Herz für Motorradfahrer und Wanderer, Ökofreaks und Gelehrte, alleinerziehende Mütter und Führungskräfte im dunklen Nadelstreifenanzug. Er liebt alle Volksgruppen und rüstet uns mit seiner Stimme aus. Er beauftragt Galiläer, Schwaben, Brasilianer und Koreaner, die Sprachen der Völker der Welt zu sprechen. Er unterrichtet uns im Wortschatz ferner Länder, im Dialekt des entmutigten Nachbarn, in der Mundart des einsamen Herzens und in der Ausdrucksweise des jungen Studenten. Gott stattet seine Nachfolger aus, damit sie kulturelle Hürden überwinden und Herzen anrühren können.

Jesus selbst machte sich auf zu den Vergessenen in Bethlehem, den Ausländern in Ägypten, den verlachten Taugenichtsen in Nazareth, den Sonderlingen in Jerusalem, den Mischlingen in Samaria, den Schweinefleischessern und Götzendienern im Gebiet der Gadarener (Matthäus 2,1; 2,13-23; 20,17; Johannes 4,5; Matthäus 8,28). Sein Missionsfeld waren die verlorenen Schafe Israels, aber er konnte nicht anders als sein Heil und seine Hoffnung denen zu bringen, die auf ihn eingingen.

Bevor er seine Nachfolger verließ, beauftragte er sie (und uns), in alle Welt, in alle Ecken und Winkel jeder Nation zu gehen und diesen Gräueltaten, von denen Sie sprechen, ein Ende zu bereiten und den Unterdrückten Hoffnung zu bringen.

Jeder Gläubige aus jeder Nation bringt die Farbe und Vielfalt himmlischen Gobelins zum Vorschein.

Hilfe

Gebet, Bibellesen und »Warum christliche Gemeinde?«

Kevin,

Knowing God is like mountain-climbing. Some days the path is steep. Others, the trail is easy. Clouds can eclipse the view. The sun might illuminate the peak. Most of all, it just takes time.

Know This: God will help you.

Max

Kevin,

Gott zu kennen ist wie Bergsteigen. An manchen Tagen ist der Pfad steil. An anderen ist der Wanderweg einfach. Wolken können die Aussicht verdunkeln. Die Sonne könnte den Gipfel erleuchten. Am allermeisten dauert es einfach Zeit.

Denk immer daran: Gott wird dir helfen.

Max

61. *Warum sollten wir im Gebet Gott um Hilfe bitten, wenn er bereits einen Plan hat? Er tut doch sowieso, was er will. Was nützt es also, wenn wir um Heilung für einen Freund, einen Angehörigen oder ein Haustier bitten? Ändert das Gebet wirklich etwas oder steht das Ergebnis bereits in Gottes Plan fest?*

Ich habe eine Geschichte, die bei der Beantwortung dieser Frage hilft.

Als meine Tochter Sara in der zweiten Klasse war, durfte sie sich in einem Geschäft, das auf unlackierte Möbel spezialisiert war, einen Schreibtisch aussuchen. Sie war begeistert bei dem Gedanken, einen eigenen Schreibtisch zu besitzen. Als sie erfuhr, dass wir den Schreibtisch nicht sofort mitnehmen konnten, war sie ganz unglücklich. »Aber Papa, ich wollte den Schreibtisch heute mit nach Hause nehmen.«

Es ist ihr hoch anzurechnen, dass sie nicht mit dem Fuß stampfte und Forderungen stellte. Sie versuchte jedoch mit allen Mitteln, ihren Vater umzustimmen. Jedes Mal, wenn ich in dem großen Laden um eine Ecke bog, wartete sie auf mich.

»Papa, glaubst du nicht, dass wir ihn selbst lackieren können?«

»Papa, ich möchte nur ein paar Bilder auf meinem neuen Schreibtisch malen.«

»Papa, bitte, wir nehmen ihn heute mit.«

Nach einer Weile war sie verschwunden, nur um mit offenen Armen zurückzustürmen. »Weißt du was, Papa«, sprudelte es aus ihr heraus. »Er passt genau in den Kofferraum.«

Natürlich wissen Sie und ich, dass ein siebenjähriges Kind keine Ahnung davon hat, was in ein Auto passt. Aber die Tatsache, dass sie den Kofferraum mit ihren Armen ausgemessen hat, erweichte mein Herz. Schlussendlich entscheidend war jedoch, wie sie mich ansprach: Papa.

Familie Lucado hat den Schreibtisch an diesem Tag mit nach Hause genommen.

Sie hat mich umgestimmt. Sie hat meinen Plan geändert. Sie hat die Einzelheiten meines Handelns beeinflusst.

Das Gebet hat die gleiche Wirkung.

Erinnern Sie sich an das Gebet von Mose auf dem Berg Sinai? Er bettelte Gott an, das Volk nicht zu vernichten, und Gott ließ sich umstimmen: »Da tat es dem Herrn Leid und er ließ das angedrohte Unheil nicht über sie kommen« (2. Mose 32,14).

Das Gebet von Mose beeinflusste Gottes Pläne.

Das Gebet ändert nicht alles. Wir können Gott nicht daran hindern, die Menschen zu lieben, den Himmel vorzubereiten und Seelen zu retten. Wir können Gottes Wesen oder seine ewigen Pläne nicht ändern.

Aber wir können die Einzelheiten beeinflussen. »Das Gebet eines gerechten Menschen hat große Macht und kann viel bewirken« (Jakobus 5,16). Beten bedeutet nicht, einen widerwilligen Gott umstimmen. Beten bedeutet, Gott inständig bitten, das zu tun, was er tun will (heilen, helfen, seiner Tochter einen Schreibtisch geben), und es schneller, stärker oder eindeutiger zu tun.

Übrigens habe ich an jenem Tag auch einen Schreibtisch für mein Büro bestellt. Als Sara erfuhr, dass er erst in sechs Wochen geliefert wird, meinte sie: »Du hast bestimmt nicht darum gebeten, Papa, oder?«

62. *Ich bin noch nicht lange Christ und versuche herauszufinden, wie ich Gott besser kennenlernen kann. Freunde haben mir gesagt, ich müsse jeden Tag eine stille Zeit mit Gott verbringen, aber ich verstehe nicht genau, wie das geht.*

Denalyn und ich gehen gerne immer wieder in dieselben Restaurants. Unsere Verabredungen dort sind fast vorhersehbar, doch für uns sind sie etwas Besonderes. Uns schmeckt das Essen, wir finden die Kellner sympathisch und die Stimmung angenehm. Wenn wir dort sind, erinnern wir uns an die schönen Augenblicke, die wir miteinander verbracht haben. Wir öffnen uns füreinander ... wir merken nicht, wie die Zeit vergeht ... nur weil wir uns dort wohlfühlen. Wir sprechen miteinander, hören aufeinander, lachen und weinen. Ich finde diese Zeiten einfach wunderbar!

Eine stille Zeit mit Gott ist so ähnlich wie eine Verabredung. Hier einige Hilfen für Ihre besondere Verabredung mit Gott.

Entscheiden Sie sich für einen *festen Zeitpunkt und einen festen Ort*. Bestimmen Sie ein Zeitfenster in Ihrem Terminplan und eine Ecke Ihrer Welt und beanspruchen Sie diese für Gott. Ein vertrauter Ort erinnert Sie an ähnliche Gefühle, die Sie zuvor mit Gott erlebt haben. Es ist wichtig, dass Sie sich dabei wohlfühlen.

Wie viel Zeit sollten Sie sich nehmen? So viel Sie brauchen. Qualität ist wichtiger als Quantität. Ihre Zeit mit Gott sollte lange genug dauern, dass Sie sagen können, was Sie wollen, und dass Gott sagen kann, was er will.

Zu dieser Verabredung sollten Sie eine *geöffnete Bibel* mitbringen, also Gottes Wort, seinen Liebesbrief an Sie. Sie hören Gott nicht unbedingt laut zu Ihnen sprechen, aber Sie können durch sein ewiges Gespräch mit der Menschheit hören, was er zu sagen hat.

Sie brauchen auch ein *hörendes Herz*. Vergessen Sie nicht die Mahnung von Jakobus: »Wer aber ständig auf das vollkommene Gesetz Gottes achtet – das Gesetz, das uns freimacht – und befolgt, was es sagt, und nicht vergisst, was er gehört hat, den wird Gott segnen« (Jakobus 1,25). Hören Sie auf den, der Ihre Seele liebt. Nicken Sie nicht nur mit dem Kopf und tun so, als würden Sie zuhören. Ihr Gesprächspartner merkt, wenn Sie mit Ihren Gedanken woanders sind, und Gott merkt es auch.

Wie Sie eine Verabredung mit jemandem, den Sie mögen, nicht unter dem Vorwand, keine Zeit zu haben, versäumen möchten, sollten Sie sicherstellen, dass Ihre Verabredung mit Gott im Terminkalender eingetragen ist und alles in Ihrer Macht Stehende tun, um diese Zeit zu etwas Besonderem zu machen.

63. *Zurzeit ist das Leben wirklich hart für mich, sowohl in finanzieller als auch in persönlicher Hinsicht. Ich habe keine Antworten und sehe keine Lösungen. Kann das Gebet mir wirklich helfen, Antworten zu finden und diese Krise durchzustehen?*

Das Gebet erinnert Sie daran, wer das Sagen hat. Bringen Sie Ihre Bitten nicht vor jemanden mit weniger Autorität. Bringen Sie sie zu jemandem, der in der Lösungsabteilung im Rang höher steht als Sie. Das Gebet macht Sie kleiner und Gott größer.

Das Gebet gibt Gott die Erlaubnis, die Bitte nach seinem Willen zu erfüllen. Hoffentlich beten Sie nicht nur, um Gott über das, was geschieht, zu informieren. Diesbezüglich ist er Ihnen weit voraus. Sie beten, damit »Mein Wille geschehe« in »Dein Wille geschehe« verwandelt wird. Da er das Sagen hat, kennt er die beste Lösung. Gebet übt Ihre Willenskraft und gibt Gott die Befugnis, in Ihrem Leben zu wirken.

Das Gebet baut den Stress der erlebten Untätigkeit ab. Jetzt, wo die Aufgabe an Gott abgegeben wurde, brauchen Sie sich keine Sorgen mehr darüber machen. Gott kümmert sich darum. Wer weniger Stress hat, hat mehr Kraft. Das Gebet überträgt die Last auf Gott und erleichtert Ihre Bürde.

Menschen durchleben schwierige Zeiten, wenn sie keine Antworten haben. Die dunkelsten Täler werden durch die Schatten der Fragezeichen noch finsterer. Was soll man da tun? Sich den Kopf noch mehr zerbrechen? Sich noch mehr anstrengen? Noch mehr grübeln? Warum nicht zu dem Einen beten, der alle Antworten hat, und ihm die Sache übergeben?

Das Gebet bringt uns durch die Krisen des Lebens, trägt uns über den Berg und zieht uns aus dem Loch. Das Gebet ist die Kraft, die wir brauchen, um die Antworten zu erhalten, nach denen wir suchen.

64. *Ich habe gebetet, dass Gott mich vom Krebs heilt. Er hat meine Freundin vom Krebs geheilt, aber mir hat er bisher nicht geholfen. Meine Freundin sagt, ich solle mit mehr Glauben beten. Hat sie recht?*

Ich möchte hier zwei falsche Auffassungen, die es über göttliche Heilung gibt, mitteilen.

Erstens: *Der Tod ist immer schlecht.* Wir sehen einen Leichenwagen und denken an Leid. Wir sehen ein Grab und denken an Verzweiflung. Wir hören von einem Tod und denken an Verlust. Im Himmel ist das anders. Wenn der Himmel eine Leiche sieht, nimmt er den leeren Kokon und den befreiten Schmetterling wahr. Gottes höchstes Ziel ist die Heilung der Seele, nicht die Heilung des Körpers. Seit die Sünde Eingang in die Welt gefunden hat, ist der Körper zum Sterben verurteilt. Der Tod ist nicht nur unvermeidlich, er ist auch notwendig, damit wir das neue Leben in Christus erben können. »Was ich damit sagen will, liebe Brüder, ist, dass Fleisch und Blut das Reich Gottes nicht erben können … Denn unser vergänglicher irdischer Körper muss in einen himmlischen Körper verwandelt werden, der nicht mehr sterben wird« (1. Korinther 15,50.53).

Solange wir den Tod als Unglück betrachten, meinen wir, dass Gott unseren Gebeten gegenüber taub ist. Fragen Sie die, die im Himmel sind, ob ihre Gebete um Heilung erhört wurden. Ihre Sichtweise wird dann wahrscheinlich ganz anders sein.

Zweitens: *Das Gebet heilt.* Gott heilt, nicht das Gebet. Ist das Wortklauberei? Nein. Wenn Sie meinen, dass die Macht im Gebet liegt und nicht in dem Einen, der das Gebet hört, geben Sie dem Gebet die Schuld, wenn es nicht erhört wurde. Wie viele Menschen wurden von falschen Schuldgefühlen geplagt, weil sie dachten, ihr Gebet sei unzulänglich gewesen? »Wenn ich mehr oder besser oder anders gebetet hätte, wenn ich in einer Kapelle oder mit einem Priester oder mit dem Rosenkranz oder mit anderen Worten gebetet hätte …« Wer behauptet, dass das Gebet heilt, stellt das Gebet in den Bereich magischer Gesänge und der Tänze von Medizinmännern. Schlimmer noch: Wenn man dem Gebet diese Macht zuspricht, stuft man Gott auf den Rang eines Computers herab. Wenn ich den richtigen Knopf drücke oder den korrekten Code eingebe, muss er tun, was ich will.

Nein, die Macht des Gebetes liegt bei dem Einen, der es hört, nicht bei dem, der es spricht.

Glauben Sie nicht, dass Gläubige nie leiden. Wenn Gläubige nicht leiden würden, können wir kaum eine Erklärung für die Krankheit von Paulus (Galater 4,13), die schwache Gesundheit von Trophimus, dem Freund von Paulus (2. Timotheus 4,20) und die schwere Krankheit seines geliebten Epaphroditus (Philipper 2,27) finden.

Hebräer 11 beschreibt die Notlage der Gläubigen: einige haben Königreiche bezwungen und Feuerflammen gelöscht und wurden vor dem Tod gerettet. Andere wurden in Ketten gelegt und ins Gefängnis geworfen. Sie wurden gesteinigt, zersägt oder mit dem Schwert getötet. Einige gingen in Schaf- oder Ziegenfellen umher, litten Hunger und wurden unterdrückt oder misshandelt … An all diesen Menschen hatte Gott wegen ihres Glaubens Freude (vgl. Hebräer 11,33-39).

Wie erklären wir den Todeskampf von Gethsemane und das Sterben von Jesus am Kreuz, wenn Gläubige nie leiden? Jesus selbst hat gebetet, dass ihm das irdische Leiden erspart bleibt (Matthäus 26,39), doch diese Bitte wurde abgeschlagen. Geschah das aufgrund eines Mangels an Glauben? Bestimmt nicht. Gott sagte aus einem himmlischen Grund Nein zu dem irdischen Gebet. Der Plan der Erlösung war die Schmerzen des Erlösers wert. Es gibt Zeiten, in denen Gott eine irdische Bitte abschlägt, damit er Ja zu der himmlischen Bitte sagen kann.

Tut er das auch heute noch? Benutzt er nicht körperliche Probleme, um die Seele zu stärken? Wir sollten daran denken, dass Petrus einen Sturm erlebte, bevor er auf dem Wasser ging, dass Lazarus in einem Grab lag, bevor er auferweckt wurde, dass der Besessene von Dämonen geplagt wurde, bevor er predigte, und dass der Gelähmte auf einer Bahre lag, bevor der Bericht über ihn in die Bibel aufgenommen wurde (Matthäus 14,23-29; Johannes 11,1-44; Markus 5,1-20; Lukas 5,17-25). Wir wissen, dass für die, die Gott lieben, alles zum Guten führt (Römer 8,28).

Bitte halten Sie Ihre Krankheit nicht für das Fehlen von Gottes Liebe. Ich bete, dass er Sie heilt. Und letztendlich wird er es tun.

65. *In der Bibel habe ich den Vers über das Beten ohne Unterlass gelesen. Gibt es jemanden, das das tatsächlich tut?*

Beten ohne Unterlass klingt kompliziert, ist es aber nicht unbedingt.

Ändern Sie doch einfach Ihre Definition von Gebet. Stellen Sie sich unter Gebet weniger eine Tätigkeit für Gott und eher ein Bewusstsein der Gegenwart Gottes vor. Versuchen Sie, ununterbrochen in diesem Bewusstsein zu leben. Erkennen Sie seine Gegenwart, wo immer Sie auch sind. Wenn Sie Schlange stehen, um Ihr Auto anzumelden, denken Sie: *Danke, Herr, dass ich hier sein kann.* Wenn Sie einkaufen, denken Sie: *Ich freue mich über deine Gegenwart, mein König.* Wenn Sie Geschirr spülen, beten Sie Ihren Schöpfer an. Bruder Lawrence hat das getan. Dieser bekannte Heilige nannte sich selbst den »Herrn aller Töpfe und Pfannen.« In seinem Buch *The Practice of the Presence of God* schrieb er:

> Für mich gibt es keinen Unterschied zwischen der Zeit der Arbeit und der Zeit des Gebets; im Lärm und Geklapper meiner Küche, wenn mehrere Personen gleichzeitig etwas anderes wollen, ist Gott in mir als große Ruhe, als ob ich auf meinen Knien beim heiligen Sakrament wäre.[13]

Es ist sinnvoller, mit Gott zu sprechen, als Selbstgespräche zu führen.

66. *Ich habe mich um eine Arbeitsstelle beworben und bekam eine Absage. Ich bat meine Großmutter um Geld, aber sie will mir keines leihen. Mein Freund hat mir nahegelegt, dass wir uns trennen sollen. Diese Woche ist wirklich hart für mich. Hört Gott überhaupt, wenn ich bete?*

Ja, er hört Sie. Sie können sich auf Folgendes verlassen: Gott weiß mehr über das Leben als wir.

Als meine älteste Tochter etwa sechs Jahre alt war, hatten wir eine Auseinandersetzung über meine Arbeit. Sie war offensichtlich mit meiner Berufswahl unzufrieden. Sie wollte, dass ich aufhörte, als Pfarrer zu arbeiten. »Ich mag dich als Prediger«, erklärte sie. »Ich würde mir aber wirklich wünschen, dass du Eis verkaufen würdest.«

Eine ehrliche Bitte aus einem reinen Herzen. Für sie lag es auf der Hand, dass die Männer, die mit ihren Autos durch die Straßen fuhren und Eis verkauften, die glücklichsten Menschen der Welt sind. Sie lassen Musik spielen. Sie verkaufen Süßigkeiten und machen Kinder glücklich. Was könnte man sich mehr wünschen? (Überlegenswert, sie hat vielleicht recht. Ich könnte einen Kredit aufnehmen, ein »Eisauto« kaufen und … na ja, ich würde zu viel essen.)

Ich habe ihre Bitte gehört, aber nicht befolgt. Warum nicht? Weil ich es besser wusste. Ich weiß, wozu ich berufen bin und was ich zu tun habe. Ich wusste nämlich mehr über das Leben als sie. So ist es auch mit Gott.

Gott hört unsere Bitten. Doch seine Antwort fällt nicht immer so aus, wie wir es gerne hätten. Denn Gott weiß mehr über das Leben als wir.

Wenn Sie das nächste Mal enttäuscht sind, dann geraten Sie nicht in Panik. Steigen Sie nicht aus. Geben Sie nicht auf. Haben Sie einfach Geduld. Sprechen Sie mit Gott über Ihre Probleme und lassen Sie sich von Ihrem himmlischen Vater daran erinnern, dass er das Ruder immer noch fest in der Hand hat.

67. *Mit einigen anderen Medizinstudenten habe ich über den Platz des Gebets im Krankenhaus diskutiert. Wie Sie sich vorstellen können, gingen die Meinungen weit auseinander. Was denken Sie darüber? Was ist der Zweck des Heilungsgebets?*

Zu diesem Thema gibt es zwei vollkommen gegensätzliche Einstellungen: Fanatismus oder Zynismus. Die Fanatiker sind der Auffassung, dass die Heilung des Körpers das Ziel Gottes und der Maßstab für den Glauben ist. Die Zyniker halten jeden Zusammenhang zwischen Gebet und Heilung im besten Fall für zufällig und im schlechtesten Fall für Irreführung. Im Extremfall hält sich ein Fanatiker an das Gebet und schließt die Medizin aus, ein Zyniker dagegen hält sich an die Medizin und schließt das Gebet aus.

Ein ausgewogenes Verhältnis zwischen beiden Extremen ist möglich. Der Arzt ist ein Freund Gottes. Das Gebet ist der Freund des Arztes.

Das Beispiel von Jesus ist hier von Bedeutung. »Eine große Menschenmenge kam zu ihm und brachte ihm Gelähmte, Blinde, Krüppel, Stumme und viele Menschen mit anderen Gebrechen. Sie legten sie vor ihn hin, und er heilte sie alle. Die Menschen kamen nicht aus dem Staunen heraus. Stumme konnten wieder sprechen, Krüppel wurden wieder gesund, Gelähmte konnten wieder gehen und Blinde wieder sehen! Und alle lobten den Gott Israels« (Matthäus 15,30-31).

Was haben die Menschen mit den Kranken gemacht? Sie legten sie vor Jesus hin. Das ist der Zweck des Gebets für die Kranken. Wir legen die Kranken vor die Füße des großen Arztes und bitten ihn, sie zu berühren. Diese Stelle berichtet auch über das Ergebnis des Heilungsgebets: »Und alle lobten den Gott Israels.« Das höchste Ziel der Heilung ist nicht nur ein gesunder Körper, sondern die Vergrößerung des Reiches Gottes. Wenn Gottes Ziel darin besteht, allen seinen Kindern eine vollkommene Gesundheit zu schenken, dann hat er versagt, denn niemand kann sich vollkommener Gesundheit erfreuen und alle müssen einmal sterben. Doch wenn es Gottes Ziel ist, die Grenzen seines Reiches zu erweitern, dann hat er sein Ziel erreicht. Denn jedes Mal, wenn er heilt, werden tausend Predigten gehalten.

Apropos Predigten: Ist Ihnen aufgefallen, dass in diesem Text etwas fehlt? Predigen. Jesus war drei Tage lang mit diesen viertausend Menschen zusammen und hat keine einzige Predigt gehalten. Nicht ein einziges Mal hat er gesagt: »Darf ich um Ihre Aufmerksamkeit bitten?« Doch tausendmal fragte er: »Kann ich dir helfen?« Wie groß war sein Mitgefühl mit diesen Menschen. Können Sie sich die Menschenschlange vorstellen? Auf Krücken, mit Augenbinden, von Freunden getragen, in den Armen von Eltern. 72 Stunden lang schaute Jesus immer wieder in ein schmerzverzerrtes Gesicht und dann sagte er: »Mir tun diese Menschen Leid« (V. 32). Machen Sie sich das grenzenlose Mitgefühl von Jesus bewusst. Schmerz auf der Erde führt zu Schmerz im Himmel. Und er wird dastehen und für die Kranken ein offenes Ohr haben, solange sie im Glauben zu ihm kommen.

Und jedes Mal wird er das Richtige tun. »...wird Gott da nicht seinen Auserwählten, die ihn Tag und Nacht anflehen, ihr Recht verschaffen? Wird er sie vertrösten?« (Lukas 18,7).

Das Heilungsgebet bittet Gott um das, was Recht ist. Mein Freund Dennis, ein Krankenhausseelsorger, spricht folgendes Gebet über Kranken: »Gott, bitte zieh du dir als Erster die Operationshandschuhe an.«

Das finde ich gut.

68. *Wenn Gott uns nicht versucht, warum sollen wir dann beten: »Führe uns nicht in Versuchung«?*

Wegen der Übersetzung denken viele, dass die Bitte lautet: »Versuche mich nicht, Herr« oder »Führe mich nicht in eine Sünde«. So sollte es aber nicht heißen. Gott versucht uns nicht und führt uns nicht in Versuchung. Der Satz hätte besser als Hilferuf übersetzt werden sollen.

»Bewahre mich, damit ich nicht in die Falle der Versuchung gerate.«

Wir bitten Gott, uns weg von der Bar zu führen, unsere Aufmerksamkeit abzulenken, wenn das hübsche Mädchen vorbeigeht, uns Weisheit zu schenken, wenn wir jene Brieftasche finden, wegzugehen, wenn wir alleine mit der Frau eines anderen in einem Zimmer sind.

Der Vater hält gerne die Hand seiner Kinder. »Der Herr freut sich an einem aufrichtigen Menschen und führt ihn sicher. Auch wenn er stolpert, wird er nicht fallen, denn der Herr hält ihn fest an der Hand« (Psalm 37,23-24).

Die Versuchung kommt von einem einzigen Ort – der Hölle. Satan hat jeden versucht, angefangen mit Adam und sogar Jesus. Adam mit einer Frucht, Jesus mit Brot. Gott versucht niemanden. Er legt uns nicht herein, damit wir Fehler machen.

Gott prüft uns. Hiob wurde von Gott nicht versucht. Sein Glaube wurde geprüft. Satan (und Hiobs Frau und Freunde) versuchten Hiob und forderten ihn auf, sich von Gott loszusagen (Hiob 1,8-12; 2,9; 42,7). Der Glaube von Petrus wurde geprüft, als er auf dem Wasser ging (Matthäus 14,25-31). Petrus wurde versucht, als er zu Jesus sagte, er solle nicht solch düstere Gedanken über den Tod haben. Jesus fuhr ihn an: »Geh weg von mir, Satan« (Matthäus 16,21-23).

Unsere Gebete bitten also Gott, uns zu führen, den Weg vor uns im Auge zu behalten und uns vor den Stellen zu warnen, an denen wir stolpern könnten.

69. *Vor drei Jahren wurde festgestellt, dass unser Sohn (sechzehn Jahre alt) an einer psychischen Erkrankung leidet. Wir haben unaufhörlich zu Gott um Heilung gebetet. Doch er wurde nicht geheilt, und die Stimmung in unserem Haus wird immer angespannter. Sollen wir weiter für seine Heilung beten oder einfach akzeptieren, dass er nie gesund wird?*

Beten ist immer richtig. Die Bibel berichtet uns von vielen Eltern, die Gott wegen ihrer Kinder anflehten. Für Gott ist Ihr Sohn genauso wichtig wie jene Kinder vor langer Zeit.

Ich bitte Sie um etwas Geduld und Verständnis dafür, dass ich die Sache von einem ganz anderen Standpunkt her beleuchte. Ich finde es faszinierend, dass die Fadenzahl von Bettlaken zwischen achtzig und fünfhundert Fäden pro sechs Quadratzentimetern Stoff beträgt. Je höher die Zahl, umso höher ist die Qualität des Lakens. Hunderte von Fäden werden ineinander verwoben, um einen Stoff herzustellen.

Ich denke an die fast sieben Milliarden Lebensfäden, die ineinander verwoben werden und einander umschlingen, um diesen Gobelin auf der Erde herzustellen.[14] Alle wurden vom Schöpfer an ihren Platz gebracht und miteinander verbunden.

Ihr Sohn ist einer dieser Fäden. Sein Leben schlingt sich um das Leben anderer und hält sie zusammen, wie sie ihn zusammenhalten und von Gott selbst hier eingewoben wurden. Wir denken vielleicht, dass es sich um einen schwachen Faden handelt, der repariert werden muss. Doch Gott sieht ihn vielleicht als den stärksten Faden in seinem Umfeld.

Vielleicht ist die Krankheit Ihres Sohnes der Faden, der Sie auf Gott ausgerichtet hält. Vielleicht ist die Krankheit Ihres Sohnes entscheidend dafür, dass ein Nachbar zu Christus findet. Vielleicht wird die Krankheit Ihres Sohnes ein Zeugnis, das in Zukunft für Menschen zum Segen wird. Wir haben keine Ahnung, wie unser Leben mit dem, was Gott im Leben anderer bewirkt, verwoben ist.

Kann Ihr Sohn also geheilt werden? Ja. Zur Zeit der Bibel heilte Jesus psychische Erkrankungen (Lukas 9,37-42), und da Gott sich nie verändert, kann er Ihren Sohn auch heute heilen.

Wird Ihr Sohn geheilt werden? Das können wir nicht sagen. Das entscheiden nicht Sie und nicht ich und auch nicht Ihr Sohn. Das ist die Entscheidung des Webers. Wir sehen nur einen einzigen Faden, während Gott alle Fäden sieht.

Die wirkliche Heilung, die geschehen muss und ein wesentliches Problem, vor dem Sie offensichtlich stehen, ist die Spannung in Ihrem Haus. Beziehungen sind am Zerbrechen und der Glaube der Menschen hängt an einem seidenen Faden.

Gott kann Ihrer Familie Heilung bringen, wenn Sie alle mit Ihrem müden, zermürbten Leben zu ihm kommen und ihn um Erneuerung bitten. Beten Sie für Heilung, aber nicht nur für die Heilung des Körpers.

70. *Es ist mir peinlich, zuzugeben, dass mir das Beten schwerfällt. Ich will mehr beten, aber ich habe den Eindruck, dass ich nicht länger als ein paar Minuten beten kann, ohne mit den Gedanken abzuschweifen. Warum ist das so? Bedeutet das, dass ich ein schwacher Christ bin?*

Wenn wir beten, spielt Satan mit uns Spielchen. Sein Lieblingsspiel ist, die Gedanken kreisen zu lassen. Die Gedanken drehen sich dann in einem ziellosen Strudel von Geschäftigkeit, sodass der Beter glaubt, er habe keine Zeit, weiter zu beten.

Dann beginnt Satan das Spiel, anderen die Schuld in die Schuhe zu schieben. Die Gebetszeit wird dann zu einer Zeit der Schuldzuweisungen. Anstatt für Menschen zu beten, klagen wir sie an. »Wenn sie nur das tun würden ...« oder »Gott, sag ihnen, dass sie das tun sollen ...« Anstatt unsere Sünden zu bekennen, laden wir den Trageseln unseres Lebens unsere Last auf.

Im Allgemeinen endet Satan mit einem Versteckspiel, bei dem wir uns in unseren Gedanken verlieren, auf leeren Trampelpfaden wandern und Schatten hinterherjagen und dann versuchen, den Weg zurückzufinden, nur um zu entdecken, dass das Spiel aus ist.

Beten ist kein Spiel. Es ist in der Tat ernste Arbeit – so ernst, dass Satan Spielchen mit uns treibt, um uns vom Beten abzuhalten.

Warum? Weil Gott uns sagt, dass wir nicht zu beten aufhören sollen (1. Thessalonicher 5,17). Er sieht die Gemeinde als einen »Ort des Gebets« (Matthäus 21,13). Keine andere Betätigung garantiert solche Ergebnisse: »Wenn zwei von euch hier auf der Erde darin eins werden, eine Bitte an Gott zu richten, dann wird mein Vater im Himmel diese Bitte erfüllen« (Matthäus 18,19). Wenn Menschen beten, geschieht etwas. »Das Gebet eines gerechten Menschen hat große Macht und kann viel bewirken« (Jakobus 5,16).

Wenn es Satan gelingt, das Gebet zu unterbinden, kann er Christen kraftlos machen.

Die beste Möglichkeit, konzentriert zu bleiben, ist, sich an den Zweck des Gebets zu erinnern. Widmen Sie jedem der folgenden Teile Ihres Gebets genügend Zeit – fünf bis zehn Minuten.

Anbetung – Loben Sie Gott.

Schuld bekennen – Bekennen Sie Ihre Sünden (nicht die Sünden anderer Menschen).

Dank – Danken Sie Gott für alles, was er Ihnen gegeben hat.

Bitten – Gebetsanliegen für Sie und andere.

Kein Wunder, dass Satan uns davon überzeugen will, dass wir schwach sind, denn wenn ein Christ Kraft im Gebet findet, hat Satan ausgespielt.

71. Es fällt mir nicht schwer zu vertrauen, dass Gott alltägliche Gebete und Bitten erhört, aber wenn ich im Leben vor einer wirklich unmöglichen Situation stehe, scheint mein Glaube an Gottes Macht verflogen zu sein. Wie kann ich stärkeren Glauben daran bekommen, dass meine Gebete erhört werden?

Überprüfen Sie das Kurzprofil Gottes.

Wollen Sie seine Macht kennenlernen? Dann werfen Sie einen Blick auf seine Schöpfung. Sind Sie an seiner Kraft interessiert? Dann besuchen Sie ihn: Sternenhimmel-Allee Hausnummer 1 000 000 000. Wollen Sie seine Größe kennenlernen?

Dann treten Sie einfach bei Nacht ins Freie und bestaunen das Sternenlicht, das vor einer Million Jahren ausgesandt wurde, und dann lesen Sie 2. Chronik 2,5: »Doch wer kann ihm ein Haus bauen, das seiner würdig wäre, denn auch der höchste Himmel kann ihn nicht fassen!«

Gott ist nicht von Sünde befleckt, er ist nicht an die Grenzen der Geschichte gebunden und wird nicht von der Müdigkeit des Körpers behindert.

Was Sie in Grenzen hält, hält ihn nicht in Grenzen. Was Sie beunruhigt, beunruhigt ihn nicht. Was Sie erschöpft, erschöpft ihn nicht.

Wird ein Adler vom Straßenverkehr gestört? Nein, er erhebt sich über ihn. Wird ein Wal von einem Wirbelsturm in Schrecken versetzt? Natürlich nicht. Er gleitet unter ihm hindurch. Wird der Löwe nervös, weil eine Maus in seinem Weg steht? Nein, er steigt über sie hinweg.

Wie viel mehr kann Gott sich über die Probleme der Welt erheben, unter ihnen hindurchgleiten und über sie hinwegsteigen! »Bei Gott ist alles möglich« (Matthäus 19,26). Unsere Fragen zeigen, wie wenig wir verstanden haben:

Wie kann Gott gleichzeitig überall sein?
(Wer sagt, dass Gott an einen Körper gebunden ist?)

Wie kann Gott all die Gebete hören, die an ihn gerichtet werden?
(Vermutlich sind seine Ohren anders als unsere.)

Wie kann Gott der Vater, der Sohn und der Heilige Geist sein? (Könnte es sein, dass im Himmel eine andere Physik gilt als auf der Erde?)

Wenn schon die Menschen hier unten mir nicht vergeben, wie viel schuldiger bin ich dann vor einem heiligen Gott? (Ganz im Gegenteil: Gott ist immer bereit, Gnade walten zu lassen, wenn wir Menschen es nicht können – er hat die Gnade erfunden.)

Wie wichtig ist es, dass wir in dem Wissen beten, dass Gott im Himmel ist. Wenn Sie ohne diese Überzeugung beten, werden Ihre Gebete schüchtern, oberflächlich und gehaltlos. Verbringen Sie doch einfach einige Zeit in der Werkstatt des Himmels und betrachten Sie, was Gott geschaffen hat. Sie werden entdecken, wie Ihre Gebete mit Kraft erfüllt werden.

72. *Kann man der Bibel glauben? Wie kann man wissen, ob sie mehr als eine Sammlung von Sprüchen und Geschichten ist? Kann man wirklich glauben, dass die Bibel Gottes Wort ist?*

Es gibt viele Gründe, weshalb ich an die Bibel glaube. Lassen Sie mich einige aufzählen:

Entstehung. Sie wurde im Laufe von sechzehn Jahrhunderten von vierzig Autoren mit einem einzigen zentralen Thema verfasst. Sie wurde von Soldaten, Hirten, Gelehrten und Fischern geschrieben. Angefangen von Mose im einsamen Arabien, beendet von Johannes auf der einsamen Insel Patmos. Sie wurde von Königen in Palästen, Hirten in Zelten und Gefangenen in Gefängnissen niedergeschrieben.

Vierzig Autoren, von denen sich die meisten nicht kannten, schrieben in verschiedenen Ländern und in drei verschiedenen Sprachen, getrennt von dreimal so vielen Jahrhunderten wie seit der Entdeckung Amerikas durch Kolumbus vergangen sind. War es für diese Autoren möglich, ein Buch mit einem einzigen Thema hervorzubringen, wenn nicht ein einziger Verstand, ein einziger

Gestalter hinter ihnen gestanden wäre? Die Entstehung der Bibel ist außergewöhnlich.

Dauerhaftigkeit. Die Bibel ist das meistgedruckte Buch der Geschichte. Seit dreihundert Jahren ein Bestseller. Von einer ganzen Schar von Übersetzern in zwölfhundert Sprachen übersetzt. Bibeln wurden von Diktatoren verbrannt und aus Gerichtssälen verbannt, doch Gottes Wort geht weiter. Die Totenglocke hat hundert Mal geläutet, doch jedes Mal wird das Grab geöffnet und Gottes Wort geht weiter. Die Bibel ist außergewöhnlich dauerhaft.

Prophezeiungen. Die Seiten Ihrer Bibel enthalten über dreihundert erfüllte Prophezeiungen über das Leben von Christus. Eine umfangreiche Biografie von Jesus wurde fünfhundert Jahre vor seiner Geburt geschrieben. Können Sie sich vorstellen, dass so etwas heute geschieht? Können Sie sich vorstellen, dass wir ein Buch finden würden, das 1900 geschrieben wurde und die zwei Weltkriege, eine Wirtschaftskrise, eine Atombombe und die Ermordung von John F. Kennedy und Martin Luther King vorhersagt? Was würden wir von einem solchen Buch halten? Würden wir ihm vertrauen?

Paulus sagt, »die Bibel kann uns lehren, was wahr ist, und uns erkennen lassen, wo Schuld in unserem Leben ist. Sie weist uns zurecht und erzieht uns dazu, Gottes Willen zu tun« (2. Timotheus 3,16).

- Wenden Sie die Grundsätze der Haushalterschaft auf Ihren Haushaltsplan an und schauen, ob Sie nicht aus den Schulden herauskommen.
- Wenden Sie die Grundsätze der Treue auf Ihre Ehe an und schauen, ob Ihr Zuhause nicht glücklicher wird.
- Wenden Sie die Grundsätze der Vergebung auf Ihre Beziehungen an und schauen, ob Sie nicht mehr Frieden erhalten.
- Wenden Sie die Grundsätze der Ehrlichkeit in der Schule an und schauen, ob Sie nicht erfolgreich sind.

Wenden Sie die Bibel an und schauen, ob Sie nicht mit mir einverstanden sind, wenn ich sage: Die Bibel funktioniert.

73. *Jesus hat seinen Jüngern die Füße gewaschen. Sollen wir das auch tun? Paulus hat den Frauen in Korinth befohlen, eine Kopfbedeckung zu tragen. Warum tun wir das heute nicht mehr? Er befahl den Christen in Rom, einander mit einem heiligen Kuss zu begrüßen. Sind wir ungehorsam, wenn wir das nicht tun? Woher sollen wir wissen, was ein Gebot ist und was kulturell begründet ist?*

Die Bibel ist Gottes Wort in menschlicher Sprache.

Sie wurde in einer anderen Zeit geschrieben.

Sie wurde in einer anderen Kultur geschrieben.

Sie wurde in einer anderen Sprache geschrieben.

Die Bibel verbindet ewige Wahrheiten und geschichtliche Besonderheiten. Wie können wir die beiden unterscheiden?

Wir stellen die grundlegende Frage der Bibelauslegung: »Worin liegt ihr Zweck?«

Manche Leute glauben, dass in der Bibel ein geheimer prophetischer Code enthalten ist, mit dessen Entzifferung man herausbekommen kann, an welchem Tag unser Herr wiederkommt. Andere glauben, dass die Bibel eine geheime Erfolgsanleitung für Reichtum und Gesundheit im Leben ist. Wieder andere benutzen die Bibel zur Untermauerung bereits bestehender Überzeugungen. Manche Christen sind der Meinung, der Zweck der Bibel ist die Beschreibung eines Modells für die Organisation der neutestamentlichen Gemeinde.

Obwohl die Bibel zu jedem dieser Themen Stellung nimmt, kennzeichnet doch keines den Zweck der Bibel. Worin liegt der Zweck der Bibel?

Lassen wir die Bibel selbst die Antwort geben.

> Von Kindheit an bist du in der heiligen Schrift unterwiesen worden, und sie kann dich weise machen, die Rettung anzunehmen, die der Glaube an Christus Jesus schenkt!
>
> 2. Timotheus 3,15

> Diese aber wurden aufgeschrieben, damit ihr glaubt, dass Jesus der Christus ist, der Sohn Gottes, und damit ihr durch den Glauben an ihn in seinem Namen das ewige Leben habt.
> Johannes 20,31

> Denn ich schäme mich nicht für die gute Botschaft von Christus. Diese Botschaft ist die Kraft Gottes, die jeden rettet, der glaubt – die Juden zuerst, aber auch alle anderen Menschen. Sie zeigt uns, wie Gott uns in seinen Augen gerecht spricht. Dies geschieht einzig und allein durch Glauben.
> Denn es heißt schon in der Schrift:
> »Durch den Glauben hat ein Gerechter Leben.«
> Römer 1,16-17

Der Zweck der Bibel ist ganz einfach die Verkündigung von Gottes Plan zur Rettung seiner Kinder. Sie erklärt mit Nachdruck, dass die Menschen verloren sind und gerettet werden müssen. Und sie vermittelt die Botschaft, dass Jesus fleischgewordener Gott ist, der in die Welt geschickt wurde, um seine Kinder zu retten.

Der Zweck der Bibel ist die Transplantation des Evangeliums in unsere Generation, nicht in die Kultur des alten Israel oder des antiken Griechenland.

Das Ritual der Fußwaschung im ersten Jahrhundert, ein heiliger Kuss und die Kopfbedeckung sind jedoch hilfreich. Wir können etwas aus dem Grundsatz lernen, der dahintersteht. Die Fußwaschung lehrt Demut. Der heilige Kuss ist ein Ausdruck von Gastfreundschaft. Die Kopfbedeckung veranschaulicht den Respekt vor der Kultur. Wir übernehmen den Grundsatz, nicht das jeweilige Ritual.

Denken Sie daran: Die grundlegende Botschaft der Bibel ist Gottes Plan, den Himmel zu bevölkern. Alles andere ist nebensächlich.

74. *Können wir sicher sein, dass der Text der Bibel, den wir lesen, genau das ist, was Gott schreiben wollte? Da so viele Jahre zwischen den biblischen Zeiten und der Gegenwart liegen, kann es doch möglich sein, dass seine Worte und Gedanken von den Schreibern geändert wurden?*

> Die ganze Schrift ist von Gottes Geist eingegeben und kann uns lehren, was wahr ist, und uns erkennen lassen, wo Schuld in unserem Leben ist. Sie weist uns zurecht und erzieht uns dazu, Gottes Willen zu tun.
>
> 2. Timotheus 3,16-17

Die Bibel gibt eine Erklärung zu sich selbst ab. Eine kühne Erklärung:

»Ich bin von Gottes Geist eingegeben.«

Diese Selbsterklärung sagt, dass die in ihren Seiten enthaltenen Worte aus Gottes Herzen kamen und aus seinem Mund in die Welt geschickt wurden. Wohin gingen diese Worte? In die Ohren und Herzen von Schreibern, Königen und Propheten, die sich Notizen machten und diese uns dann überlieferten.

Aber waren die Notizen richtig?

Manche Bücher wurden tausend Jahre nach dem Geschehen, das sie berichten, schriftlich niedergelegt (1. Mose), während andere zwanzig oder dreißig Jahre nach den jeweiligen Ereignissen veröffentlicht wurden (die Evangelien). Einige wurden von Menschen aufgezeichnet, die überhaupt nicht dabei waren (man nimmt an, dass Samuel das Buch der Richter schrieb); andere waren Augenzeugen (Lukas reiste mit Paulus und schrieb die Apostelgeschichte).

Kann es sein, was den Inhalt betrifft, dass die Wörter im Laufe der Zeit geändert wurden? Haben die Verfasser übertrieben? Entstanden Fehler beim Abschreiben von Kopie zu Kopie?

Vielleicht. Wahrscheinlich. Einige geringfügige Änderungen in der Reihenfolge der Wörter geschahen sicherlich. Hin und wieder schlich sich ein Rechtschreibfehler ein. Solche Dinge geschehen, wenn Menschen am Werk sind – literarische Problemchen und kleine Pannen.

Gott wusste, dass Menschen möglicherweise riesige Fehler machen können, wenn er ihnen die Bibel eingibt. Deshalb beauftragte er den Heiligen Geist, uns diese Worte heute nahezubringen, indem er uns inspiriert, erinnert, aufrüttelt und Dinge klarstellt.

Der Gott, der die Macht hat, diese Ereignisse vor langer Zeit herbeizuführen, hat die Macht, sein heiliges Wort durch Kriege, Gedächtnisverlust und Verfolgungen hindurch zu bringen.

Wir müssen glauben, dass die Bibel in unserer Hand die Bibel ist, die Gott für uns wollte.

75. *Ich habe in der Bibel gelesen, dass Menschen mit Gottes Geist erfüllt werden, aber ich bin nicht sicher, was das bedeutet. Können Christen zu verschiedenen Zeiten in ihrem Leben mit verschiedenen Mengen des Geistes erfüllt sein? Was muss ich tun, um mehr von Gottes Geist zu erhalten?*

Benzin versorgt den Motor eines Autos mit Energie. Je mehr ich fahre, umso mehr Benzin wird verbraucht. Wenn der Tank fast leer ist, fahre ich zur Tankstelle und tanke.

In Epheser 5,18 ist Paulus der geistliche Tankwart und gibt uns folgenden Rat für unseren geistlichen Motor: »Füll ihn mit dem Heiligen Geist.«

Ich habe diese Frage in meinem Buch *Durst* angesprochen:

> Paulus gibt uns hier nicht nur einen Befehl, er gibt einen immerwährenden, allumfassenden Befehl. Immerwährend in dem Sinn, dass das »Erfüllen« ein tägliches Vorrecht ist. Allumfassend, weil die Einladung allen Menschen gilt. »Lasst euch *alle* vom Heiligen Geist erfüllen.« Junge, Alte, Untergebene, Geschäftsleute, gestandene Christen und Neubekehrte. Der Geist will alle erfüllen. Eine geistliche Eignungsprüfung ist nicht erforderlich. Wir brauchen ihn nicht

zum Kommen zu überreden, denn er ist schon da. Decken wir den Tisch für eine Person mehr. Wir haben bereits Gesellschaft. »Oder wisst ihr nicht, dass euer Leib ein Tempel des Heiligen Geistes in euch ist, der in euch lebt und euch von Gott geschenkt wurde?« (1. Korinther 6,19). Als Christen haben wir die Kraft, die wir brauchen, für alle Probleme, die uns begegnen.

Wir müssen nicht in die Kirche oder zu einer Versammlung eilen, um erfüllt zu werden – obwohl der Heilige Geist dort Zapfsäulen hat. Er hat auch Tankstellen in Ihrer Wohnung, in Ihrer Schule, bei der Arbeit – wo immer Sie sind –, denn genau dort ist er auch.

Sie haben vielleicht keine Geduld mehr oder erreichen die Grenzen Ihrer Kraft, doch der Zugang zum Heiligen Geist steht Ihnen immer offen. Da er in allen Gläubigen wohnt, tragen wir die ganze Tankstelle überallhin mit uns. Gottes Heiliger Geist kann wie Öl durch die Pipeline von Alaska in unser Leben fließen – rohe, ungefilterte Energie, die vom Thron des Himmels herunter in unser Herz strömt.

Unser Tank wird jedoch nicht gefüllt, wenn wir nur neben der Tankstelle stehen bleiben. Es bedarf einiger Bemühungen. Wir müssen den Schalter betätigen. Wir müssen mehr Geist wollen.

Der Heilige Geist ist auch keine greifbare Ware, die auf dem Armaturenbrett des Lebens von voll bis leer gemessen werden kann. In diesem Sinne geht er nicht zu Ende. Unser Gefühl von Fülle sollte man besser mit einer Beziehung als mit einem Tank vergleichen. Je mehr Aufmerksamkeit und Zeit man in eine Beziehung investiert, umso ausgefüllter und verbundener fühlt man sich.

Durch Gebet, Bibellesen, Nachsinnen, Dienen und Aufschreiben der Gedanken tritt man mit Gott in Verbindung, füllt den Tank und sagt jedes Mal, dass man mehr von Gottes Geist will. Als Ergebnis fühlt man sich erfüllt, vielleicht sogar überfließend!

Er erfüllt mit seiner Energie das, was wir ihm geben – unseren Terminkalender, unsere Zeit, unsere Träume, unser Heute, unser Morgen, unsere Gedanken, unsere Gebete.

Also betätigen wir die Zapfsäule. Lassen wir den Heiligen Geist in unser ganzes Leben fließen. Alle, die bereit sind, werden erfüllt.

> Denn wer bittet, wird erhalten … Wenn aber selbst ihr sündigen Menschen wisst, wie ihr euren Kindern Gutes tun könnt, wie viel eher wird euer Vater im Himmel denen, die ihn bitten, den Heiligen Geist schenken.
>
> Lukas 11,10.13

76. *Ich glaube, dass Gottes Heiliger Geist hier auf der Erde ist, um den Gläubigen zu helfen. Aber wie wirkt der Heilige Geist im Leben eines Gläubigen?*

Der Heilige Geist ist kein Ding. Er ist eine Person. Er hat Wissen (1. Korinther 2,11). Er hat einen Willen (1. Korinther 12,11). Er hat Gedanken (Römer 8,27). Er liebt (Römer 15,30). Man kann ihn anlügen (Apostelgeschichte 5,3-4). Man kann ihn verhöhnen (Hebräer 10,29). Man kann ihn betrüben (Epheser 4,30).

Der Heilige Geist ist keine unpersönliche Kraft. Er ist nicht der Spinat von Popeye und nicht die Welle des Wellenreiters. Er ist der in uns wohnende Gott, der uns hilft. In der Tat nennt Johannes ihn den Helfer.

Nehmen wir zum besseren Verständnis ein Bild. Stellen Sie sich vor, wie ein Vater seinem Sohn das Fahrradfahren beibringt. Der Vater bleibt an der Seite seines Sohnes. Er schiebt das Rad und hält es im Gleichgewicht, wenn der Junge zu stürzen droht. Der Heilige Geist tut das Gleiche für uns; er festigt unseren Schritt und stärkt unseren Gang. Anders als der irdische Vater, der schließlich das Fahrrad loslässt und zuschaut, wie sein Sohn alleine weiterfährt, verlässt uns der Heilige Geist nie. Er bleibt bei uns bis zum Ende der Welt.

Wie sieht er aus? »Denn Gott ist Geist; deshalb müssen die, die ihn anbeten wollen, ihn im Geist und in der Wahrheit anbeten«

(Johannes 4,24). Da er Geist ist, ist der Heilige Geist unsichtbar und kann vom menschlichen Auge nicht gesehen werden. Doch das bedeutet nicht, dass sein Wirken nicht gesehen und nicht verspürt wird.

Er tröstet die Geretteten. »Wenn ich … fortgehe, wird er [der Helfer] kommen, denn ich werde ihn zu euch senden« (Johannes 16,7).

Er bringt den Verlorenen ihr Unrecht ins Bewusstsein. »Und wenn er [der Helfer] kommt, wird er die Welt von ihrer Sünde und von Gottes Gerechtigkeit und vom bevorstehenden Gericht überzeugen« (Johannes 16,8).

Er übermittelt sie Wahrheit. »Ich hätte euch noch so vieles zu sagen, aber ihr könnt es jetzt nicht ertragen. Doch wenn der Geist der Wahrheit kommt, wird er euch in alle Wahrheit leiten« (Johannes 16,12-13).

Denken Sie etwas nach. Wurden Sie schon einmal getröstet? Hat Gott Ihnen schon einmal Frieden gebracht, als die Welt Ihnen Schmerz bereitete?

Ist Ihnen schon einmal Ihr Unrecht bewusst geworden? Haben Sie vielleicht sogar schon einmal Schmerz über Ihr Handeln verspürt?

Oder haben Sie schon einmal eine neue Wahrheit begriffen? Oder einen alten Grundsatz ganz neu gesehen? Ein Licht geht auf. Die Augen gehen Ihnen auf. »Ach so, jetzt verstehe ich.« Ist Ihnen so etwas schon einmal passiert?

Wenn ja, hat der Heilige Geist in Ihnen gewirkt.

Schließlich ist der Heilige Geist der Herzschlag des Gläubigen. Er ist die Kraft der Auferstehung, die Jesus auferweckt hat. »Der Geist Gottes, der Jesus von den Toten auferweckt hat, lebt in euch. Und so wie er Christus von den Toten auferweckte, wird er auch euren sterblichen Körper durch denselben Geist lebendig machen, der in euch lebt« (Römer 8,11).

Der Heilige Geist erweckt nicht nur Ihr altes Leben zu neuem Leben, sondern hält alle Gläubigen auf dem richtigen Weg, bis sie im Himmel ankommen.

77. *Meine Mutter glaubt, dass Engel überall sind. Ich meine, dass die Engel im Himmel sind. Wer hat recht?*

Sie beide haben recht. Eine Vielzahl von Engeln befindet sich auf der Erde. In Hebräer 12,22 ist von Tausenden von Engeln die Rede, »die sich zu einem Fest versammelt haben.« Judas erklärte: »Siehe, der Herr ist gekommen mit Tausenden seiner Heiligen. Er wird über die Menschen der Welt Gericht halten« (Judas 14-15). König David schrieb: »Inmitten von Tausenden von Streitwagen kam der Herr vom Sinai in sein Heiligtum herab« (Psalm 68,18).

Am Tag der Kreuzigung warteten Tausende Engel auf den Ruf von Christus. »Wisst ihr denn nicht, dass ich meinen Vater um Tausende von Engeln bitten könnte, um uns zu beschützen, und er würde sie sofort schicken?« (Matthäus 26,53).

Engel dienen dem Volk Gottes. »Denn er befiehlt seinen Engeln, dich zu beschützen, wo immer du gehst.« (Psalm 91,11). Als Glaubender können Sie damit rechnen, dass Engel Sie begleiten, wohin Sie auch gehen.

Aber wenn Sie nicht an Gott glauben? Werden Gottes Feinde genauso von Engeln beschützt? Nein. Der Schutz der Engel wird nur denen versprochen, die Gott vertrauen. »Denn Engel sind nur Diener. Sie sind Geister, die Gott als *Helfer zu denen sendet, welche die Rettung erben werden*« (Hebräer 1,14; Hervorhebung durch den Autor). David sprach von dieser eingeschränkten Bewachung: »Denn der Engel des Herrn beschützt die, *die ihm gehorchen*, und rettet sie« (Psalm 34,8; Hervorhebung durch den Autor).

Wenn Sie Gott zurückweisen, gehen Sie das Risiko einer ungedeckten Flanke ein. Wenn Sie ihn aber als Herrn annehmen, können Sie sicher sein, dass viele mächtige Engel Sie auf allen Ihren Wegen beschützen werden.

78. *Leitet Gott uns mithilfe von Gefühlen? Was beschreiben Menschen, wenn sie sagen: »Ich spüre Gottes Führung.«?*

Vor einigen Jahren hätten Denalyn und ich fast ein Haus gekauft. Das Gebäude war hübsch und der Preis in Ordnung. Der Kauf schien vernünftig zu sein. Doch ich empfand keinen Frieden darüber. Der Plan erweckte in mir ein unbehagliches Gefühl und machte mich unruhig. Kurz vor der Unterschrift fuhr ich zum Bauunternehmer und strich meinen Namen aus der Liste. Bis heute kann ich nicht sagen, worin der Grund für dieses Unbehagen lag. Ich empfand nur einfach keine Ruhe darüber.

Vor einigen Monaten wurde ich gebeten, bei einer Antirassismus-Konferenz zu sprechen. Ich wollte eigentlich ablehnen, konnte mich aber nicht dazu durchringen. Ständig ging mir diese Veranstaltung durch den Sinn.

Schließlich sagte ich zu. Nach meiner Rückkehr von der Veranstaltung konnte ich immer noch nicht verstehen, warum ich hingegangen bin. Aber ich empfand Frieden über den Entschluss und das genügte.

Manchmal »fühlt« sich eine Entscheidung einfach richtig an. Als Lukas begründete, warum er sein Evangelium für Theophilus schrieb, erklärte er: »Ich habe alle diese Berichte von Anfang an sorgfältig studiert und beschlossen, dir eine genaue Zusammenfassung davon zu geben« (Lukas 1,3).

Diese Worte lassen ahnen, dass Lukas vor einer Entscheidung stand. Er hat die verschiedenen Möglichkeiten bedacht und sich für den Weg entschieden, der ihm richtig vorkam.

Judas tat das Gleiche. Er wollte einen Brief über das Thema der Erlösung schreiben, hatte jedoch ein unbehagliches Gefühl dabei. Betrachten Sie den dritten Vers seines Briefes.

> Meine lieben Freunde, ich hatte euch schon lange über die Erlösung schreiben wollen, die uns allen gehört. Doch nun will ich euch über etwas anderes schreiben: Ich muss euch

auffordern, für die Wahrheit der Botschaft zu kämpfen, die Gott ein für alle Mal denen geschenkt hat, die ihm gehören.
Judas 3

Achten Sie wieder auf die Sprache. »Ich hatte … wollen … Doch nun …« Warum änderte Judas sein Vorhaben? Spürte er, dass Gott etwas anderes von ihm wollte? »Denn Gott bewirkt in euch den Wunsch, ihm zu gehorchen, und er gibt euch auch die Kraft zu tun, was ihm Freude macht« (Philipper 2,13). Gott bewirkt den »Wunsch« in uns.

Hier ist jedoch Vorsicht angebracht. Immer wieder haben Menschen dumme Sachen aufgrund eines Gefühls gerechtfertigt. »Ich fühlte, dass es Gottes Führung war, meine Frau zu betrügen … meine Rechnungen nicht zu bezahlen … meinen Chef anzulügen … mit der Ehefrau meines Nachbarn zu flirten.« Merken Sie sich eines: Gottes Führung veranlasst Sie nie, gegen sein Wort zu verstoßen. Er tut nichts, was seiner Lehre widerspricht. Seien Sie vorsichtig mit dem Spruch: »Es war Gottes Führung, dass ich …« Treiben Sie damit keinen Spaß. Stellen Sie Ihre Sünde nicht als Führung Gottes hin. Seine Führung wird Ihnen bestimmt keinen Anlass zu Lüge, Betrug oder Verletzungen geben. Er wird Sie treu durch die Worte der Heiligen Schrift und den Rat seiner Getreuen führen.

79. *Meine Eltern sind keine Christen. Deshalb fällt es mir schwer, Ihren Ratschlägen zu meiner Berufswahl zu vertrauen. Wie finde ich göttliche Weisheit, um die rechte Wahl zu treffen?*

Das fünfte Gebot heißt nicht: »Ehre deine gottesfürchtigen Eltern, die eine christliche Weltanschauung vertreten.« Es heißt: »Ehre deinen Vater und deine Mutter« (2. Mose 20,12). Punkt. Es gibt keine näheren Angaben zu ihrem Glauben. Ehren Sie Ihre Eltern deshalb mindestens, indem Sie zuhören, was sie Ihnen zu sagen haben.

Sie würden doch bestimmt auch auf die Küchentipps eines Fünf-Sterne-Kochs und die Vorschläge eines erfahrenen Handwerkers zum Umbau Ihres Hauses hören, selbst wenn diese keine Christen sind. Weisheit ist Weisheit, und sie kommt in allen Formen und Größen von allen möglichen Leuten.

Doch wenn die Worte der Welt nicht genügen, *wenden Sie sich an den Herrn.*

> Der Herr spricht zu mir: Ich will dir den Weg zeigen,
> den du gehen sollst. Ich will dir raten und dich behüten.
> Psalm 32,8

> Denke an ihn, was immer du tust,
> dann wird er dir den richtigen Weg zeigen.
> Sprüche 3,6

> Meine Schafe hören auf meine Stimme; ich kenne sie,
> und sie folgen mir.
> Johannes 10,27

Wenden Sie sich dann an die *Bibel.*

> Das Wort Gottes ist lebendig und wirksam. Es ist schärfer
> als das schärfste Schwert und durchdringt unsere innersten
> Gedanken und Wünsche. Es deckt auf, wer wir wirklich sind,
> und macht unser Herz vor Gott offenbar.
> Hebräer 4,12

Gottes Wort ist ein lebendiger und wirksamer Ratgeber in Zeiten der Not.

Fühlen Sie sich betrogen? »Ich werde dich nie verlassen und dich nicht im Stich lassen« (Hebräer 13,5).

Machen Sie sich Sorgen? »Sorgt euch um nichts, sondern betet um alles. Sagt Gott, was ihr braucht, und dankt ihm« (Philipper 4,6).

Haben Sie den Eindruck, dass Ihre Leistungen nicht anerkannt werden? »Tut eure Arbeit mit Eifer und Freude, als würdet ihr Gott dienen und nicht Menschen« (Kolosser 3,23).

Also hören Sie auf Ihre Eltern und wenden Sie sich dann an den Herrn und sein lebendiges Wort. So machen Sie bestimmt nichts falsch.

80. *Die Mitglieder unserer christlichen Gemeinde haben Schwierigkeiten, miteinander auszukommen. Es bilden sich Gruppen und die Gemüter erhitzen sich. Was können wir tun?*

Die christliche Gemeinde ähnelt einer Familie auf der Fahrt in den Sommerurlaub. Sie haben bestimmt schon diese Erfahrung gemacht. Alle zwängen sich ins Auto und dann geht die Fahrt los. Zunächst sind alle begeistert und gut gelaunt. Aber sechshundert Kilometer auf der Autobahn fordern ihren Tribut. Jonas macht sich auf dem Rücksitz zu breit. Anna will ihr Kissen nicht teilen. Papa weigert sich, nach dem Weg zu fragen, und Mama muss schon wieder auf die Toilette. Süßigkeiten fallen in den Fußraum. Die Füße riechen schlecht und die Spannung steigt. Irgendwann einmal bei jeder Reise hat jedes Familienmitglied schon die folgenden Gedanken gehabt: *Ich steige aus. Ich fahre per Anhalter. Ich gehe zu Fuß. Ich tue alles, wenn ich nur aus diesem Auto herauskomme.*

Aber tun wir das wirklich? Nein, wir bleiben im Auto. Warum? Erstens können wir unser Ziel nicht alleine erreichen und zweitens sind wir eine Familie.

Kann man das Gleiche nicht auch von Christen sagen? Wir kippen keine Süßigkeiten auf den Boden, aber wir tratschen übereinander. Unsere Füße stinken vielleicht nicht, aber unsere Gesinnung stinkt zum Himmel. Wir werden einander überdrüssig. Aber verlassen wir das Auto? Nein. Ohne den Vater können wir das Ziel nicht erreichen. Und außerdem sind wir eine Familie.

Es ist nicht immer leicht, stimmt's? In einer christlichen Fernsehsendung sah ich einmal einen Mann mit Wuschelkopf, rosa

Kleidung und hochglanzpolierten Schuhen. Und erst die Aufmachung seiner Frau! *Wie können wir zur selben Familie gehören?*, fragte ich mich. Die Antwort kam, als sie den Mund aufmachten. Sie sprachen ganz freimütig über Christus am Kreuz. Sie sprachen von der Gnade, die allen Sündern gilt. Über ihr Aussehen bin ich nicht gerade begeistert, aber ich liebe den Einen, auf den sie schauen. Und da wir auf denselben Einen schauen, sind wir doch eine Familie, nicht wahr?

Dann ist da der Typ, mit dem ich bei jedem Thema anderer Meinung bin, sei es Politik oder Ethik. Was er für eine wichtige Lehre hält, halte ich für eine Tradition. Was ich als notwendige Veränderung erachte, stuft er als unnötiges Staubaufwirbeln ein. Noch nie habe ich einen Mann mit so schlechtem Urteilsvermögen gesehen. Aber jeden Sonntag sitzen wir im selben Gottesdienst. Jeden Sonntag teilen wir dasselbe Brot und trinken aus demselben Kelch. Und jeden Sonntag werde ich daran erinnert, dass der Herr bestimmt, wer am Tisch sitzt, nicht ich. Aber wenn der Herr ihn und mich zum selben Tisch einlädt, sind wir doch eine Familie, oder?

Wir kleiden uns anders. Wir denken anders. Wir sind anders. Aber wenn wir im selben Auto sitzen, das vom selben Vater gelenkt wird und auf dasselbe Ziel zusteuert, dann können wir einander doch annehmen, oder nicht?

81. *Einige Mitglieder unseres Bibelkreises sind sehr kritisch. Sie ziehen über jeden her, der nicht ihrer Meinung ist. Das stört mich.*

Das stört auch Gott. Er sagt: »…streitet nicht… über unterschiedliche Meinungen« (Römer 14,1). Eine eigene Meinung haben ist eine Sache, aber deswegen streiten ist etwas ganz anderes. Wenn Sie merken, dass die Stimmen lauter werden und die Atmosphäre angeheizt wird, halten Sie den Mund. Es ist besser, still zu sein und einen Bruder zu behalten, als laut zu werden und einen Bruder zu verlieren. Außerdem: »Wer bist du, dass du einen Diener Gottes verurteilst? Er ist dem Herrn verantwortlich, deshalb überlasst es Gott, sein Verhalten zu beurteilen. Der Herr hat die Kraft, ihm zu helfen, sodass er das Richtige tun wird« (Römer 14,4).

»Deshalb urteilt nicht mehr übereinander« (Römer 14,13). Wir urteilen über andere, wenn wir uns nicht mehr mit der Meinungsverschiedenheit befassen, sondern beginnen, die Person anzugreifen. Beispiel? »Natürlich will sie, dass Frauen predigen; sie ist machthungrig.« Oder: »Es wundert mich nicht, dass ihm laut tönender Lobpreis gefällt; er ist sowieso von der rüpelhaften Art.« Oder: »Eine solche Meinung erwartet man von jemandem, der die Bibel nicht regelmäßig liest.«

Diese Sätze sind Werturteile, die tabu sind. Wenn wir anderer Meinung sind, dann seien wir doch liebenswürdig anderer Meinung. Die Einheit verlangt, dass wir über die Streitfragen diskutieren, aber nicht über die Person. »Bemühen wir uns also um Frieden miteinander und versuchen wir, einander im Glauben zu stärken« (Römer 14,19).

»Das Wichtigste aber ist, dass ihr einander beständig liebt, denn die Liebe deckt viele Sünden zu« (1. Petrus 4,8). Wenn die Liebe viele Sünden zudeckt, dann kann sie doch auch viele Meinungen zudecken, oder nicht?

82. *Meine Frau und ich haben keine Freunde in der Gemeinde und wir beteiligen uns auch nicht an Gemeinde-Aktivitäten. Wir überlegen, ob wir nicht sonntags einfach zu Hause bleiben sollten. Wäre das falsch?*

Ich weiß, was Sie meinen. Auch ich denke manchmal, ob es nicht besser wäre, am Sonntag zu Hause zu bleiben … *und ich bin der Pfarrer!*

Ich frage mich, was geschehen würde, wenn ich mich auf den Weg zur Arbeit mache und mein Magen beschließen würde, zu Hause zu bleiben und eine kleine Pause einzulegen. Oder wenn meine Milz eine Auszeit bräuchte. Oder wenn mein linker Fuß mich im Stich ließe.

Es wäre ein Chaos. Ich wäre praktisch tot, vollkommen arbeitsunfähig.

Haben Sie sich jemals gefragt, warum Paulus die Gemeinde den Leib Christi nennt?

> Wir gehören zu seinem [Christi] Leib.
> Epheser 5,30

> Christus ist das Haupt der Gemeinde,
> und die Gemeinde ist sein Leib.
> Kolosser 1,18

Ich bin nicht sein Leib und Sie sind nicht sein Leib. Wir – zusammen – sind sein Leib.

Ein Leib ist so schwach, so anfällig für Krankheiten und Brüche. Der Leib der Gemeinde ist ebenfalls schwach, anfällig für Neid und Bedeutungslosigkeit.

> Wenn der Fuß sagen würde: »Ich bin kein Teil des Körpers, weil ich keine Hand bin«, sollte er deshalb nicht zum Körper gehören? Und wenn das Ohr erklären würde: »Ich bin kein Teil des Körpers, weil ich nur ein Ohr und kein Auge bin«, sollte es deswegen etwa nicht mehr zum Körper gehören? Stellt euch vor, euer ganzer Körper wäre nur Auge –
> wie könntet ihr da hören? Oder wenn euer ganzer Körper nur Ohr wäre, wie könntet ihr da etwas riechen? Gott hat unseren Körper mit vielen Gliedern und Organen geschaffen und jedem Körperteil seinen Platz gegeben,
> wie er es wollte.
> 1. Korinther 12,15-18

Jeder Teil des Körpers ist notwendig, weil jeder eine bestimmte Funktion hat. Kein Teil ist das Ganze, aber jeder Teil ist Teil des

Ganzen. Unsere Welt braucht dringend Menschen, die zusammenhalten und einander lieben. Diese Gruppe ist die Gemeinde.

Gibt es Gründe, eine Gemeinde zu verlassen? Ja. Im Fall unmoralischer oder unehrlicher Leitung. Verlassen Sie die Gemeinde, wenn die Pfarrer die Gemeindeglieder ausnutzen oder missbrauchen. Ansonsten

- müssen Gehirne vernünftige Antworten finden,
- müssen Augen die Probleme sehen,
- muss ein Magen die Situation verdauen,
- muss eine Milz die Bakterien beseitigen,
- müssen Hände Leid lindern,
- müssen Füße zur Arbeit gehen.

Trennen Sie sich nicht jetzt vom Leib ... sonst wird er sterben.

83. *Einige in unserer christlichen Gemeinde sind der Ansicht, dass wir mit Mitgliedern anderer Konfessionen keinen Umgang pflegen sollten. In unseren Augen ist das nicht richtig, aber wir sind erst vor Kurzem zum Glauben gekommen und wollen die Meinungen derjenigen achten, die schon länger zur Gemeinde gehören als wir.*

Manche predigen etwas anderes als die christliche Botschaft. Manchmal geschieht das fast unmerklich, manchmal offenkundig. Solchen Gruppen ist mit Vorsicht zu begegnen, da sie die Menschen mit einer verdrehten Theologie und verschachtelten Argumentationen verwirren.

Innerhalb des Christentums gibt es Untergruppen oder Konfessionen, die die biblische Wahrheit anders ausdrücken. Eine Gruppe trägt Anzüge, eine andere Halskrausen und wieder andere Polohemden. Sie haben unterschiedliche Ansichten über das Abendmahl: einmal in der Woche, einmal im Monat oder hin und wieder. Wein, Traubensaft oder Früchtebowle. Die Taufe geschieht in manchen Gruppen durch Untertauchen, in anderen durch Benetzen.

Gott hat eine Herde, gleich welche Methoden oder Bräuche die verschiedenen christlichen Gemeinden haben. Die Herde hat nur einen Hirten. Und obwohl man meinen könnte, dass es viele Hirten gibt, ist das falsch. Es gibt nur einen Hirten.

Nie wird uns in der Bibel gesagt, dass wir die Einigkeit bauen sollen. Wir werden nur dazu aufgefordert, die bestehende Einigkeit zu wahren. Paulus ermahnt uns, »im Geist eins zu sein« (Epheser 4,3). Unsere Aufgabe ist nicht die Erfindung der Einigkeit, sondern die Anerkennung der Einigkeit.

Ich wuchs mit zwei Schwestern und einem Bruder auf. Wir kamen aus derselben Familie. Wir hatten denselben Vater und dieselbe Mutter. Ich bin sicher, es gab Zeiten, zu denen sie mich nicht ihren Bruder nennen wollten. Aber sie hatten keine Wahl.

In der christlichen Gemeinde haben wir auch keine Wahl. Wenn ich höre, dass jemand Gott »Vater« und Jesus »Erlöser« nennt, handelt es sich um einen Bruder oder eine Schwester – egal, wie ihre Gemeinde oder Konfession heißt.

Die Namen der Gemeinde, über die wir uns ereifern, gibt es übrigens im Himmel nicht. Im Buch des Lebens steht neben Ihrem Namen nicht Ihre Konfession. Warum nicht? Weil die Konfession Sie nicht rettet. Ich frage mich, warum wir auf der Erde Konfessionen haben, wenn es im Himmel keine gibt.

Was würde geschehen ... (ich weiß, der Gedanke ist verrückt). Aber was würde geschehen, wenn alle christlichen Gemeinden und Kirchen eines Tages vereinbaren würden, ihren Namen einfach in »Kirche« zu ändern? Was geschähe, wenn jeder Hinweis auf eine Konfession gestrichen würde und wir alle einfach Christen wären? Dann würden die Menschen, die entscheiden in welche Kirche sie gingen, ihre Entscheidung nicht mehr von dem Schild draußen vor der Tür abhängig machen, sondern vom Herzen der Menschen drinnen. Und wenn man diese Leute dann fragen würde, zu welcher Kirche sie gehören, würden sie einfach einen Ort nennen, keinen Namen.

Dann wären wir Christen nicht wegen dem bekannt, was uns trennt, sondern wegen dem, was uns vereint – unser gemeinsamer Vater.

84. *Eigentlich sollten gerade Christen miteinander auskommen. Aber es gibt anscheinend in einer christlichen Gemeinde immer zwei oder drei Gruppen, die miteinander konkurrieren, sich in den Haaren liegen und streiten. Gibt es eine Hoffnung hinsichtlich dieses Problems?*

Erinnern Sie sich an die Gemeinde von Korinth? Ein Problem auf jeder Kirchenbank! Selbstsüchtig, unmoralisch, theologisch leichtsinnig und insgesamt unüberlegt. Wie geht man mit einer solchen Gemeinde um?

Man kann sie zurechtweisen. Das hat Paulus getan. Man kann sie unterweisen, auch das hat Paulus getan. Man kann mit ihnen diskutieren; was Paulus getan hat. Doch irgendwann hört man auf, an die Vernunft zu appellieren und wendet sich an das Herz. Und genau das hat Paulus getan: »Die Liebe erträgt alles, verliert nie den Glauben, bewahrt stets die Hoffnung und bleibt bestehen, was auch geschieht« (1. Korinther 13,7).

Er sah nur noch eine Lösung. Und diese Lösung bestand in einem griechischen Wort mit fünf Buchstaben: A-G-A-P-E. *Agape.*

Paulus hätte das griechische Wort *eros* benutzen können. Doch er sprach nicht von geschlechtlicher Liebe. Er hätte den Begriff *phileo* gebrauchen können, doch er meinte viel mehr als Freundschaft. Eine andere Möglichkeit wäre das Wort *storge* gewesen, ein zärtlicher Begriff für die Liebe innerhalb der Familie. Doch Paulus hatte mehr im Sinn als häuslichen Frieden.

Ihm schwebte eine *Agape*-Liebe vor. Die *Agape*-Liebe sorgt sich um andere, weil Gott sich um uns sorgt. Die *Agape*-Liebe ist mehr als eine Gefühlsregung und gute Wünsche.

Da Gott uns zuerst geliebt hat, ist die *Agape*-Liebe eine Antwort auf Gottes Liebe. Da Gott gnädig war, vergibt die *Agape*-Liebe

Fehler, auch wenn ein großes Unrecht begangen wurde. Die *Agape*-Liebe ist geduldig, wenn der Stresspegel hoch ist, und freundlich, wo Freundlichkeit dünn gesät ist. Warum? Weil Gott uns Geduld und Freundlichkeit schenkt.

Diese Art von Liebe hat Paulus der Gemeinde in Korinth verordnet. Brauchen wir heute dieselbe Verordnung? Gruppen liegen immer noch im Streit miteinander. Sind wir nicht manchmal still, wenn wir sprechen sollten? Und haben es Menschen, die die Freiheit gefunden haben, nicht immer noch besonders schwer mit solchen, die gesetzlich leben? Eines Tages wird es eine Gemeinschaft geben, in der keiner sich über den anderen beklagt. Doch das wird erst im Himmel so weit sein.

Und was tun wir bis dahin? Wir diskutieren vernünftig. Wir stellen uns den Problemen. Wir bieten Unterweisung an. Aber vor allem lieben wir.

85. *Welche Einstellung sollen wir Christen aus anderen Gruppen gegenüber einnehmen? Manche verhalten sich ganz anders als ich.*

Betrachten Sie zunächst die Frucht. Ist sie gut? Ist sie gesund? Hilft der betreffende Mensch anderen oder schadet er ihnen? Das Endergebnis ist wichtiger als die Herkunft. Die Frucht ist wichtiger als der Name des Obstgartens.

Wenn die Person Frucht bringt, dann seien Sie dankbar! Ein guter Baum kann keine schlechten Früchte tragen (Matthäus 7,17-18). Also danken Sie Gott, dass er auch in anderen Gruppen als Ihrer am Werk ist.

Betrachten Sie dann auch den Glauben. In wessen Namen wird die Arbeit getan? Jesus akzeptierte die Arbeit des Mannes, der Dämonen austrieb, weil er das im Namen von Christus getan hat (Markus 9,38-39). Was bedeutet es, etwas im Namen von Jesus zu tun? Es bedeutet, im Auftrag und in der Vollmacht dieses Namens zu handeln.

Wenn ich in ein Autohaus gehe und sage, dass ich ein kostenloses Auto haben möchte, lachen mich die Verkäufer aus. Wenn ich jedoch mit einem Brief komme, der vom Eigentümer des Autohauses unterschrieben ist und in dem mir ein kostenloses Auto bewilligt wird, dann fahre ich mit einem kostenlosen Auto davon. Warum? Weil ich im Auftrag und in der Vollmacht des Eigentümers handle.

Der Herr sagt, dass wir den Glauben eines Menschen prüfen sollen. Wenn dieser Mensch an Jesus glaubt und von Gott bevollmächtigt ist, dann sagt die Gnade, dass dies genügt. Das ist wichtig. Es gibt Menschen, die nicht in Gottes Namen handeln.

Aber es gibt Gläubige in vielen verschiedenen Gruppen, die ihre Hoffnung auf Gottes eingeborenen Sohn und ihren Glauben auf das Kreuz von Christus setzen. Wenn diese Menschen wie wir darauf vertrauen, dass er sie zum Schloss des Vaters trägt, haben Sie dann nicht denselben Retter? Wenn diese Menschen wie wir glauben, dass das Opfer von Christus ein für alle Mal genügt, gilt dann nicht dieselbe Gnade für uns?

Müssen sie dann nicht in meiner Gruppe sein? Nein.

Müssen sie nicht aus dem gleichen Lebensbereich kommen wie ich? Nein.

Müssen sie nicht alles so sehen wie ich? Muss das irgendjemand?

86. *Ich habe Jesus gern. Seine Nachfolger jedoch mag ich nicht. Zumindest mag ich nicht, wie sie sich verhalten. All dieses »Amen« und »Preis den Herrn« kommt mir so gekünstelt vor.*

Vielen anderen geht es so wie Ihnen. Heuchelei stößt die Menschen ab. Was geschieht, wenn Menschen auf der Suche nach Gott in eine Gemeinde von Möchtegern-Superstars geraten? Wenn Menschen auf der Suche nach Gott Sänger sehen, die wie Unterhaltungskünstler von Las Vegas herumstolzieren ... Wenn sie hören wie der Prediger –

ein Mann mit aalglatten Reden, geschniegelt und gestriegelt – der Menge nach dem Mund redet und Gott ausschließt … Wenn andere Gottesdienstteilnehmer sich herausputzen, um gesehen zu werden und viel Trara um ihre Spenden und Opfergaben machen … Wenn Menschen eine Kirche betreten, um Gott kennenzulernen, ihn aber wegen der Kirche nicht finden können, dann glauben Sie ja nicht, dass Gott hier tatenlos zuschaut. »Nehmt euch in Acht! Wenn ihr Gutes tut, dann tut es nicht öffentlich, nur damit ihr bewundert werdet. In diesem Fall dürft ihr nicht erwarten, von eurem Vater im Himmel belohnt zu werden« (Matthäus 6,1).

Heuchelei bringt Menschen gegen Gott auf, deshalb verfolgt er hier eine Nulltoleranz-Strategie. Nehmen wir die Heuchelei so ernst, wie Gott sie nimmt. Was können wir tun?

Erwarten Sie keine Anerkennung, wenn Sie etwas Gutes tun. Absolut keine. Dann sind Sie nicht enttäuscht, wenn niemand davon Notiz nimmt. Wenn sich jemand anerkennend äußert, dann geben Sie Gott die Ehre. Stellen Sie sich folgende Frage: Würde ich das Gute auch dann tun, wenn niemand davon erfahren würde? Wenn Ihre Antwort »Nein« lautet, dann tun Sie Gutes, um gesehen zu werden.

Spenden Sie im Geheimen. Geld erregt das Heuchlerische in uns. Wir möchten gerne gesehen werden, wenn wir es verdienen, und wir möchten gesehen werden, wenn wir es spenden. Deshalb: »Wenn du jemandem etwas gibst, dann sag deiner linken Hand nicht, was deine rechte tut« (Matthäus 6,3).

Vermeiden Sie scheinheiliges Verhalten. Wenn Sie in die Kirche gehen, suchen Sie sich keinen Platz aus, an dem Sie besonders gut gesehen werden und singen Sie nicht so, dass Sie nicht überhört werden können. Wenn Sie die Hände erheben, dann in echter Anbetung und nicht, um aufzufallen. Wenn Sie sprechen, dann spicken Sie Ihre Worte nicht mit trendigen religiösen Ausdrücken. Nichts ist abstoßender als ein falsches »Preis den Herrn«, ein oberflächliches »Halleluja« oder ein unaufrichtiges »Ehre sei Gott«.

Fazit: Machen Sie aus Ihrem Glauben keine Theateraufführung.

87. *In der jährlichen Beurteilung meiner Arbeitsleistung sagte mir mein Chef, ich müsse die Leute mehr ermutigen. Das fällt mir nicht leicht und kostet mich sogar einige Überwindung. Vielleicht bin ich ein bisschen zu kritisch. Können Sie mir einen Rat geben?*

Ermutigung ist nicht nur ein gelegentliches freundliches Wort, sondern der bewusste Beschluss, die Stimmung eines anderen Menschen zu heben.

Ein Beispiel für Ermutigung hörte ich einmal am Flughafen LaGuardia in New York. Ein Geschäftsmann stand in der Telefonzelle neben mir. Er wusste nicht, dass ich zuhörte, und ich hatte auch nicht die Absicht, zuzuhören, aber ich konnte nicht anders. Er war ein Vorbild für gezielte Ermutigung.

Anscheinend hatte er gerade ein großes Geschäft abgeschlossen und war auf dem Heimweg zu seinem Büro. Er sprach mit jedem seiner Mitarbeiter, teilte einem nach dem anderen die großartige Nachricht mit und zollte jedem einzelnen Anerkennung für seine Arbeit. Er muss mit einem halben Dutzend Angestellten gesprochen haben. Bei jedem begann er gleich: »Ich habe eine tolle Nachricht. Wir haben den Vertrag unterzeichnet. Und ich möchte Ihnen sagen, dass wir es ohne Sie nicht geschafft hätten. Ich sage Ihnen, warum Ihre Rolle dabei so wichtig war.« Und dann dankte er jedem ganz besonders für die geleistete Arbeit: der Dame am Empfang, der Buchhalterin, dem stellvertretenden Geschäftsführer – jeder Mitarbeiter wurde für seine Arbeit gelobt. Ich weiß nicht, wer er war, aber ich weiß, dass er die Macht der gezielten Ermutigung kannte.

Ermutigung ist mehr, als hin und wieder ein paar Leuten auf die Schulter zu klopfen. Manchmal muss man dabei auch im Interesse eines anderen ein Risiko auf sich nehmen. Barnabas hat das getan. Er war eine solche Quelle der Ermutigung, dass die Apostel seinen Namen von Josef in Barnabas änderten, was »Sohn der Ermutigung« bedeutet (vgl. Apostelgeschichte 4,36). Nie ist er diesem Namen gerechter geworden als an dem Tag, an dem er für einen Neubekehrten Partei ergriff.

Niemand wollte mit diesem Mann etwas zu tun haben. Wer wollte schon einen Mörder in seiner Gemeinde haben? Es handelte sich um Saulus. Deshalb waren die Apostel skeptisch.

Barnabas jedoch praktizierte gezielte Ermutigung. »Doch schließlich führte Barnabas ihn zu den Aposteln und erzählte ihnen, wie Saulus auf dem Weg nach Damaskus den Herrn gesehen hatte. Er berichtete ihnen, was der Herr zu ihm gesagt hatte und wie mutig Saulus in Damaskus im Namen von Jesus gesprochen hatte. Daraufhin nahmen die Apostel Saulus in die Gemeinde auf. Er blieb bei ihnen in Jerusalem und fuhr fort, unerschrocken im Namen des Herrn zu predigen« (Apostelgeschichte 9,27-28).

Was wäre geschehen, wenn Barnabas den Mund gehalten hätte? Oder wenn Barnabas mit den Wölfen geheult hätte? Hätte die christliche Gemeinde jemals Paulus kennengelernt?

Jeder Mensch braucht einen Barnabas. Ich *ermutige* Sie, für einen anderen ein Barnabas zu sein.

88. *Was ist der Zweck der Anbetung? Gott hat es doch nicht nötig, dass wir ihm singen.*

Das Wort *Anbetung* schwört viele Gedanken herauf, die nicht alle richtig oder förderlich sind. Was denken Sie, wenn Sie an Anbetung denken?

An altmodische Lieder, die schlecht gesungen werden? An dramatische Gebete, die aus Geltungsbedürfnis gesprochen werden?

An belanglose Predigten, die nachlässig gehalten werden? An magere Spenden, die widerwillig gegeben werden?

An fast leere Zuhörerbänke und bedeutungslose Rituale?

Was ist Anbetung?

Die Definition finden wir im Buch der Psalmen:

Ehrt den Herrn, ihr Engel, lobt die Herrlichkeit des Herrn
und seine Macht!Ehrt den herrlichen Namen des Herrn.

> Betet den Herrn an in seinem heiligen Glanz.
>
> Psalm 29,1-2

Der Kern der Anbetung ist einfach: Gott die Ehre geben, die ihm zusteht. Anbetung bedeutet, der Größe Gottes Beifall zu spenden.

Die Herkunft des englischen Wortes für *Anbetung* weist auf dieses Verständnis hin. Der Begriff kommt aus dem angelsächsischen Wort *worthscipe*, das zu *worthship* und schließlich zu *worship* wurde. *Worship – Anbetung* bedeutet, jemandem oder einer Sache »Wert beimessen«.

In der Bibel ist Anbetung sowohl eine Haltung, als auch eine Handlung. Eine Einstellung des Herzens oder ein Ereignis im Leben.

> Doch alles, was auch immer ihr tut oder sagt, soll im Namen von Jesus, dem Herrn, geschehen, durch den ihr Gott, dem Vater, danken sollt!
>
> Kolosser 3,17

Das ist Anbetung als Lebensstil. Jede Tat und jede Pflicht wird so erledigt, dass Gott Ehre und Lob erhält. Anbetung beginnt als Haltung, wird aber als Handlung größer.

Der Psalmist hatte die Handlung der Anbetung im Sinn, als er schrieb: »Betet ihn [Gott] voll Freude an. Kommt zu ihm und lobt ihn mit Liedern« (Psalm 100,2).

Und das haben wir bitter nötig! Wenn wir zur Anbetung kommen, sind wir in schlechter Verfassung. So von uns selbst begeistert, dass wir denken, jemand starb für uns und machte uns zum König. Oder so niedergeschlagen, dass wir denken, dass alle gestorben und nur wir übrig geblieben sind.

Wir beten an, weil wir es nötig haben. Doch das ist nur der zweitwichtigste Grund.

Der wichtigste Grund der Anbetung hat nichts mit uns zu tun, sondern nur mit Gott. Ihm steht Anbetung zu!

89. *Eine Kirche sagt, die Taufe ist für die Errettung erforderlich. Eine andere Kirche sagt genau das Gegenteil. Woher soll ich wissen, was richtig ist?*

Die Taufe trennt diejenigen, die ein Schaufenster von außen betrachten, und diejenigen, die den Laden betreten. Würden Sie bedenkenlos jemanden heiraten, der die Ehe geheim halten möchte? Gott tut so etwas auch nicht. Es ist eine Sache, im Inneren Ihres Herzen zu sagen, dass Sie ein Sünder sind und einen Retter brauchen. Aber es ist etwas ganz anderes, aus dem Dunkel hervorzutreten und sich vor Angehörigen, Freunden und Kollegen hinzustellen und öffentlich zu erklären, dass Christus Ihnen vergeben hat und dass er jetzt Ihr Herr ist. Das bedeutet, einen Schritt weiterzugehen.

Jesus befahl allen seinen Nachfolgern, ihren Glauben zu beweisen, das Gelübde öffentlich in der Taufe abzulegen. Eines seiner letzten Worte war der Missionsbefehl: »Darum geht zu allen Völkern und macht sie zu Jüngern. Tauft sie im Namen des Vaters und des Sohnes und des Heiligen Geistes« (Matthäus 28,19).

Die Taufe ist der erste und sofortige Gehorsamsschritt eines Glaubenden. Soweit wir wissen, wurde jeder einzelne Bekehrte im Neuen Testament getauft. Abgesehen von dem Verbrecher am Kreuz gibt es kein Beispiel eines ungetauften Gläubigen.

Der Verbrecher am Kreuz ist jedoch eine äußerst wichtige Ausnahme. Seine Bekehrung treibt die Prinzipienreiter in den Wahnsinn. Es ist kein Zufall, dass der erste, der die Einladung des gekreuzigten Christus annahm, kein Glaubensbekenntnis, keine Konfirmation, keine Taufe und keinen Religionsunterricht nachweisen konnte. Wie beunruhigend muss es für Theologen sein, den Berg der Lehre zu besteigen, nur um von einem ungebildeten Verbrecher begrüßt zu werden, der mit Jesus gemeinsame Sache gemacht hatte. Hier ist ein Mann, der nie zum Gottesdienst ging, nie etwas spendete, nie getauft wurde und nur ein einziges Gebet sprach, doch dieses Gebet war genug (Lukas 23,33-43).

Der Verbrecher erinnert uns daran, dass es letztendlich Jesus ist, der rettet. Wird die Bedeutung der Taufe durch die Geschichte von dem Verbrecher verworfen? Nein, die Taufe wird nur ins richtige Verhältnis gerückt. Jeder Schritt ist eine Antwort auf eine angebotene Errettung, nicht eine Bemühung, sich die Errettung zu verdienen. Letztendlich hat Jesus das Recht, jedes Herz zu retten, denn er und nur er sieht das Herz.

90. *Meine Freundin ist völlig von der Rolle. Sie lebte mit Gott, aber jetzt pflegt sie schlechten Umgang und tut Dinge, die ich kaum glauben kann. Ich weiß nicht, wie ich ihr helfen soll.*

Die amerikanischen Feuerwehrleute haben an ihrem Handfunkgerät eine Taste mit der Aufschrift RIT (Rapid Intervention Team – »Schnelle Eingreif-Truppe«). Ein Feuerwehrmann drückt diese Taste nur, wenn er in einer sehr gefährlichen Lage ist und keine Hoffnung besteht, dass er sich selbst daraus befreien kann. Sobald er das RIT-Signal sendet, lassen seine Kollegen alles andere liegen und kommen, um ihn zu retten. Das Feuer wird nebensächlich. Alles konzentriert sich auf ein einziges Ziel: diesen Mann aus der Gefahr holen.

Auch Gott hat eine schnelle Eingreiftruppe. Vielleicht gehören Sie dazu. Betrachten Sie das Rettungspersonal: »Liebe Freunde, wenn ein Mensch einer Sünde erlegen ist, dann solltet ihr, deren Leben vom Geist Gottes bestimmt ist, diesem Menschen liebevoll und in aller Demut helfen, wieder auf den rechten Weg zurückzufinden« (Galater 6,1).

Normalerweise nehmen wir an, dass Rettung die Aufgabe der Leiter ist. Meistens ist das auch der Fall. Meistens sind die Ältesten, Lehrer und Pfarrer in der Pflicht, wenn jemand abgleitet. Doch der Apostel Paulus beschränkt die schnelle Eingreiftruppe nicht auf die Leiter. Sie sind vielleicht ein stilles, aber gottesfürchtiges Gemeindemitglied, das bemerkt hat, dass jemand fehlt.

Wer Sie auch sind, wenn *Ihr Leben vom Geist bestimmt ist* (Sie mit Gott leben), dann werden Sie von Gott abgeordnet. Wenn er Sie ruft, ist das Ziel Ihres Auftrags, dem betreffenden Menschen zu *helfen, wieder auf den rechten Weg zurückzufinden.*

Das Ziel ist, dass er auf den rechten Weg zurückfindet, keine Züchtigung oder Demütigung. Der Retter geht dabei vorsichtig vor, damit er »nicht in dieselbe Gefahr gerät« (Galater 6,1), und er soll »diesem Menschen liebevoll und in aller Demut helfen« (Galater 6,1).

Wie könnte die Rettung aussehen? Sagen wir, eine Frau in der Gemeinde hat sich in eine schlimme Lage gebracht. Zwischen ihr und ihrem Mann lief es seit einiger Zeit nicht sehr gut und als ihr ein Arbeitskollege Zuneigung zeigte, strauchelte sie. Sie fiel in die Arme eines anderen Mannes.

Das war schlecht. Schlimmer noch war, dass sie sich dabei nicht schlecht fühlte. Schieben Sie es auf die Midlife-Krise, den Stress bei der Arbeit, den Stress zu Hause oder was sonst noch. Aber sie fühlte sich nicht schlecht dabei und änderte nichts. Als die Gemeinde das Verhältnis entdeckte, war sie schon weg und hatte ihren Mann und die Kinder zurückgelassen.

Kann man sich etwas Schlimmeres vorstellen? Ich schon: Was würde geschehen, wenn sie nicht Mitglied einer christlichen Gemeinde gewesen wäre? Wenn sie dort nicht aktiv mitgearbeitet hätte? Wenn ihre Freundinnen in der Gemeinde ihre Rolle nicht ernst genommen hätten?

Aber sie war Mitglied einer christlichen Gemeinde, in der sie aktiv mitgearbeitet hatte, und ihre Freundinnen ließen nicht nach. Sie klopften an ihre Tür. Sie schickten ihr Briefe. Sie riefen an. Sie gaben nicht auf. Schließlich erklärte sie sich bereit, zu einem Berater zu gehen.

Die Heilung trat nicht sofort ein, sondern allmählich. Schließlich kehrte sie nach Hause zurück. Einer Schwester wurde geholfen, auf den rechten Weg zurückzufinden, und eine Familie wurde gerettet. Der Ruf von Christus wurde aufrechterhalten und das Gesetz von Jesus erfüllt: »Helft euch gegenseitig bei euren Schwierigkeiten und Problemen, so erfüllt ihr das Gesetz, das wir von Christus haben« (Galater 6,2).

Gottes Plan ist einfach. Wenn ein Glaubender fällt, reagiert die Gemeinde. Sofort. Ehrlich. Freundlich.

Er und Sie

Sex, Verliebtsein und
»Gibt es eine zweite Chance?«

Lisa –

I'll be praying for you and your husband. *Please*, search your hearts for forgiveness. You'll never give more grace than God has already given. Ask God to heal your marriage. He raised His son from the dead – who's to say He won't do the same with your marriage –

[illegible]

Lisa,

ich werde für dich und deinen Ehemann beten. Bitte, sucht in euren Herzen nach Vergebung. Ihr werdet nie mehr geben, als Gott schon gegeben hat. Bittet Gott darum, eure Ehe zu heilen. Er hat Seinen Sohn von den Toten auferweckt – wer sagt denn, dass Er es nicht auch mit eurer Ehe machen wird?

Max

91. *Mein Körper gehört mir. Solange sexuelle Handlungen im gegenseitigen Einverständnis stattfinden, kann doch nichts Schlechtes daran sein. Wo ist das Problem?*

Unverbindlicher Sex – intime Beziehungen außerhalb der Ehe – gaukelt uns vor, wir könnten unseren Körper hingeben, ohne dass dies Auswirkungen auf die Seele hätte. Das stimmt nicht. Wir Menschen sind auf so komplexe Weise psychosomatisch, dass alles, was die *soma* (den Körper) betrifft, auch die Psyche beeinflusst. Der ichbezogene Ausdruck »solange es niemandem schadet« klingt ehrenwert, aber eigentlich wissen wir nicht, wem es letztlich schadet.

Denken Sie über Gottes Plan nach. Ein Mann und eine Frau schließen einen öffentlichen Vertrag miteinander. Sie machen die Schleudersitze unbrauchbar und verbrennen die Brücke zurück zu Mama. Unter dem Schirm von Gottes Segen und vom hohen Zaun der Treue umgeben fallen sie einander in die Arme. Beide wissen, dass der andere am Morgen da sein wird. Beide wissen, dass der andere bleiben wird, auch wenn die Haut Falten bekommt und die Kraft schwindet. Jeder schenkt dem anderen ausschließliche, höchstpersönliche Vorrechte. Verschwunden ist das Schuldgefühl. Verschwunden ist die zügellose Begierde.

Was bleibt, ist ein Fest der Beständigkeit, ein zärtlicher Augenblick, in dem der Körper das fortsetzt, was Geist und Seele schon begonnen haben. Was bleibt, ist eine Zeit, in der beide, Mann und Frau, nackt sind, »aber sie schämten sich nicht« (1. Mose 2,25). Solcher Sex ehrt Gott.

Ein auf Gott ausgerichtetes Denken bewahrt uns vor dem Sex, von dem wir annahmen, dass er uns glücklich macht. Vielleicht denken Sie, Ihre Liebeleien seien harmlos und es würden Jahre vergehen, bevor möglicherweise überhaupt innere Schäden zu Tage treten. Aber täuschen Sie sich nicht. Unverbindlicher Sex ist wie eine Ernährung, die nur aus Schokolade besteht – es schmeckt eine Zeit lang gut, aber die Unausgewogenheit kann Sie kaputt machen. Sex außerhalb von Gottes Plan verletzt die Seele. Sex nach Gottes Plan baut die Seele auf.

92. *Meiner Meinung nach bereitet vorehelicher Geschlechtsverkehr ein Paar auf die Ehe vor. Sollten künftige Ehepartner sich nicht so gut wie möglich kennenlernen?*

Was erfahren Sie durch vorehelichen Geschlechtsverkehr über einen Menschen? Erfahren Sie etwas über den Charakter des Mannes? Über die Geduld der Frau? Gibt eine leidenschaftliche Nacht eine Antwort auf folgende Fragen: »Wird er meine Kinder lieben?« »Wird sie mir die Wahrheit sagen?« »Werden wir gemeinsam Gott besser lieben als alleine?«

Kaum. Vorehelicher Geschlechtsverkehr offenbart nur eines: Dieser Mensch hat gerne mit verschiedenen Personen Sex. Und Ihr Partner erfährt dadurch das Gleiche über Sie.

Mit anderen Worten: Geschlechtsverkehr vor der Ehe hemmt ein gesundes Wachstum der Beziehung und verschiebt die Aufmerksamkeit von einem Kennenlernen der Seele auf die Faszination für einen Körper. Der erforderliche Aufbau einer Freundschaft wird vernachlässigt. Wesentliche Kommunikationswerkzeuge bleiben unterentwickelt. Vor allem tritt aber die geistliche Intimität zugunsten der körperlichen Intimität in den Hintergrund. Der Zweck der Freundschaft ist, die Seele und nicht den Körper des anderen kennenzulernen.

Gott setzt die Eheschließung vor dem Geschlechtsverkehr voraus. »Das erklärt, warum ein Mann seinen Vater und seine Mutter verlässt und sich an seine Frau bindet und die beiden zu einer Einheit werden« (1. Mose 2,24). Das Verlassen ist die Ankündigung, die ein Mann und eine Frau der Gemeinde bekannt geben. Egal, ob diese Bekanntmachung bei einer feierlichen Zeremonie in einer Kathedrale oder bei einer Hochzeit im Hinterhof stattfindet, sie hat immer den gleichen Zweck. Sie erklärt den Abschluss eines Vertrages zwischen zwei Menschen. Sie bedeutet, dass zwei Personen nicht mehr für die Partnersuche zur Verfügung stehen, sondern in den Stand der Ehe getreten sind.

Verlassen, Binden, dann Sex. Zuerst kommt die Liebe, dann kommt die Ehe, dann kommt die Frucht der Liebe … der Kinderwagen.

93. *Als Ehepaar haben wir unterschiedliche sexuelle Interessen. Mein »Jetzt?« stößt oft auf ein »Nein«. Können Sie mir einen Rat geben?*

Es gibt Zeiten, zu denen ein Ehepartner einfach »nicht da« ist. Gelegentlich stimmen die Interessen nicht überein. Ein Partner ist begeisterter als der andere. Machen Sie Ihrem Ehepartner kein schlechtes Gewissen und manipulieren Sie ihn nicht. Versuchen Sie, eine Gesinnung des Dienens einzunehmen.

Sprechen Sie miteinander. Wenn Sie etwas belastet, öffnen Sie sich. Ihr Partner soll wissen, was Sie beunruhigt. Vielleicht können Sie einen anderen Vorschlag machen. Erklären Sie Ihrem Ehepartner, dass Sie heute Abend müde sind, dass Sie aber im Allgemeinen bei Sonnenaufgang Lust bekommen. Oder schrauben Sie Ihre Erwartungen für den Abend herunter. Sex in der Ehe ist so ähnlich wie ein Abendessen: Manchmal ist es ein kleiner Imbiss, manchmal ein Festmahl. Gesunde Ehen lernen, Vorspeisen zu servieren, wenn ein Schlemmermahl nicht möglich ist. Eine Frau kann auf ihren Mann eingehen, auch wenn sie nicht hundertprozentig begeistert ist. Ein Mann kann geduldig sein, auch wenn er hochfliegende Hoffnungen hatte.

Aber was ist, wenn die Interesselosigkeit länger als ein paar Tage andauert? Die Ankunft von Kindern bringt nicht nur die Schlafgewohnheiten durcheinander, sondern zehrt auch an der Kraft. Aus Angst vor Versagen vermeiden manche Männer den Geschlechtsverkehr. Die Werbung redet ihnen ein, sie müssten »Leistung« bringen und stellt ihnen die Frage: »Bist du bereit?« Aus Angst, nicht bereit zu sein, vermeiden sie diese Eventualität. Manche Ehefrauen vermeiden Sex, weil dadurch Erinnerungen an Missbrauch oder Entgleisungen heraufbeschworen werden. Körperliche Probleme, wie Stress und Depressionen, können wochenlang das Interesse an sexuellen Beziehungen verringern. Die Gründe für länger anhaltende sexuelle Lustlosigkeit sind mannigfaltig. Eventuell benötigen Sie die Hilfe eines Beraters oder eines Arztes, doch Heilung beginnt immer mit gegenseitigem Verständnis. »Ein Haus [oder eine

Familie] wird durch Weisheit erbaut und durch Verstand befestigt« (Sprüche 24,3).

»Die Ehefrau gibt ihrem Mann das Recht über ihren Körper, und ebenso gibt der Ehemann seiner Frau das Recht über seinen Körper« (1. Korinther 7,4). Die Ehe ist die Entscheidung, dem Partner zu dienen, im Bett und außerhalb des Bettes.

Ein Verzicht auf Geschlechtsverkehr kann ertragen werden. Ein Gespräch über die Gründe dieses Verzichts ist aber unverzichtbar. Einer von beiden muss das Gespräch beginnen, ohne ein Blatt vor den Mund zu nehmen. Beide müssen aufschauen ... zu Gott und ihn um Hilfe bitten. Es gibt Lösungen, auch für Sie.

94. *Niemand hat meine Frau und mich vor den Unterschieden zwischen Mann und Frau gewarnt. Meiner Meinung nach sollte darüber in allen Ehevorbereitungs-Kursen gesprochen werden. Wir sind dabei, für uns eine Lösung zu finden, doch es war eine unerwartete Herausforderung.*

Männer und Frauen sind anders. Das lieben wir.

Männer und Frauen sind anders. Das gefällt uns überhaupt nicht!

Versuchen wir, die Unterschiede zu verstehen, ob sie uns gefallen oder nicht.

Ihr Frauen solltet verstehen, dass Geschlechtsverkehr für den Mann ein Grundbedürfnis ist. Ihr Männer versteht bitte, dass Geschlechtsverkehr für die Frau eine Nebenrolle spielt. In einer Untersuchung, in der Männer gebeten wurden, die Bedeutung von Geschlechtsverkehr einzuordnen, bekam dieser durchweg Rang 1, 2, oder 3. (Ich glaube, einige gaben ihm Rang 1, 2, *und* 3.) Bei Frauen erhielt der Geschlechtsverkehr im Durchschnitt den Rang 13 – hinter »gemeinsamer Gartenarbeit«[15]. Ein schöner Garten ist anscheinend ein Zeichen für einen ruhelosen Ehemann.

Männer und Frauen sind anders. Männer können sexuelles Erleben von anderen Ereignissen trennen. Der Mann kann einen schrecklichen Tag hinter sich haben, demnächst den dritten Weltkrieg erwarten, einen Wirbelsturm ums Haus toben hören und gleichzeitig Geschlechtsverkehr genießen. Der Mann kann alles in verschiedene Schubladen einordnen.

Die Frau kann sich nicht so schnell von den Anforderungen des Lebens lösen. Und möglicherweise nimmt sie es dem Mann übel, dass er dazu fähig ist. »Wie kannst du in solch einer Lage an Sex denken?«

Seine Antwort: »Es ist ganz einfach.«

Sie hält ihn für gefühllos. Er hält sie für prüde. Keiner von beiden hat recht.

Beide können einander jedoch besser verstehen lernen. Lassen Sie Ihr Sexualleben von der Gesinnung des Dienens geprägt werden. »Liebt einander mit aufrichtiger Zuneigung und habt Freude daran, euch gegenseitig Achtung zu erweisen« (Römer 12,10).

Noch ein anderes Beispiel: Meine lieben Männer, etwa jeden Monat durchlebt der Körper der Frau eine innere Meuterei. Ihre Stimmung schwankt und ihr Körper wird empfindlich. Ihre Reizbarkeit ist gewissermaßen eine Form des Neustarts. Haben Sie während dieser Tage Geduld mit ihr. Die Frau erträgt ja auch Ihre Zornesausbrüche über verlorene Fußballspiele oder verregnete Angelstunden. Ihr könnt hin und wieder eine Stütze für sie sein.

Meine lieben Frauen, wenn es um sexuelle Anregungen geht, lebt euer Mann ständig wie in einer Show von Las Vegas. Wenn Sie ihm sagen, er solle nicht so viel an Sex denken, ist es, als würden Sie ihm sagen, er solle zum Bäcker gehen, ohne an Brötchen zu denken. Sex ist überall – in Zeitschriften, auf Plakatwänden, im Fernsehen, im Kino. Sogar bei der Werbung für Angelboote werden kurvenreiche Models eingesetzt.

Haben Sie Geduld und beten Sie für ihn.

Beten Sie überhaupt für dieses Problem. Knien Sie gemeinsam vor dem Bett nieder und beten Sie: »Herr, das ist dein Wille und deine Ehe. Hilf uns, dich in diesem Bett zu ehren.«

Ich weiß, dass dieses Gebet nur selten gesprochen wird. Darin liegt vielleicht der Grund für so viele Konflikte.

95. *Welche sexuellen Gegenstände und Handlungen sind für Gott zulässig? Negligés? Körperöle? Zielgerichtete Handlungen, sinnliche Sprache oder das Anschauen anregender Filme? Was verbietet bzw. erlaubt Gott?*

Vergessen Sie den Gedanken, Gott sei gegen Sex, Zuneigung und Geschlechtsverkehr. Schließlich hat er selbst dieses ganze Paket ausgearbeitet. Sex ist Teil seines Planes. Sex ist praktisch: Er sorgt dafür, dass die Erde bevölkert wird. Sex ist persönlich: Er stärkt eine Ehe. Sex ist bildhaft: Er symbolisiert das Band zwischen Mann und Frau und zwischen Christus und der Gemeinde. Sex ist mächtig. Richtig benutzt kann er das Herz heilen. Falsch angewendet kann er ein Leben zerstören.

Wir wissen, was Gott verbietet:

- Jede sexuelle Betätigung außerhalb der Ehe (1. Korinther 7,2; 1. Thessalonicher 4,3).
- Ungezügelte, gierige Leidenschaft für jemanden, der nicht Ihr Ehepartner ist (Matthäus 5,28).
- Obszönität und vulgäres Reden (Epheser 4,29).

Wenden Sie für Ihre Fragen diesen Filter an. Zum Beispiel stellt jemand eine Frage zu sinnlicher Sprache in intimen Momenten. »Verzichtet auf schlechtes Gerede, sondern was ihr redet, soll für andere gut und aufbauend sein, damit sie im Glauben ermutigt werden« (Epheser 4,29). Benutzen Sie Worte, die Ihren Partner aufbauen und Gott ehren? Wenn ja, machen Sie so weiter. Wird Ihr Partner durch Ihre Worte erniedrigt? Sind Ihre Worte mehr von der Sprache des Bösen als von der Sprache Gottes durchdrungen? Wenn ja, wissen Sie, was zu tun ist.

Manche stellen sich Fragen über gewisse Praktiken und Handlungen beim Sex in der Ehe. Mit Ausnahme des Hohenliedes sagt die Bibel wenig darüber. Gott erlaubt es seinen Kindern, sich aneinander auf jede Weise zu freuen, die die Partner gegenseitig aufbaut. Doch wenn ein Ehepartner sich erniedrigt vorkommt oder sich bei etwas nicht wohlfühlt, dann steht es dem anderen nicht zu, darauf zu bestehen. »Mir ist alles erlaubt. Aber nicht alles ist gut. Es ist mir zwar alles erlaubt, doch ich will mich von nichts beherrschen lassen« (1. Korinther 6,12). Was erlaubt ist, ist nicht immer zuträglich.

Betrachten Sie Sex als eine Möglichkeit, Ihrem Partner zu dienen, nicht Ihren Partner zu benutzen. Die Geschlechtstriebe sind stark, aber die Ehe ist stark genug, sie im Zaum zu halten und für ein ausgewogenes und erfüllendes Sexualleben in einer Welt sexueller Unordnung zu sorgen. Das Ehebett muss ein Ort für den Austausch von gegenseitigen Liebesdiensten sein – der Mann strebt danach, seine Frau zu befriedigen und die Frau strebt danach, ihren Mann zu befriedigen. Die Ehe ist kein Ort, an dem man »auf seine Rechte pocht«. Die Ehe ist die Entscheidung, dem Partner zu dienen, im Bett und außerhalb des Bettes (1. Korinther 7,2-4).

96. *Unsere Ehe ist durch Betrug ruiniert worden. Wir haben kein Vertrauen mehr zueinander. Durch Ehebruch haben wir uns voneinander entfernt und sind verbittert geworden. In fast allen Dingen sind wir unterschiedlicher Meinung, doch in einem sind wir uns einig: Unsere Ehe ist verpfuscht.*

Meine Antworten möchte ich an die jeweiligen Parteien richten.

Haben Sie Ihren Ehepartner betrogen? Wenn ja, dann stehen Sie dazu. Bagatellisieren oder bestreiten Sie nichts. Bekennen Sie Ihre Verfehlung und bitten Sie jeden, den Sie verletzt haben, um Vergebung. Geben Sie diesen Menschen dann Zeit, damit die Wunden heilen können. Die Dauer des Heilwerdens können aber nicht Sie festlegen. Versuchen Sie nicht, die Zeit zu bestimmen, die erforderlich ist, bis ein Herz wieder heil wird.

Stellen Sie sich vor, dass Sie ein Buchhalter sind, der zwei Jahre lang jeden Monat zweitausend Euro unterschlagen hat. Nachdem Sie überführt wurden, bekennen Sie Ihrem Chef das Verbrechen. Es tut Ihnen aufrichtig leid. Am ersten Tag nach Ihrem Geständnis kommen Sie in die Firma und wollen einfach Ihre Arbeit wie gewohnt weitermachen. Sie erwarten, dass Ihr Vorgesetzter Ihnen die Finanzen des Unternehmens anvertraut. Wie wird der Chef reagieren? Er drückt Ihnen vielleicht einen Besen in die Hand, wird Ihnen aber nicht die Buchhaltung anvertrauen.

Wenn Sie Ihr Eheversprechen gebrochen haben, dann haben Sie das Vertrauen Ihres Ehepartners verloren. Nach dem Bekenntnis fühlen Sie sich vielleicht besser. Aber Ihr Bekenntnis hat das Herz der Person, die Sie verletzt haben, gebrochen. Die Last, die Sie sich von der Seele geredet haben, ist auf den Schultern Ihres Ehepartners gelandet. Ihr Ehepartner braucht jetzt Zeit, um sich davon zu erholen. Wie viel Zeit? Solange wie erforderlich.

Hat Ihr Ehepartner Sie betrogen? Setzen Sie sich als Ziel die Vergebung, so schwierig und unmöglich es scheinen mag. Bemühen Sie sich, Ihrem Ehepartner das zu geben, was Gott Ihnen geschenkt hat: Gnade. Mit der Zeit kann Ihre Ehe gerettet und die Vertrautheit wieder hergestellt werden, wenn ihr »freundlich und mitfühlend zueinander [seid] und ... euch gegenseitig [vergebt], wie auch Gott euch durch Christus vergeben hat« (Epheser 4,32).

Was Ihr Ehepartner getan hat, ist verabscheuenswürdig, aber wer Ihr Ehepartner ist, ist wesentlich. Ihr Ehepartner ist Gottes Kind, von Christus erkauft und im Himmel bekannt. Schauen Sie weniger auf die Verfehlung Ihres Ehepartners und mehr auf Gottes Gnade. Mit der Zeit wird Heilung eintreten.

Haben Sie versagt? Werden Sie von einer Schuld aus Ihrer Jugend verfolgt? Oder von Fehlern der letzten Woche geplagt? Unbereinigte Schuld führt zu fehlgeleiteter Wut und ungesundem Schamgefühl. Sie veranlasst Menschen, auszurasten und sich von denen zurückzuziehen, die sie lieben. Bringen Sie Ihre Verfehlungen vor Gottes Gnadenthron.

Er stellt geistliche Jungfräulichkeit wieder her. Er macht seine Kinder wieder schuldlos. Erinnern Sie sich an die Worte von Paulus? »Seine Gnade ist so groß, dass er unsere Freiheit mit dem Blut seines Sohnes erkauft hat, sodass uns unsere Sünden vergeben sind« (Epheser 1,7).

Lassen Sie sich von Gott reinigen. Sagen Sie Gott die Namen der Personen oder die Begebenheiten, bei denen Pornografie im Spiel war. Bringen Sie diese Augenblicke in das Licht von Gottes Gnade. Sexuelle Sünde erfordert ein ausdrückliches Bekenntnis, weil sie uns so tief in Mitleidenschaft zieht. »Deshalb haltet euch fern von aller Unzucht! Keine andere Sünde hat so große Auswirkungen auf den Körper wie diese, denn Unzucht ist eine Sünde gegen den eigenen Körper« (1. Korinther 6,18).

Seine Gnade genügt und seine Barmherzigkeit ist groß. Das Wort, das er vor langer Zeit gesprochen hat, gilt auch Ihnen:

> Denkt nicht mehr daran, was war und grübelt nicht mehr über das Vergangene. Seht hin; ich mache etwas Neues; schon keimt es auf. Seht ihr es nicht? Ich bahne einen Weg durch die Wüste und lasse Flüsse in der Einöde entstehen.
>
> Jesaja 43,18-19

97. *Liegt es in der Natur eines Mannes, sich den Hals nach Frauen zu verrenken? Mein Mann schaut gerne attraktive Frauen an, sogar, wenn ich dabei bin. Das macht mich wütend und ich fühle mich gedemütigt. Habe ich nicht das Recht, ihn zu bitten, das zu unterlassen?*

Jesus hatte Folgendes zu sagen, und er war ein Mann!

> Ihr habt gehört, dass es im Gesetz von Mose heißt: »Du sollst nicht die Ehe brechen.« Ich aber sage: Wer eine Frau auch nur mit einem Blick voller Begierde ansieht, hat im Herzen schon mit ihr die Ehe gebrochen. Wenn dich also dein Auge – auch wenn es dein gutes Auge ist – zur Begierde verführt, reiß es heraus und wirf es weg! Besser, du verlierst einen Körperteil, als dass dein ganzer Körper in die Hölle geworfen wird.
>
> Matthäus 5,27-29

Begierde bedeutet, eine Person mit sexuellen Absichten anzuschauen, von jemandem zu träumen, mit dem man nicht verheiratet ist.

Ehebruch bedeutet, dass eine verheiratete Person mit einem Menschen, mit dem sie nicht verheiratet ist, sexuelle Handlungen vornimmt.

Worin liegt der Unterschied? In der Berührung.

Was ist ähnlich? Die Gedanken.

Ich habe einmal gehört, es sei Begierde, wenn ein Mann eine Frau zum zweiten Mal anstarrt. Darin liegt eine gewisse Weisheit.

Jesus sagte über Begierde das Gleiche wie über Mord (Matthäus 5,21). Der einzige Unterschied zwischen dem gedanklichen Spielen mit dem Hass und der Mordhandlung liegt darin, dass beim Mord abgedrückt wird. Der Gedankengang aber ist der gleiche.

Sowohl Begierde als auch Hass überschreiten eine Grenze. Der Gedanke ist genauso Sünde wie die Tat. Genug Reden über Hass führt letztendlich zu Mord. Genug Reden über Sex führt letztendlich zum Vollzug des Ehebruchs.

Begierde bedroht auch den Ehepartner. Eine Sekunde lang wird diese Schönheit im Badeanzug zur attraktivsten Frau der Welt, nicht die Ehefrau. Einen flüchtigen Augenblick lang wird jener sehnige Muskelprotz zum tollsten Kerl, der je gelebt hat, nicht der Ehemann.

Das tut weh. Das ist demütigend.

Teilen Sie Ihrem Ehepartner mit, was Sie dabei fühlen. »Es tut mir weh, wenn du von einer anderen Frau sprichst.« »Immer wenn du so sprichst, komme ich mir hässlich vor.«

Dann überlegt er es sich hoffentlich das nächste Mal zweimal, ob er ein weiteres Mal hinschauen soll.

98. *Was ist so schlimm an Pornografie? Warum macht man so viel Aufhebens um etwas, das natürlich ist? Manche Männer sagen, dass sie von Pornografie beherrscht werden. Ich nicht. Ich kann so etwas ohne Probleme anschauen. Und deshalb tue ich es auch.*

Pornografie ist Diebstahl. Sie stehlen Blicke auf Frauen, die Ihnen nicht gehören. Wenn Sie Erotikzeitschriften durchblättern oder durch das Porno-Fernsehprogramm zappen, begehen Sie einen schweren Diebstahl.

Lassen Sie sich nicht täuschen! Sie sind nicht so stark, wie Sie denken. Sie können nicht aufhören, wo Sie aufhören wollen. Sie können nicht mit dem Feuer spielen, ohne sich zu verbrennen. Zünden Sie deshalb das Streichholz nicht an. »Denn ein solches Begehren ist eine schändliche Sünde, ein Vergehen, das bestraft werden muss. Es ist ein verzehrendes Feuer, das einen bis zum Untergang auffrisst und alles ruiniert, was einem gehört« (Hiob 31,11-12).

Hiob untermauert seine Warnung mit einem Beispiel: »Ich habe einen Bund mit meinen Augen geschlossen, dass ich keine Jungfrau mit begehrlichem Blick anschauen will« (Hiob 31,1).

Die Bibel fordert uns nie auf, gegen geschlechtliche Sünde zu kämpfen ... nein, wir werden aufgefordert, vor ihr zu fliehen (vgl. 1. Korinther 6,18).

Sie sind nicht verpflichtet, hinzuschauen, nur weil eine Frau sich verlockend kleidet. Sie sind nicht verpflichtet, einen Film anzuschauen, nur weil er erschienen ist. Sie können nicht verhindern, dass ein Vogel über ihrem Dach kreist, aber Sie können verhindern, dass er ein Nest in Ihrem Kamin baut. Wenden Sie die Zwei-Sekunden-Regel an. Wenn Sie das nächste Mal auf einem Bild, auf einem Bildschirm oder in einem Schaufenster mehr sehen als Sie sehen sollten, geben Sie sich zwei Sekunden, um zur Besinnung zu kommen und Ihren Blick abzuwenden. Schützen Sie Ihre Gedanken! »Gott hat uns dazu berufen, heilig zu leben, und nicht, ein unreines Leben zu führen« (1. Thessalonicher 4,7).

Morgen werden Sie mit den Gedanken leben, die Sie heute geduldet haben. Nutzen Sie das zu Ihrem Vorteil! Wollen Sie morgen eine stärkere Ehe haben? Dann denken Sie heute über die Stärken Ihres Ehepartners nach. Wollen Sie sich morgen über einen stärkeren Glauben freuen? Dann befassen Sie sich heute intensiv mit Gottes Wort. Wünschen Sie sich eine Zukunft ohne Schuldgefühle? Dann erfüllen Sie die Gegenwart mit Gnade. Sie sind, was Sie denken. »Denn was ein Mensch sät, wird er auch ernten« (Galater 6,7). Wählen Sie deshalb Ihre Samen sorgfältig aus.

99. *Ich wurde aus einem sehr sündigen Lebenswandel gerettet, was bedeutet, dass ich alles andere als unschuldig war, als ich vor zwei Jahren heiratete. Mein Mann hatte vor der Hochzeit keinen Geschlechtsverkehr. Er kannte meine Vergangenheit, und ich dachte, er hätte all das vergessen. Doch jetzt scheint es, dass er Probleme damit hat. Er schneidet das Thema immer wieder an. Doch das wirkt sich verheerend auf unser Sexualleben aus.*

Es gibt einen alten Spruch: »Liebe vergisst nie.«

Oder heißt es: »Liebe vergisst immer«?

Ich weiß es nicht mehr.

Die Liebe vergisst nie den anderen, erinnert sich immer an die Gründe, die sie zusammengebracht haben, und behält sie stets im Gedächtnis. Die Liebe vergisst nie die Opfer und die Beweise tiefer Hingabe.

Die Liebe sollte Fehler, Fehlverhalten und Sünde vergessen, kann es aber nicht. Wir können uns nicht zum Gedächtnisschwund zwingen. Gott kann es auch nicht.

Gott kann unsere Sünden nicht vergessen, aber er beschließt, nicht auf ihnen herumzureiten. Er sieht viel lieber seinen Sohn in uns leben, da das Opfer von Jesus unsere Sünden zudeckt (Galater 2,20). Er sieht uns, wie wir jetzt sind – geheiligt, erlöst und gerecht – und nicht so, wie wir früher waren. Gott legt die Fotoalben beiseite und sieht uns lieber live und persönlich.

Wir müssen in gleicher Weise vergeben und beschließen, nicht auf den Fehlern des anderen herumzureiten. Mit der Zeit, wenn wir uns weigern, uns ständig diese Sünden ins Gedächtnis zu rufen, gehen sie in den Listen der positiven Eigenschaften, über die wir tagaus, tagein nachdenken, verloren.

Als Sie heirateten, waren Sie vielleicht nicht vollkommen, aber durch das Werk von Jesus Christus am Kreuz wurden Sie vollkommen gemacht. Ihr Mann ist vielleicht körperlich rein geblieben, aber geistlich ist er wahrscheinlich nicht rein geblieben und benötigte deshalb dasselbe Werk von Jesus in seinem Leben, das ihn vollkommen gemacht hat.

Genauso wenig wie Sie ihm seine unzüchtigen Gedanken zum Vorwurf machen, sollte er Ihnen Ihren unzüchtigen Lebenswandel zum Vorwurf machen. In Gottes Augen sind sie das Gleiche. Sünde ist Sünde, und beide Sünden müssen vergeben und in die Erinnerungsschublade weggeräumt werden.

100. *Manche Leute sagen, schwul zu sein ist eine Sünde, andere sagen, es ist in Ordnung, wenn der Mensch Gott liebt. Hasst Gott Homosexuelle? Sind die Gebote in der Bibel veraltet, da sie sich mehr auf die Kultur der damaligen Zeit und nicht unbedingt auf unsere Kultur beziehen?*

Es gibt immer seltener gesunde Diskussionen über Homosexualität. Einerseits hören wir harte, grausame Angriffe gegen die Homosexuellen-Szene. Homosexuelle werden als Zielscheibe des Spotts herausgegriffen oder als Feinde Gottes bezeichnet. Das ist tragisch und falsch.

Genauso beunruhigend ist die Neigung der Befürworter der Homosexualität, die Lehren der Heiligen Schrift zu diesem Thema als bedeutungslos und veraltet zu verwerfen. Für diejenigen unter uns, die die Heilige Schrift in Ehren halten, ist das beunruhigend.

Was heißt das nun für uns? Vielleicht sollten wir uns folgende Fragen stellen:

Was würde Jesus sagen, wenn er einem Homosexuellen begegnen würde?

Was würde er tun? Obwohl das Neue Testament kein solches Gespräch enthält, wissen wir, wie er handeln würde.

Er würde seine Liebe ausdrücken. Wie er es gegenüber Zachäus getan hat, könnte er zu ihm nach Hause gehen. Jesus könnte sich wie mit der Samariterin mit ihm im Schatten eines Brunnens unterhalten. Wie er es gegenüber Matthäus praktiziert hat, könnte Jesus ihm eine persönliche Einladung anbieten. Wir wissen nicht genau, welche Worte er benutzen würde. Aber zweifellos wissen wir, was seine Worte ausgedrückt hätten. *Jesus liebt seine schwulen Kinder.* Nichts kann uns von der Liebe Gottes trennen. Dazu gehört auch Homosexualität. Jesus hat uns geschaffen, ist für uns gekommen und ist für uns gestorben. Das würde er ihnen sagen.

Er würde mitfühlend mit ihnen sprechen. Aber er würde auch unverblümt seine Meinung äußern. Er würde ihnen die Wahrheit sagen. Wie bei Zachäus, der Samariterin, Matthäus und anderen hat Jesus immer die Wahrheit gesagt. Und die Wahrheit lautet: Gott heißt nie die sexuelle Vereinigung außerhalb der Ehe gut, weder heterosexuelle noch homosexuelle. Zwei unverheiratete, aber sexuell liierte Alleinstehende? Gott missfällt es. Die beiden Verheirateten, die sexuell liiert sind, aber nicht miteinander verheiratet sind? Ihr Ehebruch erzürnt Gott. Der Mann, der Kinder verführt? Geschwister miteinander? Der Mann mit einem Mann oder die Frau mit einer Frau? Die Bibel bezeichnet gleichgeschlechtliche Intimitäten nie als eine Sünde, die größer als andere Sünden ist.

Gleichzeitig nimmt die Bibel kein Blatt vor den Mund, wenn sie über Gottes Gefühle zu homosexuellen Handlungen spricht. Gott warnte die Männer von Israel: »Du sollst nicht bei einem Mann liegen wie bei einer Frau; es ist ein Gräuel« (3. Mose 18,22; LUT). Ein Professor schrieb: »Wenn in der hebräischen Bibel das Wort *toevah* [Gräuel] auftaucht, wird es in Zusammenhang mit Götzendienst, Tempelprostitution, Zauberei oder Wahrsagerei gebraucht ... Dieses Wort drückt immer große Abscheu aus.«[16] Hat Gott seine Abscheu überwunden? Sicher nicht.

Aber ist eine solche Lehre nicht veraltet? Pro-homosexuelle Theologiestudenten wollen das Verbot der Homosexualität mit kulturellen Anweisungen, wie dem Waschen der Füße oder der Kopfbedeckung, in einen Topf werfen. Wenn die Lehren gegen gleichgeschlechtliche Lebensgemeinschaften beiläufig oder sporadisch wären, müssten wir dem zustimmen. Doch seit dem frühesten Tora-Kodex bis zu den letzten Briefen von Paulus ändert sich der Standpunkt nie.

Vom Anfang bis zum Ende verurteilt die Bibel kategorisch gleichgeschlechtliche Intimitäten. Vom Anfang bis zum Ende bekräftigt die Bibel Gottes Liebe zu Sündern, egal, wer sie sind.

Lassen Sie uns dem Beispiel von Jesus folgen: Lassen sie uns einander gegenseitig lieben. Miteinander sprechen. Dialog. Jesus besuchte Zachäus zu Hause, verbrachte den Nachmittag mit der Samariterin, nahm an Matthäus' Fest teil. Er hat ihr Verhalten nicht gutgeheißen, aber er hat eine Brücke zu ihren Herzen gebaut. Vielleicht finden wir einen Weg, es ebenso zu machen.

101. *Ich bin Single und das gefällt mir. Eines Tages jedoch möchte ich einen Hausstand gründen und eine Familie haben. Ich habe so viele schlechte Ehen gesehen, dass ich mich frage, was ich tun kann, damit meine Ehe einmal gut wird. Wie kann ich den richtigen Partner finden?*

Ein Mensch trifft zwei große Entscheidungen in seinem Leben. Die erste betrifft den Glauben, die zweite die Familie. Die erste Frage lautet: »Wer ist mein Gott?« Die zweite: »Wer wird, wenn überhaupt jemand, mein Ehepartner?« Die erste Frage bestimmt die zweite. Ihr Gott bestimmt Ihre Familie. Wenn Sie selbst Ihr Gott sind, dann haben Sie selbst das Sagen, denn Ihre Ehe dient Ihrem Vergnügen und sonst nichts. Aber wenn Christus Ihr Gott ist, dann hat er das Sagen, weil Ihre Ehe seiner Ehre dient.

Überrascht Sie das? Dachten Sie, dass es bei der Ehe nur um Sie persönlich geht? So ist es nicht. Die Ehe ist Gottes Idee. Er hat sie geschaffen, weil die meisten von uns mit einem Partner bessere Nachfolger Gottes sind als alleine. Die meisten von uns setzen ihre Gaben wirksamer ein, sind treuer im Glauben und bringen mehr Frucht im Dienst, wenn sie nicht alleine leben. Da die Ehe Gottes Idee ist, hat er doch bestimmt auch eine Idee, wen wir heiraten sollten.

> Macht nicht gemeinsame Sache mit Ungläubigen. Wie kann die Gerechtigkeit sich mit der Gesetzlosigkeit zusammentun? Wie kann das Licht mit der Finsternis zusammenleben?
> 2. Korinther 6,14

Wenn meine Frau Denalyn und ich in dasselbe Auto steigen, müssen wir uns über das Reiseziel einig sein. Wir sind vielleicht unterschiedlicher Meinung hinsichtlich des Essens, das wir zu uns nehmen, oder der Anzahl der Pausen, die wir einlegen. Wir können sogar unterschiedlicher Meinung über die Musik sein, die wir hören wollen. Aber wenn sie nach Mexiko fahren will und ich nach Colorado, dann haben wir ein Problem.

Heiraten Sie jemanden, der Gott mehr liebt als Sie. Wenn Sie und Ihr Ehepartner sich nicht über das Reiseziel einigen, werden Sie Probleme bekommen. Wenn sein Ziel darin besteht, reich zu werden, und ihr Ziel es ist, in den Himmel zu kommen ... wenn ihr Lebensziel die Rente ist und sein Lebensziel der Dienst für Gott ist ... dann gibt es Schwierigkeiten.

- »Aber ich fühle mich so sehr zu ihm hingezogen. Ich kann ihn bekehren.« Sie sind nicht zu einer missionarischen Partnerschaft berufen.
- »Wir haben keine ernsthafte Beziehung. Wir unterhalten uns einfach gut.« Wer gewinnt, wenn Ihre Definitionen von guter Unterhaltung nicht übereinstimmen?
- »Aber ich möchte unbedingt heiraten ...« Glauben Sie, Ehelosigkeit ist schlecht? Versuchen Sie es mit einer schlechten Ehe.

- »Haben Sie die Auswahl unter Christen gesehen?« Gott hat Pläne, die Sie nie gesehen haben.

Freu dich am Herrn, und er wird dir geben, was dein Herz wünscht.
Psalm 37,4

Je länger Sie mit einem Ungläubigen ausgehen, umso länger schieben Sie die Möglichkeit hinaus, dass Gott Ihnen die richtige Person schickt. Wenn Sie ein Kind Gottes sind und ein Kind des Teufels heiraten, dann werden Sie mit Ihrem Schwiegervater Probleme bekommen.

102. *Seit drei Monaten bin ich mit einem Mädchen befreundet. Sie sagt, dass sie verliebt ist. Ich selbst bin nicht sicher, ob ich verliebt bin, aber wenn ich mit ihr zusammen bin, fühle ich mich anders. Ist das Liebe?*

Gefühle können trügerisch sein. Vor Kurzem sprach ich mit einer jungen Dame im Teenageralter, die etwas verwundert darüber war, dass sie keine besonderen Gefühle für einen Jungen hatte. Bevor sie miteinander ausgingen, hatte sie für ihn geschwärmt. Sobald er Interesse an ihr zeigte, verlor sie das Interesse an ihm.

Ich denke hier auch an eine junge Mutter. Mutter zu sein ist nicht so romantisch, wie sie sich das vorgestellt hatte. Windelwechseln und Stillen mitten in der Nacht machen keinen Spaß. Deshalb hat sie Schuldgefühle. *Bin ich lieblos?*, fragt sie sich.

Welche Antworten geben Sie auf solche Fragen? Haben Sie sich schon einmal gewünscht, Sie könnten die Qualität Ihrer Zuneigung bewerten? Ein DNA-Test für Liebe? Paulus schlägt uns einen solchen Test vor: »Sie [die Liebe] freut sich niemals über Ungerechtigkeit, sondern sie freut sich immer an der Wahrheit« (1. Korinther 13,6). In diesem Vers liegt ein Prüfstein für die Liebe.

Wollen Sie eine Unterscheidung zwischen falscher und echter Liebe treffen? Wollen Sie wissen, ob das, was Sie fühlen, wirklich Liebe ist? Stellen Sie sich folgende Frage: *Ermutige ich diese Person, das zu tun, was richtig ist?* Denn wahre Liebe hat keine Freude an den Sünden anderer, »sondern freut sich immer an der Wahrheit« (1. Korinther 13,6).

Eine Frau ruft zum Beispiel eine andere an und sagt: »Wir sind gute Freundinnen, stimmt's?«

»Ja, wir sind Freundinnen.«

»Wenn mein Mann fragt, sage ihm, dass wir gestern Abend zusammen im Kino waren.«

»Aber das waren wir doch gar nicht.«

»Ich weiß, aber ich war im Kino. Na ja, ich habe mich dort mit einem anderen Mann getroffen – das tust du doch für mich, oder? Wir sind doch Freundinnen? Wir stehen uns näher als Schwestern, nicht wahr?«

Besteht diese Person den Test? Bestimmt nicht. Die Liebe bittet niemanden, etwas zu tun, was falsch ist. Wie können wir es wissen? »Sie [die Liebe] freut sich niemals über Ungerechtigkeit, sondern sie freut sich immer an der Wahrheit.«

Wenn Sie andere anstiften wollen, etwas Unrechtes zu tun, dann hören Sie auf das Alarmsignal. Das ist keine Liebe. Und seien Sie auf der Hut, wenn andere Sie auffordern, Unrecht zu tun.

Hier ist ein klassisches Beispiel: Ein junges Pärchen verbringt den Abend zusammen. Seine Zuneigung drängt sie, weiter zu gehen, als sie möchte. Sie sträubt sich. Da versucht er es mit dem altbekannten Spruch: »Aber ich liebe dich. Ich will nur ganz nahe bei dir sein. Wenn du mich lieben würdest …«

Hören Sie die Alarmglocken schrillen? Es ist das Warnsignal für falsche Liebe. Dieser junge Mann liebt das Mädchen nicht. Er hätte wahrscheinlich gerne Sex mit ihr. Er liebt vielleicht ihren Körper. Er möchte möglicherweise vor seinen Kumpeln mit seiner Eroberung prahlen. Aber er liebt sie nicht. Wahre Liebe bittet nie den »geliebten« Menschen, etwas zu tun, was er oder sie nicht für richtig hält.

Liebe reißt die Überzeugungen anderer nicht nieder. Ganz im Gegenteil.

Die Liebe baut ... auf.
1. Korinther 8,1

Wer seinen Bruder liebt, der bleibt im Licht, und durch ihn kommt niemand zu Fall.
1. Johannes 2,10; (LUT)

Wenn ihr gegen eure Brüder sündigt und ihr schwaches Gewissen verletzt, sündigt ihr damit gegen Christus.
1. Korinther 8,12

Möchten Sie wissen, ob Ihre Liebe zu jemandem echt ist? Ob es sich um wahre Freundschaft handelt? Fragen Sie sich: Wirkt sich mein Einfluss auf diese Person so aus, dass sie tut, was richtig ist?

Wenn Sie diese Frage bejahen können, dann laden Sie die junge Dame ins Restaurant ein.

103. *Unsere Tochter wird demnächst heiraten. Sie führt ein Leben, das Gott gefällt, und ihr künftiger Mann ist ein wunderbarer Christ. Da aber heutzutage so viele Ehen geschieden werden, machen wir uns Sorgen um dieses junge Paar. Welchen Rat können wir unserer Tochter zu ihrer Hochzeit mit auf den Weg geben?*

Sagen Sie ihr, dass sie Geduld braucht!

Alles Gute braucht seine Zeit. Wein. Skulpturen. Gemälde. Brücken.

Wir wünschen uns jedoch, dass unser Ehepartner und unsere Ehe schon am ersten Tag der Flitterwochen perfekt sind. Wir wollen das perfekte Haus, das mit der perfekten Farbe gestrichen ist und in der perfekten Straße von Perfekt-Stadt liegt. Wir wollen die perfekte Arbeitsstelle, bei der wir das perfekte Gehalt verdienen und mit perfekten Kollegen zusammen arbeiten. Wir wollen perfekte Kinder, die perfekte Noten bekommen und einen Studienplatz an der perfekten Universität erhalten.

Klingt das perfekt? Gewiss.

Klingt es wahrscheinlich? Nein.

Haben Sie Geduld. Ihr Ehepartner, Ihre Arbeitsstelle, Ihre Wohnung, Ihre Kinder werden nicht perfekt sein, zumindest nicht sofort. Mit der Zeit und mit harter Arbeit kommt vieles ins Lot. Vielleicht nicht ganz perfekt, aber vollkommen in Ordnung.

Gott ist mit Ihnen noch nicht fertig. Er ist immer noch dabei, Knitterstellen in Ihrer Ehe auszubügeln. Er gibt Ihren Kindern den letzten Schliff. Ihre Familie ist noch lange in Bearbeitung.

Haben Sie Geduld, und geben Sie nicht auf, bevor der Herr nicht zustimmend nickt:

»Gut gemacht.«

104. *Mir graut es davor, abends nach Hause zu gehen. Unser Heim ist ein Kampfplatz. Ich weiß nicht, was ich tun soll. Ich habe vorgeschlagen, zu einer Eheberatung zu gehen, aber sie weigert sich. Hilfe!*

Niemand will auf einem Kampfplatz leben. Viele leben trotzdem auf einem Kriegsschauplatz, weil sie mit einem Partner verheiratet sind, der so anders ist als sie. Die Ruhige heiratet den Stürmischen. Der Entspannte heiratet die Nervöse. Menschen, die vor allem die linke Gehirnhälfte nutzen, heiraten einen Partner, der überwiegend die rechte Gehirnhälfte nutzt. Gegensätze ziehen sich an. Aber was uns anzieht, solange wir befreundet sind, stößt uns ab, wenn wir verheiratet sind.

Aus diesem Grund muss an einer Ehe viel gearbeitet werden. Harmonie kommt nicht von alleine. Gesangsharmonie wird erreicht, wenn ein Chor übt. Farbharmonie wird erreicht, wenn der Künstler experimentiert. Und Harmonie in der Ehe entsteht, wenn zwei Menschen beschließen, »im Geist eins zu sein« (Epheser 4,3). Hier einige Ideen.

Seien Sie rücksichtsvoll. »Für euch Männer gilt: Euer Verhalten gegenüber euren Frauen soll von Achtung geprägt sein. Begegnet ihnen verständnisvoll« (1. Petrus 3,7). Das Wort *verständnisvoll* kommt von »verstehen«. Es ist unglaublich, wie schnell die Rücksichtnahme und das Verständnis füreinander nach der Eheschließung verschwinden. »Aber die Weisheit, die von Gott kommt, ist… bereit, nachzugeben« (Jakobus 3,17). Wenn ich zu meiner Frau rücksichtslos bin, bin ich dumm. Es ist klug, seinem Ehemann, seiner Ehefrau gegenüber rücksichtsvoll zu sein.

Die Liebe »sucht nicht das Ihre« (1. Korinther 13,5; LUT). Versuchen Sie nicht, Ihre Ehepartnerin zu ändern. Versuchen Sie, einen Mittelweg zu finden. Seien Sie flexibel. Pochen Sie nicht auf Ihre Rechte. Eine Beziehung besteht aus Geben und Nehmen. Lernen Sie die Kunst der Verhandlung. Schließen Sie Kompromisse.

Machen Sie Ihrer Partnerin weiterhin den Hof. Tun Sie das, was Sie getan haben, als Sie verliebt waren, dann bleiben Sie verliebt. »Freue dich an ihr [der Frau], die du geheiratet hast, als du jung warst« (Sprüche 5,18). »Sei glücklich mit der Frau, die du liebst« (Prediger 9,9). Freuen Sie sich an Ihrer Ehepartnerin. Ermutigen Sie einander. Machen Sie Ihrer Frau Komplimente für Ihre neuen Schuhe, Ihrem Mann für seine harte Arbeit. Schauen Sie Ihrer Ehepartnerin in die Augen und sagen Sie: »Mein Leben ist so viel besser mit dir.« Suchen Sie sich in dieser Woche jeden Tag etwas aus, das Sie mögen, sei es groß oder klein, und seien Sie dafür dankbar. Sie werden entdecken, dass Ihre Ehepartnerin zu 90 Prozent großartig und zu 10 Prozent entwicklungsfähig ist. Sie haben eine großartige Ehepartnerin. Sagen Sie es ihm beziehungsweise ihr. Wenn Ehepartner sich mehr den Hof machen würden, würden weniger Ehen vor dem Scheidungsrichter enden.

Streiten Sie fair. Kritisieren Sie Ihre Ehepartnerin nie in der Öffentlichkeit. Wenn Sie sich über ihre Kochkünste oder sein Schnarchen lustig machen, ist das ein Schlag unterhalb der Gürtellinie. Andere können über Ihre Ehepartnerin spotten, Sie nicht.

Sie haben versprochen, in guten und in schlechten Tagen zusammenzuhalten; wenn Sie das Schlechte an Ihrer Ehepartnerin lieben können, dann kann alles nur noch besser werden. Verstecken Sie keine Steine in Schneebällen. Hegen Sie keinen Groll und kramen Sie nicht vergangene Dinge wieder hervor. Vermeiden Sie unnötige Verallgemeinerungen wie *nie* und *immer*. Wenn ein Streit beginnt, hören Sie gut zu und überlegen Sie zweimal, bevor Sie etwas sagen. Behandeln Sie einander mit Ehrerbietung.

Verriegeln Sie die Ausstiegsluke. Werfen Sie den Schlüssel weg. Sie müssen sich sagen: »Ich bin da drinnen, bis der Tod uns scheidet. Ich habe vor Gott ein Versprechen abgelegt und werde es halten, und wenn ich auf der Strecke bleibe!« Verbindlichkeit ist das, was eine Ehe großartig macht. Wenn Scheidung eine Alternative ist, werden Sie sich nicht genügend bemühen. Drohen Sie nicht mit Scheidung, wenn Sie sauer sind. Wenn Sie sich ärgern, weisen Sie nicht darauf hin, dass Sie ausziehen könnten. Machen Sie Ihrer Partnerin keine Angst. Das ist unterhalb der Gürtellinie und inakzeptabel. Egal, wie wütend und verärgert Sie sind und wie sehr Sie Ihre Partnerin in diesem Augenblick verabscheuen: Schneiden Sie nie das Thema Scheidung an, denn Scheidung ist kein Thema.

Bitten Sie Christus, Sie mit seinem Geist zu füllen. Lieben Sie Christus noch mehr als einander. Wenn der Mann versucht, Christus ähnlicher zu werden, und die Frau versucht, Christus ähnlicher zu werden, dann kommen beide sich automatisch näher. Denn Christus wird nicht gegen Christus kämpfen.

105. *Mein Mann sagt, dass ich an ihm ständig etwas auszusetzen habe, und er hat recht. Ich habe die schreckliche Angewohnheit, ihn wegen allem zu kritisieren. Ich mag diese tadelsüchtige Haltung nicht und weiß auch, dass sie nicht gut für unsere Ehe ist. Ich benötige Hilfe, um meinen Blickwinkel zu ändern.*

Fünfmal in den Sprüchen spricht Salomo über eine nörgelnde Frau und zweimal vergleicht er sie mit ständigem Tropfen; außerdem meint er, es sei besser für einen Mann, auf dem Dach oder in der Wüste zu wohnen als mit ihr in einem Haus (Sprüche 19,13; 21,9.19; 25,24; 27,15).

Jedes Mal, wenn eine Frau nörgelt: Tropf.

Jedes Mal, wenn sie kritisiert: Tropf.

Jedes Mal, wenn sie Vorwürfe macht: Tropf.

Ein kritisches Wesen kann einen Mann zermürben.

Sie sagen, dass Sie nicht glauben, dass Ihr Mann die Situation ändert. Das fühlt er. Ein Mann will geachtet werden. Wenn er geachtet wird, übernimmt er die Führung. Wenn er herausgefordert wird, kämpft er.

Sie sagen auch, dass Sie nicht glauben, dass Gott Ihren Mann verändert. Sie vergessen, zu Gott zu beten, und machen sich stattdessen gleich an den Verriss Ihres Mannes. Das geht schneller und bringt die Sache zügiger auf den Punkt. Aber ist das der beste Weg? Nein.

Ein Mann muss von innen her reifen, bevor er Frucht bringt. Überlassen Sie Gott die Kritik. Lassen Sie den Heiligen Geist Ihren Mann daran erinnern, was er zu tun hat und wie er es zu tun hat.

Tun Sie es, bevor Ihr Haus überschwemmt ist und alle ertrinken!

106. *Gibt die Bibel Anweisungen zum Umgang mit Finanzen in einer Ehe? Meine Frau geht viel besser mit unseren Finanzen um, als ich es je könnte. Ich bin froh (wirklich erleichtert), dass sie bereit ist, sich darum zu kümmern. Aber mein Bruder ist fest davon überzeugt, dass ein gläubiger Mann für diese Dinge die Verantwortung übernehmen muss. Hat er recht?*

Das Neue Testament gibt den Männern zwei Gebote bezüglich ihrer Frauen.

Liebt sie (Epheser 5,25.28; Kolosser 3,19).

Führt sie (Epheser 5,22.24; Kolosser 3,18; Titus 2,5; 1. Petrus 3,1).

Liebt sie und führt sie. Das ist alles.

Wir lesen nichts über die Verwaltung eines Bankkontos.

Was ist so schlimm, wenn ein Mann gerne das Haus sauber macht und die Frau lieber den Rasen mäht? Verliert der Mann seine Manneswürde, wenn die Frau die Garage ausmistet? Gewiss nicht.

Wenn ein Mann seine Frau liebt und für sie das Abendessen kocht, ist er dann weniger Mann, als wenn er beim Auto den Ölwechsel übernimmt? Manche Männer hantieren lieber mit Bratöl als mit Motoröl! Na und?

Wenn es ihrer Frau gefällt, das Konto zu verwalten und sich um die Finanzen zu kümmern, dann überlassen Sie ihr diese Aufgabe. Wenn Sie Ihre Frau lieben, ermutigen Sie sie, etwas zu tun, das sie gerne macht.

Arbeiten Sie gemeinsam Richtlinien für Ihre Ausgaben aus. Beten Sie miteinander vor großen Anschaffungen. Bestimmen Sie die besten Geldanlagen für Sie beide.

Ein echter Mann führt seine Frau zu den Dingen, die sie gerne tut.

107. *Fast jedes Jahr ziehen wir in eine neue Wohnung, oft sogar in ein neues Land. Mein Mann ist Berufssoldat, und ich unterstütze seine Laufbahn voll und ganz. Aber all die Veränderungen, die mit diesen Umzügen verbunden sind, belasten mich allmählich. Ich habe schon Angst vor dem nächsten Umzug, und das macht es schwierig für mich, meinen Mann zu unterstützen.*

Das Leben ist mit Überraschungen gespickt. Veränderungen, Übergangszeiten, Wechsel. Man steigt die Leiter hinunter, zieht aus einem Haus aus, lernt neue Menschen kennen und wird befördert. Alles ist in Bewegung. Manche Änderungen sind willkommen, andere nicht.

Zunächst klingt der Umzug an einen neuen Ort exotisch, aber ich verstehe, dass es mit der Zeit belastend wird. Kaum haben Sie einen guten Lebensmittelladen entdeckt, müssen Sie schon wieder das Auto ummelden. Kaum kennen Sie die Programme im Kabelfernsehen auswendig, packen Sie den Fernsehapparat ein. Endlich haben Sie sich aufgerafft, sich dem Nachbar vorzustellen, da müssen Sie sich schon wieder verabschieden.

Die schwierigsten Opfer bei einem solchen Leben betreffen Freundschaften. Es ist nicht leicht, mit Menschen bekannt zu werden. Freundschaften zu schließen, ist noch schwieriger. Viele Beziehungen brauchen Zeit, und die Zeit ist nicht immer auf Ihrer Seite.

Es ist aber wichtig, dass Sie bei diesen Veränderungen an der Seite Ihres Mannes bleiben. Nach Gott ist er Ihre erste und wichtigste Beziehung.

Ich habe mich immer gefragt, warum Gott die Frau aus einer Rippe des Mannes geschaffen hat, bis ich erkannte, dass die Rippe an der Seite des Mannes ist. Er will, dass Mann und Frau in allen Schwierigkeiten und Kämpfen des Lebens einander zur Seite stehen.

Sie *folgen* Ihrem Mann nicht an den nächsten Standort und tragen dabei seine Kisten und seine Sporttasche. Sie stehen einander zur Seite, halten sich an den Händen und unterstützen einander auf dem Weg.

Jesus kannte die Schwierigkeiten von Ortswechseln. Seine Eltern zogen von Nazareth nach Bethlehem, dann nach Ägypten, dann zurück nach Nazareth – und all das, bevor Jesus laufen lernte! Als Jesus seinen Dienst begann, hatte er keine Postanschrift, sondern zog in Israel von Ort zu Ort. Dann, nach einer Dienstperiode von dreiunddreißig Jahren auf der Erde, packte Jesus seine Sachen und kehrte wieder in den Himmel zurück. Seine Jünger wollten nicht, dass er fortging, deshalb erinnerte er sie daran, dass sie nicht alleine sein würden: »Ich gehe jetzt fort. Für euch beginnt eine neue Saison, ein neues Kapitel. Vieles wird anders sein, aber eines bleibt immer gleich: meine Gegenwart. Ich werde euch einen anderen Ratgeber schicken« (vgl. Johannes 16,7).

Ratgeber kann vieles bedeuten, etwa »Freund« oder »Helfer«, zwei Menschen, die Sie am meisten benötigen, wenn Sie in eine

Gegend ziehen, die Ihnen unbekannt ist. Obwohl dieser Ratgeber Ihnen nicht hilft, Ihre Kisten zu packen und das Klavier in den vierten Stock hochzuschleppen, stellt er sich an Ihre Seite, erfüllt Sie mit Frieden und zieht in Ihr Herz ein wie nie zuvor.

Der Ratgeber, der Freund, der Helfer ist der Heilige Geist. Sie können den Heiligen Geist in Tulsa ebenso wie in Tallahassee finden. Er wirkt in Bangor und in Bangkok. Seine Anschrift ist überall, von Atlanta bis Sansibar ... und vom Himmel bis zur Erde.

Jesus nahm seine geistliche Familie überallhin mit. Und das sollten Sie auch tun.

Gott schickt Sie nie alleine weg. Auch wenn sich alles im Leben ändert, eines bleibt immer gleich: Der Heilige Geist wird immer an Ihrer Seite sein.

108. *Sehr oft möchte ich meinem Mann Worte der Ermutigung sagen, aber dann werde ich nervös und denke, dass es ihm sowieso egal ist. Spielt es eine Rolle, ob ich etwas sage oder nicht?*

In vielen Familien spricht jeder die Sprache der Entmutigung. Das Zuhause ist ein Kriegsgebiet, und die Krieger haben Spitznamen wie Dummkopf, Idiot, Trottel und kleine Nervensäge. Ihr Leben ist übersät mit Gewehrkugeln und Granatsplittern. Die Wände sind voller Blutspritzer. Sie leben mit Narben und behandeln ihre offenen Wunden.

In anderen Familien regiert der Geist des Liedes »Home on the Range«. Hier hört man kaum ein entmutigendes Wort. Die Menschen verbergen ihre Verletzungen hinter einem Lächeln. Der Grund, dass man selten entmutigende Worte hört, liegt vielleicht darin, dass man selten Worte hört. Schweigen ist tödlich.

Andere Familien blühen mit Ermutigung auf. Jeder glaubt an den anderen, unterstützt den anderen, baut auf, erfrischt. Komplimente. Zettel in der Vesperdose. Liebesbriefe unter dem Kopfkissen. Gefühle werden geäußert. Gebete.

In welcher Familie würden Sie am liebsten leben?

Sie sind eventuell die erste Person, die das Fundament der Ermutigung in Ihrem Haus wieder aufbaut. Das ist ein positiver erster Schritt. Leben Sie ein neues Verhalten vor und wählen Sie als neues Verhaltensmuster das Sprechen, das Ihr Zuhause für immer schmücken wird. Entfernen Sie das Unkraut, und lassen Sie die duftenden Blumen der Liebe blühen.

> Verzichtet auf schlechtes Gerede, sondern was ihr redet,
> soll für andere gut und aufbauend sein, damit sie im Glauben ermutigt werden.
>
> Epheser 4,29

109. *Jesus nannte die Härte der Herzen als Grund für eine Ehescheidung (Matthäus 19,8). Was meinte er damit?*

Romantische Liebe beginnt mit weichen Herzen, Händchenhalten, Kuscheln. Wir haben Kosenamen füreinander. Wir entschuldigen uns, nehmen die Schuld auf uns und teilen die Hausarbeit. Doch warten Sie, bis ein paar Jahre vergangen und ein paar Babys auf die Welt gekommen sind; dann beginnt die Verkalkung der Herzen.

Es gibt eine Meinungsverschiedenheit. Er sitzt auf einer Seite der Couch, sie auf der anderen. Er denkt: *Ich entschuldige mich nicht. Ich nicht.* Sie denkt: *Wenn er glaubt, ich würde meinen Fehler zugeben, dann täuscht er sich gewaltig.*

Jetzt stehen beide an einem Scheideweg. Schlägt einer den richtigen Weg ein und erfüllt sein Eheversprechen? Oder lieben beide ihren Stolz mehr als ihren Partner und brummen: »Er/sie soll es mal spüren«? Manchmal wird eines der beiden Herzen weich. Doch eines genügt nicht. Die Ehe ist auf zwei weiche Herzen angewiesen.

Harte Herzen können eine Ehe nicht tragen. Schließlich findet einer der hartherzigen Ehepartner einen netten Kollegen beziehungsweise eine nette Nachbarin und schon steht der Ehebruch vor der Tür. Um das zu verhindern, hat Gott einen Festungsgraben um die Familie gebaut. »Ich hasse die Scheidung!«, verkündet er (Maleachi 2,16). Sie macht Kinder kaputt. Sie macht die Ehe zum Gespött. Sie zerbricht das Rückgrat der Gesellschaft. Gott hasst die Scheidung.

Aber Gott liebt seine Kinder. Und er weiß, dass wir alle einen hartherzigen Wesenszug haben. Was macht Gott also? Wie trägt er der Hartherzigkeit der Menschen Rechnung? Vernichtet er sie mit einem Blitz? Zwinkert er mit den Augen und schaut einfach weg, als wollte er sagen: »Jeder baut Mist«?

Nein, er schützt die Weichherzigen. Und den Hartherzigen gibt er die Möglichkeit, Buße zu tun und von Neuem zu beginnen.

Merken Sie sich jedoch: Scheidung ist nicht sein Wille. Sein Wille ist eine weichherzige Ehe.

110.

Mein Mann hat zugegeben, dass er ein Verhältnis mit einer anderen Frau hat. Seit Jahren haben wir uns bemüht, unsere lieblose Ehe am Leben zu erhalten. Alle meine Freundinnen sagen mir, ich solle mich scheiden lassen, solange ich jung genug bin, um noch einmal zu heiraten. Soll ich auf sie hören? Eine Scheidung ist solch ein drastischer Schritt. Ich weiß, dass sie unseren Kindern schaden würde.

Wenn zwei eins werden, wie die Bibel die Ehe beschreibt, dann werden sie mit einem unsichtbaren Bindemittel verbunden, das so festhaftend ist, dass es splittert, wenn man es auseinanderreißen will. Die Ehe wird nicht mit Spucke und Polierpaste zusammengehalten, sodass sie leicht auseinander gleiten kann, wenn zwei Menschen getrennte Wege gehen wollen. Die Scheidung zerschmettert diese Bindung und das Leben der betroffenen Menschen.

Herzen brechen. Pläne werden über den Haufen geworfen. Das Vertrauen liegt in Bruchstücken zerstreut auf dem Boden. Nicht nur die Ehepartner müssen ihr Leben wieder zusammenfügen, sondern auch die Kinder, die Tanten und Onkel, die Großeltern, die

Freunde. Scheidung ist eine Atombombe, die alles auf ihrem Weg auslöscht.

Sollten Sie also die Scheidung einreichen? Nein. Das ist nie die erste Wahl. Auch Hiroshima war ein letzter Ausweg, als alle anderen Versuche gescheitert waren.

Gehen Sie zu Ihrem Eheversprechen zurück, zu dem Augenblick, als sie Ja zueinander sagten. Erinnern Sie sich an die Gründe, weshalb Sie diese Worte aussprachen. Sie haben versprochen, zusammenzubleiben, egal, was geschieht, auch wenn Sie sich nicht verliebt fühlen.

Liebe ist kein Gefühl. Liebe ist eine Verpflichtung. Nur gut, dass Gottes Liebe zu mir nicht davon abhängt, ob er fühlt, dass ich allen seinen Maßstäben gerecht werde. Er liebt mich, weil er versprochen hat, mich zu lieben, ob ich gesund oder krank bin, in guten wie in schlechten Tagen, solange wir beide leben (also ewig).

Und Gott hält sein Wort immer. Möge er uns helfen, unseres auch zu halten.

111. *Ich habe mich in einen geschiedenen Mann verliebt, der zwei Kinder hat. Ich war noch nie verheiratet und frage mich, ob Gott eine Ehe mit einem Geschiedenen missbilligt. Können Sie mir mit meinen Sorgen weiterhelfen?*

Jesus wurde über Scheidung und Wiederheirat gefragt.

> Da kamen einige Pharisäer zu ihm und versuchten, ihm eine Falle zu stellen. Sie fragten ihn: »Darf sich ein Mann aus jedem beliebigen Grund von seiner Frau trennen?«
> »Wisst ihr nicht, was in der Schrift steht?«, erwiderte Jesus. »Dort steht, dass der ›Schöpfer die Menschen als Mann und Frau schuf‹. Und es heißt weiter: ›Deshalb wird ein Mann Vater und Mutter verlassen und sich an seine Frau binden und die beiden werden zu einer Einheit.‹ Dann sind sie also nicht mehr zwei, sondern eins, und niemand soll sie

mehr trennen, denn Gott hat sie zusammengebracht.«
»Und warum hat dann Mose gesagt, dass ein Mann seiner Frau einen offiziellen Scheidungsbrief ausstellen und sie dann fortschicken darf?«, fragten sie.
Jesus antwortete: »Mose erlaubte die Ehescheidung, weil eure Herzen hart sind, aber ursprünglich war sie nicht Gottes Wille. Und ich sage euch: Ein Mann, der sich von seiner Frau scheiden lässt und eine andere heiratet, begeht Ehebruch – es sei denn, seine Frau war untreu.«
Matthäus 19,3-9

Die Welt spielt »die Reise nach Jerusalem« mit Ehen, indem Liebende wie Partner bei einem Squaredance ausgetauscht werden. Gott sagt: Bleib, wo du bist, und bleibe treu.

Die Familie ist geheiligt und sollte wie eine Festung geschützt werden. In den Augen von Jesus wird eine Scheidung nur durch einen einzigen Grund gerechtfertigt: Wenn ein Partner beschließt, ständig mit einer Person außerhalb der Ehe Geschlechtsverkehr zu haben.

Eine Scheidung sollte nie auf die leichte Schulter genommen werden. Wenn eine Versöhnung absolut unmöglich ist (»Du kannst mit meinen Rechtsanwälten sprechen.«), was können Sie dann noch tun? Wenn jedes Mittel zur Instandsetzung der Beziehung versucht, getestet und verworfen wurde, wie sieht dann Plan B aus?

Vergibt Gott denen, die sich scheiden ließen? Und denen, die die Ehe gebrochen haben? Kann der untreue Partner jemals wieder eine glückliche Ehe führen?

Gott hat König David vergeben. Für David wurde der Ehebruch zum Lebensstil, mit all seinen Ehefrauen und Konkubinen. Er befriedigte seine eigenen Wünsche und brach Gottes Wunsch nach Ehe. David beging sogar einen Mord, um Batseba zu bekommen. Vergibt Gott Mördern und Ehebrechern? Verbrechern an einem Kreuz? Verfolgern auf dem Weg nach Damaskus? Jederzeit.

Gott vergibt, aber er beugt lieber vor. Menschen, denen vergeben wurde, können weiterleben, aber sie müssen sich mit den

Folgen ihrer Taten und all den damit verbundenen Verletzungen auseinandersetzen.

Da die Ehescheidung in dieser Welt unvermeidlich ist, kann Gott gewiss zwei vergebende Herzen, denen vergeben wurde, segnen, wenn sie von vorne beginnen und es das zweite Mal richtig machen wollen.

Familie

Windeln, Meinungsverschiedenheiten und
»Hoffnung für verlorene Söhne und Töchter?«

Dear Will -

Your questions and concerns over your prodigal daughter must surely weigh heavily on you. As a father, I can only imagine your heartache, helplessness, and desire for reunion. May God give you the comfort no human can. Don't stop praying for your child. God always hears the prayers of a parent.

[signature]

Lieber Will,

deine Fragen und die Beunruhigung wegen deiner verlorenen Tochter müssen sicher auf dir lasten. Als Vater kann ich mir deinen Kummer, die Hilflosigkeit und das Verlangen nach einem Wiedersehen ganz gut vorstellen. Möge Gott dir den Trost geben, den kein Mensch geben kann. Höre nicht auf, für dein Kind zu beten. Gott hört immer die Gebete der Eltern.

Max

112. *Was soll ich meinen Kindern über Sexualität sagen?*

Als wir Eltern wurden, übernahmen wir die Rollen des Chauffeurs, der Begleitperson, des Rettungssanitäters, des Trainers, des Ernährers, des Freizeitgestalters und des Sexualpädagogen. Die meisten Eltern fühlen sich der letztgenannten Aufgabe nicht wirklich gewachsen. Vielleicht sind die folgenden Gedankenanstöße hilfreich.

Leben Sie in Ihrer Familie gesunde Sexualität vor. Drücken Sie Zuneigung angemessen aus. Wenn Kinder sehen, wie ihre Eltern Händchenhalten oder sich vor der Fahrt zur Arbeit einen Abschiedskuss geben, lernen sie etwas Wichtiges: Man muss sich vor körperlich ausgedrückter Zuneigung nicht fürchten.

Wenn Kinder andererseits unangemessene Sexualität im Leben ihrer Eltern entdecken, hinterlässt das schlechte Beispiel einen unauslöschlichen Eindruck. Wenn Kinder Papas Pornoprogramme im Computer oder Pornohefte in der Garage finden oder auf Mamas Handy romantische SMS entdecken, die nicht von Papa stammen, oder wenn sie beim Aufwachen sehen, wie Papas Begleiterin vom Abend zuvor das Frühstück zubereitet, dann nehmen sie das zur Kenntnis. Heuchelei spricht eine deutliche Sprache. Unterschätzen Sie nicht den Schaden, den ein schlechtes Beispiel anrichtet. Unterschätzen Sie auch nicht die Macht eines guten Beispiels.

Seien Sie bereit, Fragen zu beantworten. Wenn unsere Kinder Fragen über Kondome, Menstruation oder Geschlechtsverkehr stellen, sind wir versucht, uns die Ohren zuzuhalten oder ihnen den Mund zu verbieten. Vermeiden Sie Überreaktionen. Tun Sie Ihr Bestes. Geben Sie klare, altersgerechte Antworten. Kleine Kinder brauchen nur allgemeine Informationen. Teenager brauchen mehr Einzelheiten. Irgendwann müssen alle Kinder verstehen, dass sexuelle Beziehungen und Begierden Gottes gute Idee sind. Begierden und Interesse sind weder schmutzig noch gefährlich. Sex ist ein Geschenk Gottes, aber es ist ein Hochzeitsgeschenk.

Diese Botschaft sollten Kinder auch von ihren Eltern hören. Mir gefällt die Idee einiger Eltern, ihrem Kind im frühen Jugendalter einen Reinheitsring oder eine besondere Halskette zu schenken, die der Teenager als Symbol tragen kann. Andere unterzeichnen gemeinsam Verpflichtungen zu sexueller Reinheit, in denen Eltern und Kinder versprechen, sich nach Gottes Maßstab zu richten.

Schließen Sie sich einer Glaubensgemeinschaft an. Dadurch vergrößern Sie die Chance, dass Ihre Kinder Mitglied einer christlichen Jugendgruppe werden. Das ist das einzig Vernünftige. Wenn die besten Freunde der Teenager Christen sind, wenn ihr Lieblingstreff eine Jugendgruppe ist, wenn Sie ihnen helfen, guten Umgang mit Gleichaltrigen zu haben und Wahrheiten zu hören, die Christus ehren, dann verschaffen Sie Ihren Kindern einen Vorsprung.

Machen Sie aus Ihrem Zuhause einen Ort der Gnade. Junge Leute bauen Mist. Sie gehen zu schnell zu weit, doch dann sollten wir Mütter und Väter ihnen einen sicheren Hafen bieten. Geben wir unseren Kindern das, was Gott uns gibt: klare Lehre, angemessene Zurechtweisung und reichlich Vergebung.

113. *Ich wurde antiautoritär erzogen. Meine Eltern ließen mich machen, was ich wollte, und das tat ich auch. Bei der Erziehung meiner Kinder will ich ihrem Beispiel nicht folgen. Aber ich will auch nicht zu streng sein. Wo liegt der Mittelweg?*

Gärtner wissen, wie man einen Baum gerade richtet. Manche jungen Bäumchen sind stark und gesund, aber sie wachsen in die falsche Richtung. Sie sind schief. Was tut der Gärtner, damit der Baum gerade wächst? Er bindet ein Seil um den Stamm, biegt den Baum gerade und befestigt das Seil im Boden. Wenn der Baum nun weiterwächst, wird er in die richtige Richtung gezogen.

Kinder brauchen die gleiche Korrektur. Die Bibel nennt dies *Disziplin oder Bestrafung*.

> Das Herz eines jungen Menschen ist voller Dummheiten, aber durch Bestrafung werden sie ausgetrieben.
>
> Sprüche 22,15

Wer seinen Sohn nicht straft, der liebt ihn nicht; wer seinen Sohn liebt, weist ihn schon früh zurecht.

Sprüche 13,24

Die Bibel befürwortet keine körperlichen Misshandlungen oder unverantwortliche Züchtigung. Die Bibel lehrt nicht, dass Strafen zur Abschreckung vor trotzigem Ungehorsam dienen. Nach dem Gesetz von Mose war die Rebellion gegen die Eltern ein Kapitalverbrechen (5. Mose 21,18-21). Es gibt keinen geschichtlichen Nachweis, dass dies tatsächlich einmal durchgeführt wurde, doch es wurde auf jeden Fall angedroht!

Strafen ist nicht leicht. Denalyn und mir halfen die folgenden Grundsätze.

Seien Sie umsichtig. Setzen Sie einem schlechten Betragen schnell ein Ende, lassen Sie sich aber Zeit mit der Strafe. Schicken Sie das Kind in sein Zimmer oder an einen anderen ruhigen Ort, bis Sie sich beide beruhigt haben. Bestrafung ist nie ein Freibrief für Grausamkeit. Wenn Ihnen die Verhängung der Strafe Spaß macht, müssen Sie aufhören.

Verlieren Sie nicht das Augenmaß. Die Strafe muss der Tat angemessen sein. Versuchen Sie, den Grund der Tat zu klären. Was war der Anlass für dieses Verhalten? Es ist eine Sache, die Tür aus Respektlosigkeit zuzuknallen, und es ist etwas anderes, sie zuzuknallen, weil das Eisauto durch die Straße fährt. Es ist eine Sache, wenn man vergisst, sein Zimmer sauberzumachen, aber es ist etwas ganz anderes, wenn man mit dem Fuß aufstampft und sich weigert, es sauberzumachen. Versehen sind Ordnungswidrigkeiten. Rebellion ist ein Verbrechen.

Machen Sie dem Kind verständlich, worum es geht. Erklären Sie, wie die Strafe aussieht und worin die »Straftat« bestand. Nehmen Sie nicht an, dass das Kind das von alleine versteht. Bestrafen Sie ein Kind nicht dafür, dass es »böse ist«. Das Kind hat vielleicht etwas Böses getan, doch das bedeutet nicht, dass es böse ist.

Seien Sie einfühlsam. Ein Fehler bedeutet nicht, dass das Kind nur Fehler macht. Ein Kind ist nicht ungeraten, wenn es eine Zeit lang widerspenstig ist. »[Die Liebe] lässt sich nicht reizen, und wenn man ihr Böses tut, trägt sie es nicht nach« (1. Korinther 13,5). Das bedeutet, dass die Liebe über Verfehlungen nicht Buch führt, aber alles Gute, das getan wurde, im Gedächtnis behält.

114. *Meine Frau und ich arbeiten als Missionare im Ausland. Als Antwort auf Gottes Führung zogen wir mit unserer Familie hierher. Doch jetzt stehen wir vor Problemen mit unseren Kindern und fragen uns, ob es ein Fehler war, hierher zu kommen.*

Ich frage mich, wie Noah sich fühlte, als er seine Familie zu einer Luxuskreuzfahrt mit Tieren in die Arche pferchte (1. Mose 6,13–7,5).

Hat Abraham es je bereut, dass er von Ur nach Kanaan gezogen ist (1. Mose 12,1-4)?

Oder hat Josef seine erzwungene Umsiedlung in die Sklaverei infrage gestellt (1. Mose 37,12-28)?

Ich frage mich, ob Mose jemals dachte, dass es ein Fehler war, seine Familie und sein Volk in das gelobte Land zu führen (1. Mose–5. Mose).

Ich bin sicher, dass sie alle zuweilen von Zweifeln gequält wurden, doch im Großen und Ganzen war alles letztendlich sinnvoll. Warum? Weil Gott sie an diese Orte gerufen hatte.

Hebräer 11 fasst die Geschichten von Menschen zusammen, die von Gott Aufträge bekamen, die damals sinnlos schienen. Sie handelten im Glauben. Es war die Art Glaube, die handelt, aber nichts sieht.

Wenn Gott Sie auf ein Missionsfeld im Ausland gerufen hat, kennt er bereits alle Einflussfaktoren, alle Möglichkeiten, alle Probleme, die auftauchen können. Er hat in Betracht gezogen, was mit Ihnen und Ihrer Frau geschehen wird, welche Auswirkungen es auf Ihre Kinder hat und was das für die Menschen bedeutet, denen Sie dienen.

Er sorgte für Noah, Abraham, Josef, Mose und ihre Familien, als sie auf ausländische Missionsfelder hinauszogen.

Warum sollte er für Sie nicht sorgen?

115. *Jeden Tag mache ich mir Sorgen um meine Kinder. Obwohl sie heute glücklich und in Sicherheit sind, mache ich mir Sorgen um sie. Ich mache mir Sorgen, ob sie Gott treu bleiben. Ich mache mir Sorgen, ob sie den richtigen Ehepartner finden. Ich mache mir Sorgen, dass sie krank werden und Schmerzen haben können. Wie kann ich mit diesen Sorgen fertig werden?*

Was würden Eltern ohne Sorgen tun? Es scheint, dass dies Teil ihrer Tätigkeitsbeschreibung ist: »Eltern gesucht. Aufgaben: schlaflose Nächte durchhalten, sinnloses Auf-und-ab-Gehen, Händeringen und Nägelkauen.«

Das einzige Ergebnis von Sorgen sind Wurstfinger und wunde Füße.

> Können all eure Sorgen euer Leben auch nur um einen einzigen Augenblick verlängern?
> Matthäus 6,27

Sorgen haben keine positiven Nebenwirkungen. Sie verkürzen vielmehr Ihr Leben in Form von Belastung des Herzens und Bluthochdruck.

Sorgen ist das Gegenteil von Vertrauen. Wenn Sie sich Sorgen machen, gibt es etwas, dem sie nicht trauen.

- Ihren Kindern.
- Den Verkehrsmitteln, die sie benutzen.
- Ihren Freunden.
- Fremden.
- Dem Wetter.
- Der Kirche.

- Dem künftigen Ehepartner Ihrer Kinder.
- Gott.

Gott hat auf Millionen Vögel und auf Milliarden Blumen acht. Gewiss kann er auf Ihre Kinder achthaben.

Wie können Sie den Sorgen Einhalt gebieten? Jesus hat es klipp und klar gesagt.

> Darum sage ich euch:
> Sorgt euch nicht um euer tägliches Leben.
> Matthäus 6,25

Eine recht unverblümte Antwort. Hören Sie auf damit! Sagen Sie einfach Nein zu den Sorgen. Schlagen Sie nach ihnen wie nach einer blutsaugenden Stechmücke. Das ist leichter gesagt als getan, oder?

Sorgen sind ein Test für Ihr Vertrauen. Legen Sie deshalb Ihre Kinder Gott hin und lassen ihn Babysitter sein. Er kann das recht gut.

> Überlasst all eure Sorgen [alle Ängste, alle Befürchtungen, alle Unruhe ein für allemal] Gott, denn er sorgt sich um alles, was euch betrifft.
> 1. Petrus 5,7

116. *Unser kleiner Sohn leidet an einer fortschreitenden Krankheit. Es bricht mir das Herz, wenn ich sehe, wie er körperliche Schmerzen leidet, doch die Ablehnung und verletzenden Worte anderer Kinder tun noch viel mehr weh. Manchmal kann ich kaum atmen, so tut mir das Herz weh. Wie kann ich den richtigen Blickwinkel für dieses Leiden bewahren?*

Um den richtigen Blickwinkel für das Leiden Ihres Sohnes zu bewahren, denken Sie an Folgendes:

Gott selbst ist ein Vater. Welche elterlichen Gefühle hat er nicht empfunden? Sind Sie von Ihrem Kind getrennt? Gott war es auch. Wird Ihr Kind schlecht behandelt? Sein Kind wurde verspottet und drangsaliert. Werden Ihre Kinder ausgenutzt? Der Sohn Gottes wurde durch falsche Zeugenaussagen hereingelegt und von einem habgierigen Nachfolger verraten. Müssen Sie zusehen, wie Ihr Kind leidet? Gott hat zugesehen, wie sein Sohn am Kreuz litt.

Außerdem sind wir Gottes Kinder und leiden in einer Welt voller Sünde, die unseren Körper kaputt macht, unser Hirn zermartert und unsere Beziehungen auseinander reißt. Zuckt Gott mit den Schultern und sagt: »Na ja, so ist das Leben«? Natürlich nicht. Warum würde er all die Mühe auf sich nehmen, um sich der Welt als Vater zu zeigen? Pfleger, Verwalter und Aufseher sind Titel, die kälter und gleichgültiger klingen. Gottes Rolle ist keine Berufstätigkeit, sondern eine Beziehung. Deshalb hat Gott einen Titel gewählt, der eine Beziehung ausdrückt, mit der Sie sich identifizieren können. Jetzt verstehen Sie sein Herz, wenn seine Kinder leiden.

Welche Gefühle auch immer Sie gegenüber Ihrem Sohn empfinden, Gott empfindet das Gleiche. Vielleicht sogar mehr. Ich weiß, es ist schwer zu glauben, aber Gott kennt Ihren Sohn schon länger als Sie. Er hat für ihn gelitten, bevor er geboren wurde. Sie sind nicht allein. Ihr Vater weint an Ihrer Seite.

Gott ist auch der Vater Ihres Sohnes. So wie Sie alles tun, um Ihrem Sohn in seinem Schmerz zu helfen, wird Gott es auch tun.

117. *Jetzt, wo meine beiden Söhne erwachsen sind, haben sie sich von Gott abgewandt. Ich bete jeden Tag, dass sie zu ihm zurückfinden. Beim Warten darauf kann ich nicht anders, als mir Sorgen zu machen, dass ihr Herz immer härter wird und sie nicht zu Gott zurückkehren.*

Kein Kind Gottes ist zu weit von zu Hause entfernt.

Der verlorene Sohn nahm an, dass er zu weit weg war. Er hatte die Freundlichkeit seines Vaters mit Füßen getreten »und ging in ein fernes Land, wo er sein ganzes Geld verprasste« (Lukas 15,13). Das Wort, das hier mit *verprasste* übersetzt wurde, ist das gleiche griechische Verb, das die Handlung des Bauern beschreibt, der Samen ausstreut. Stellen Sie sich vor, wie der Bauer mit vollen Händen die Saatkörner auf den bestellten Acker wirft. Stellen Sie sich den verlorenen Sohn vor, wie er das Geld seines Vaters gierigen Händlern zuwirft: ein Bündel Geldscheine in einem Club, eine Handvoll Münzen in einem anderen. Auf dem fliegenden Teppich des Bargelds jagte er von einer Party zur anderen. Sein Herz wurde hart.

Doch eines Tages war seine Brieftasche dünn. Die Kreditkarte wird nicht angenommen. Der Oberkellner sagt: »Nein.« Der Hotelier herrscht ihn an: »Fort mit dir.« Der Junge denkt: »Auweia.« Vom hohen Ross schlittert er hinunter zu den Schweinen im Morast. Er findet eine Arbeit als Schweinehirt. Für einen jungen Juden nicht unbedingt eine empfehlenswerte Laufbahn. Sein Herz bricht.

Der Hunger quält ihn so sehr, dass er sich überlegt, ob er nicht mit den Schweinen essen sollte. Doch anstatt die Schoten zu schlucken, schluckt er seinen Stolz hinunter und macht sich auf den berühmten Heimweg; bei jedem Schritt übt er seine Buß-Rede.

Doch diese brauchte er gar nicht. »Er war noch weit entfernt, als sein Vater ihn kommen sah. Voller Liebe und Mitleid lief er seinem Sohn entgegen, schloss ihn in die Arme und küsste ihn« (Lukas 15,20). Der Vater hatte den Platz des Sohnes freigehalten. Sein Herz wurde weich.

Auch für Ihre Söhne gibt es einen Platz. Sie sind immer eingeladen, zu ihrem Ehrenplatz zurückzukehren. Zeit und Gebet sind erforderlich, um ihre Herzen wieder auf den rechten Weg zu bringen.

118. *Jahrelang habe ich mich nach besten Kräften bemüht, mit meiner Schwiegermutter auszukommen. Sie ist sehr kritisch und es ist nicht leicht, sie gern zu haben, aber ich habe den Eindruck, die Abneigung ihr gegenüber ist bei mir zu einer Gewohnheit geworden. Glauben Sie, dass ich meine Einstellung zu ihr ändern kann?*

Ach, die Schwiegermutter. Jahrelang war sie das Ziel vieler Witze. Allein die Äußerung »meine Schwiegermutter« ruft jedes Mal Schmunzeln hervor. »Ach ja, die Schwiegermutter!«, antwortet der Lacher. (Ich frage mich, ob Schwiegermütter lachen, wenn vom »Schwiegersohn« gesprochen wird.)

Manchmal stimmt es.

Es kann schwierig sein, mit Schwiegermüttern auszukommen. Und wenn man mit seiner Schweigermutter in Konflikt steht, dann ist das gar nicht zum Lachen. Sie können Ihre Schwiegermutter nicht ändern, aber Sie können Ihre persönliche Einstellung zu ihr ändern.

Hier ein paar praktische Schritte.

Blickwinkel: Wenn ich meine Einstellung zu jemandem ändern will, versuche ich, meinen Blickwinkel zu ändern. Ich schaue nicht mehr auf die Dinge, die mich aufregen, sondern suche stattdessen in den Ecken und Winkeln seiner Persönlichkeit nach einer guten Eigenschaft, die es wert ist, beachtet zu werden.

Bisher hatten Sie vor allem die Tadelsucht Ihrer Schwiegermutter im Blick, doch worin liegt ihre beste Eigenschaft? Ist sie großzügig? Kann sie gut kochen? Kann sie sehr gut auf andere Menschen zugehen?

Ich frage Gott: »Was magst du an dieser Person?« Er findet immer etwas.

Vergangenheit: Irgendwann im Lauf der Zeit entdecke ich, warum ein Mensch so oder so handelt – wie seine Kindheit war, wer ihn verletzt hat, welche Fehlschläge er erlebt hat. Dann kann ich nachempfinden, wie es ihm geht und ich bedaure ihn, weil das Leben ihm solch schlechte Karten ausgeteilt hat.

Gebet: Schließlich bete ich für den Menschen. Es ist schwer, vor Gott zu stehen und gehässig über jemanden zu sprechen, den Gott liebt.

Diese Schritte verändern wahrscheinlich Ihre Schwiegermutter nicht, aber sie helfen Ihnen, Ihre Einstellung ihr gegenüber zu ändern. Und wer weiß, vielleicht ändert sie sich, wenn Sie beginnen, sie in einem anderen Licht zu sehen.

119. *Mehr als alles auf der Welt will ich meinen Kindern eine gute Mutter sein. Wie kann ich die Mutter werden, die ich nach Gottes Willen sein soll?*

Die Jungfrauengeburt ist viel mehr als eine Weihnachtsgeschichte. Sie ist ein Bild dafür, wie nahe Christus Ihnen, einer Mutter, kommt, wenn Sie ein Kind auf die Welt bringen.

Stellen Sie sich vor, dass in Lukas 1 von Ihnen die Rede ist.

Gott kommt zu Ihnen und sagt: »Ich habe eine besondere Aufgabe für dich. Ein Kind. Ein besonderes Kind, das ich dir anvertrauen will. Bist du bereit, dieses Kind großzuziehen?«

Sie stottern, atmen tief durch. »Das klingt beängstigend.«

»Keine Sorge. Ich werde bei dir sein. Dieses Kind ist mir ganz besonders wichtig. Es wird ein großartiges Kind sein.«

Sie schütteln den Kopf. »Eine so große Verantwortung. Ich weiß nicht, ob ich das schaffen kann.«

»Mit mir ist nichts unmöglich.«

Sie lächeln. »Ich bin deine Dienerin, ich werde es tun.«

Glauben wir, dass nur ein einziges Kind Gottes besondere Aufmerksamkeit geschenkt bekam? Sicher, nur eines war sein Sohn. Ein Engel hat diese besondere Geburtsanzeige überbracht, begleitet von einem Engelchor, der zur Geburt gratulierte. Natürlich hat Gott für die Geburt von Jesus alle Register gezogen.

Aber Kinder werden nicht wahllos in irgendwelche Familien hineingeboren. Gott sorgt dafür, dass die richtigen Kinder zu den richtigen Eltern kommen.

Wenn Sie eine Mutter nach Gottes Willen sein wollen, dann beginnen Sie, sich klarzumachen, wie wichtig Ihre Aufgabe in Gottes Augen ist. Er vertraut Ihnen eines seiner eigenen Kinder an. Von allen Müttern dieser Welt hat er Sie gerade für dieses eine Kind ausgewählt.

Vergessen Sie nicht, dass auch Sie von Gott selbst höchst beehrt werden, wenn Sie ein solch besonderes Geschenk erhalten.

120. *Was kann man gegen schlechte Laune tun? Manchmal will ich alle anschnauzen, die mir in den Weg kommen – und tue es auch!*

Manche Leute wissen nicht, dass wir freie Entscheidungen treffen können. Man könnte fast meinen, dass wir Opfer unserer Gedanken sind. »Sei still, ich bin schlecht gelaunt«, keifen sie. Als ob schlechte Laune ein Ort ist, der einem zugewiesen wurde (»Ich kann dich nicht anrufen, denn ich bin in Bosnien«), und nicht eine Gefühlsregung, die man zulässt.

Oder wir sagen: »Lass sie in Ruhe. Sie ist in einer schlechten Stimmung.« Ist eine Stimmung etwas, was man »hat« wie einen Schnupfen oder die Grippe? Sind wir Opfer der emotionalen Bakterien der jeweiligen Jahreszeit? Oder haben wir die Wahl?

Paulus meint, wir können etwas tun: »[Wir] nehmen gefangen alles Denken in den Gehorsam gegen Christus« (2. Korinther 10,5; LUT).

Erkennen Sie den Schlachtfeld-Jargon in diesem Vers: »Wir nehmen die Gedanken gefangen, bringen sie zum Aufgeben und zwingen sie, Christus zu gehorchen.« Man hat den Eindruck, dass wir Soldaten sind, die gegen unsere Feinde, die Gedanken, kämpfen. Unser Auftrag lautet, die Heimat zu schützen und schädlichen Gedanken den Zutritt zu verwehren. Sobald sie am Horizont auftauchen, treten wir in Aktion. »Dieses Herz gehört Gott«, erklären wir. »Bevor ihr nicht die Seiten gewechselt habt, bleibt ihr draußen.«

»Selbstsucht, zurücktreten! Neid, verschwinde! Such dir eine andere Bleibe, Zorn! Hier wirst du rausgeworfen.« Das Gefangennehmen von Gedanken ist eine ernste Angelegenheit.

Wir sind keine Opfer unserer Gedanken. Wir haben ein Stimmrecht. Wir haben ein Mitspracherecht.

Wir können Gedanken-Prophylaxe betreiben.

121. *Meine Arbeitsstelle bringt viele Überstunden mit sich, sodass ich bei vielen schulischen Veranstaltungen meiner Kinder nicht dabei sein kann. Meine Frau macht sich darüber große Sorgen. Kann sich das auf unsere Kinder negativ auswirken? Oder auf meine Beziehung zu ihnen?*

Als Vater dreier Töchter hatte ich mit den gleichen Problemen zu kämpfen. In dem Maße wie Gott meinen Dienst segnete, kamen immer mehr Anfragen aus aller Welt, in denen ich gebeten wurde, in Gemeinden, bei Konferenzen und bei den Eröffnungen großer Supermärkte zu sprechen. Zunächst war es schwer, Nein zu sagen. Ich hatte den Eindruck, dass jede dieser Gelegenheiten von Gott kam.

Schließlich erkannte ich Folgendes: Jedes Mal, wenn ich zu etwas Ja sage, muss ich zu etwas anderem Nein sagen. Ich nenne es Lucados Ja-Gesetz der Umkehrdynamik. *Schlagen Sie es nach!* Es bedeutet: Für jedes Ja auf Ihrem Terminkalender gibt es eine gleichwertige entgegengesetzte Nein-Reaktion.

Wenn ich zu einem Vortrag Ja sage, sage ich Nein zu einem gemeinsamen Abendessen mit der Familie.

Wenn ich zu einer Besprechung Ja sage, sage ich Nein zum Volleyballspiel meiner Töchter.

Wenn ich zu einer Autorenlesung Ja sage, sage ich Nein zu einem Spaziergang mit meiner Frau.

Wie zeigen wir also Menschen, dass wir sie lieben und an sie glauben? Es gibt viele Möglichkeiten, diese Gefühle auszudrücken – verbale Bestätigungen, Liebesbriefe, Anrufe, sogar eine schnelle

SMS »Ich denke an dich.« Sie sind alle gut, aber eine Möglichkeit ist die beste von allen.

In meinem Buch *A Love Worth Giving*[17] habe ich darüber geschrieben:

> Glauben Sie an Ihre Kinder? Dann zeigen Sie sich. Gehen Sie zu ihren Spielen. Lassen Sie sich bei ihren Musikabenden sehen. Es ist vielleicht nicht jedes Mal möglich, aber die Mühe lohnt sich ... Wollen Sie das Beste in jemanden zum Vorschein bringen? Dann seien Sie präsent.

Inzwischen sind alle meine Töchter erwachsen, und glauben Sie mir, ich bin froh, dass ich die Entscheidung getroffen habe, präsent zu sein, bevor es zu spät war. Mir fehlen die Elternabende und das Betrachten ihres Pappmaché-Vulkans bei der naturwissenschaftlichen Ausstellung und das Mitfiebern bei den großen Volleyball-Wettkämpfen, sogar wenn sie die ganze Zeit nur auf der Bank saßen.

Wenn es um Kinder und Familie geht, ist es viel einfacher, Geld zu verdienen als verlorene Zeit aufzuholen.

122. *Die heutige Welt – die Menschen und gewiss auch die Medien – ermutigen unsere Kinder zu Genusssucht und Egoismus. Ich glaube nicht, dass all diese Beschäftigung mit sich selbst ihnen hilft, zu reifen Erwachsenen zu werden. Liege ich da falsch?*

Genusssucht und Egoismus werden zu einer Lebensart, wenn sie im frühen Kindesalter gelernt werden. Jeder Herzschlag eines Kindes tönt »ich-ich, ich-ich, ich-ich, ich-ich.«

Im Fernsehen sind nicht die besten Vorbilder zu sehen:

- Kinder, die jeden Schnickschnack und alle Süßigkeiten bekommen, die sie wollen.

- Kinder, die in dreißig Minuten alle ihre Probleme lösen.
- Kinder, die mit ihren schlagfertigen, frechen Äußerungen gegenüber dummen Erwachsenen Lachen ernten.

Das Fernsehen lässt die Frucht verführerisch vor unseren Kindern baumeln und sagt: »Sieht diese Lebensart nicht gut aus? Gönne sie dir.«

Aber Genusssucht und Egoismus sind nicht nur ein Problem unserer Kinder – sondern der ganzen Menschheit. Tatsächlich hat uns Genusssucht und Egoismus in dieses Schlamassel gebracht. »Los, Eva, iss diese Frucht. Sie sieht so gut aus. Gönne sie dir.«

Das Fernsehen preist nur an, was die Welt bereits denkt. Wie unterweisen wir also unsere Kinder richtig? Geben wir ihnen neue Vorbilder.

Andere Kinder – sorgen Sie dafür, dass sie mit anderen Kindern zusammenkommen, die nicht »alles haben« oder deren Eltern nicht sofort den neusten Trend kaufen.

Eltern – lernen Ihre Kinder von Ihnen Genusssucht und Egoismus? Sind Ihnen Ihr Terminkalender und Ihre Prioritäten wichtiger als Ihre Kinder? Haben Sie mehr Spielzeug als Ihre Kinder?

Jesus – übermitteln Sie Ihren Kindern konsequent die Botschaft von Jesus Christus und konzentrieren Sie sich dabei auf seine Demut und seine Selbstaufopferung. »Jesus ... der für eine kurze Zeit geringer als die Engel gemacht wurde ...« (Hebräer 2,9). Jesus entschied sich für das Dienen, und er ist der König! Können wir nicht das Gleiche tun?

Kinder brauchen neue Vorbilder der Selbstaufopferung, um zu erkennen, dass das Leben etwas anderes ist als eine große Fernsehshow und dass sie nicht ständig im Mittelpunkt stehen.

123. *Wirversuchen, unsere Kinder zu Bescheidenheit zu erziehen, wollen dabei aber ihr Selbstwertgefühl nicht zerstören. Was ist Ihrer Meinung nach ein guter Mittelweg?*

Im Philipperbrief stehen zwei Verse, die Sie Ihren Kindern beibringen sollten, denn sie zeigen ein ausgewogenes Verhältnis zwischen Bescheidenheit und Selbstwertgefühl.

> Seid nicht selbstsüchtig; strebt nicht danach,
> einen guten Eindruck auf andere zu machen, sondern seid
> bescheiden und achtet die anderen höher als euch selbst.
> Philipper 2,3

> Denn alles ist mir möglich durch Christus,
> der mir die Kraft gibt, die ich brauche.
> Philipper 4,13

Philipper 2,3 gebietet mir, andere besser zu behandeln als mich selbst. Philipper 4,13 sagt, dass Gott mich gut behandelt.

Der erste Vers sagt, dass andere höher geachtet werden als ich. Der zweite sagt, dass ich hoch geachtet werde, weil Gott mich gebraucht.

Der erste sagt, dass ich geringer bin als die anderen. Der zweite sagt, dass ich wegen Gottes Kraft größer bin.

Selbstwertgefühl ist, was die Leute sehen, wenn sie in den Spiegel schauen – was sie als ihren Wert verstehen. Wenn man ständig hört: »Du bist nicht so wichtig wie die anderen«, dann wird dadurch sicher die Persönlichkeit abgewertet. Doch das muss nicht so sein, solange man den zweiten Vers im Hinterkopf behält. Du bist stark.

Ein Charaktermerkmal, das Jesus ganz bestimmt nicht hatte, ist Mangel an Selbstvertrauen. Er nahm es mit den Pharisäern auf, bot dem wütenden Pöbel die Stirn, behauptete sich, wenn andere ihm das Wort im Mund herumdrehten, ging – von seinem Auftrag überzeugt – ans Kreuz und ist dabei »nicht gekommen, um sich dienen zu lassen, sondern um anderen zu dienen und sein Leben als Lösegeld für viele Menschen hinzugeben« (Markus 10,45).

Bringen Sie Ihrem Kind bei, ein selbstbewusster Diener zu sein, der weiß, dass sein Ziel der Dienst an anderen ist und der seinen Chef liebt, weil sein Chef ihn zuerst geliebt hat und ihm die Kraft gibt, die er braucht, um der Welt entgegenzutreten.

124. *Wir haben unsere Kinder in der Bibel unterwiesen, aber sie haben Gott verlassen. Was ist geschehen? Wir dachten, wenn wir sie in Gottes Wort unterweisen, dann werden sie sich nicht von ihm abwenden. Steht das nicht auch in der Bibel?*

> Lehre dein Kind, den richtigen Weg zu wählen, und wenn es älter ist, wird es auf diesem Weg bleiben.
>
> Sprüche 22,6

Seien Sie mit diesem Vers vorsichtig. Interpretieren Sie ihn nicht in dem Sinn: »Wenn ich meine Kinder auf den richtigen Weg bringe, werden sie ihn nie verlassen. Wenn ich sie mit Bibelversen und Religionsunterricht und Predigten fülle, dann lehnen sie sich vielleicht auf, aber schließlich werden sie zurückkehren.«

Solch ein Versprechen wird hier nicht gegeben. Die Errettung ist ein Werk Gottes.

Gottesfürchtige Eltern können den Boden vorbereiten und den Samen ausstreuen, doch Gott schenkt das Wachstum (1. Korinther 3,6). Mütter und Väter machen die Herzen ihrer Kinder weich, können sie aber nicht beherrschen.

Ihnen den Weg zeigen? Ja.

Sie zwingen, auf diesem Weg zu gehen? Nein.

Zu gewissen Zeiten in meinem Leben stand ich am Scheideweg und ging sogar ein paar Schritte auf dem falschen Weg. Eines hat mich immer zurückgebracht – der innere Kompass, der mir von meinen Eltern, die Christus liebten, gezeigt wurde.

Kein Kind verlässt Gott. Ein Kind kann Gott den Rücken kehren oder versuchen, sich vor ihm zu verbergen. Aber aus dem Blickfeld Gottes verschwinden? Unmöglich. Gott behält jedes seiner Kinder im Auge.

Der Heilige Geist folgt Ihrem Kind auf jeder Seitenstraße, in jeder dunklen Gasse, in jeder Sackgasse und erinnert es immer an die Grundlage des Glaubens, den Sie ihm gezeigt haben – an den Weg zurück nach Hause.

125. *Ich bin in einer christlichen Familie aufgewachsen, bin jetzt vierunddreißig Jahre alt, unverheiratet und kämpfe mit Einsamkeit und Unsicherheit. Ich fürchte mich vor dem Alleinsein, aber noch mehr vor der Versuchung, in Sünde zu fallen, nur um nicht alleine zu sein. Wo kann ich im Dunkel der Einsamkeit einen Hoffnungsschimmer finden?*

Es ist ganz natürlich, dass Sie sich nach Gemeinschaft sehnen. Das liegt in unserer DNA. Gott hat einen Teil des Mannes benutzt, um die Frau zu schaffen. Ein Paar passt zusammen wie ein menschliches Puzzle, Schwächen werden durch Stärken ergänzt, die Herzen werden durch Leidenschaften vereint, die Liebe ist das Kernstück. Diese beiden undefinierten Puzzleteile ergeben ein vollständiges Bild, wenn sie zusammenfinden. Folglich kommt sich ein alleinstehender Mensch unvollständig vor. Für ihn ist das Leben ein unfertiges Puzzle, und er sucht nach dem zu ihm passenden Teil.

Viele Ledige glauben, dass die Ehe das Leben vollkommen macht. Hm, stellen Sie doch diese Frage einfach einem Verheirateten. Vieles wird durch die Ehe ergänzt, anderes wird komplizierter. Zuweilen ist Ledigsein einfacher. Man muss sich nur um einen einzigen Menschen Sorgen machen. Mit einem Ehepartner und ein paar Kindern werden Ihre eigenen Bedürfnisse zweitrangig.

Paulus wusste das und blieb lieber ledig.

Ich möchte, dass ihr in allem, was ihr tut, von den Sorgen dieses Lebens frei seid. Ein unverheirateter Mann kann seine Zeit ganz für die Sache des Herrn einsetzen und darüber nachdenken, wie er ihm Freude machen kann. Für einen verheirateten Mann ist das sehr viel schwerer. Er muss seine irdischen Verpflichtungen erfüllen und sich überlegen, wie er seiner Frau gefallen kann. Seine Aufmerksamkeit ist geteilt. Genauso kann eine Frau, die nicht mehr verheiratet ist oder nie verheiratet war, sich körperlich und geistig sehr viel stärker für den Herrn einsetzen als eine verheiratete Frau, die sich um ihre irdischen Verpflichtungen kümmern und darüber nachdenken muss, wie sie ihrem Mann gefallen kann. Ich sage das, um euch zu helfen, und nicht, um euch zu bedrängen. Ich möchte, dass ihr anständig lebt und zuverlässig dem Herrn dient, ohne euch ablenken zu lassen.

1. Korinther 7,32-35

Durch die Ehe wird unser Dienst neu bestimmt. An die Stelle von Bibelstunden und der Arbeit im Obdachlosenheim treten Essen mit der Familie und die Betriebsfeiern des Ehepartners. Für viele von uns ist das prima.

Paulus jedoch hatte den Eindruck, dass eine Ehe seine Aufmerksamkeit vom Dienst für Gott ablenken würde.

Als lediger Mann reiste Paulus durch Asien und Europa und verkündete das Evangelium. Er gründete christliche Gemeinden und diskutierte mit einigen der klügsten Gelehrten aller Zeiten. Und Petrus? Was hat Petrus getan? Petrus war verheiratet. Jesus heilte seine Schwiegermutter, was bedeutet, dass Petrus eine Frau hatte (Matthäus 8,14-15). Zu Beginn der Apostelgeschichte hören wir viel über Petrus und seine Arbeit in und um Israel. Doch wir hören nichts von weltweiten Abenteuern von Petrus. Warum nicht? Wahrscheinlich musste er zu Hause bei seiner Frau und seiner Familie bleiben. Drei Jahre nahm er sich frei, um mit Jesus unterwegs zu sein. Doch danach wurde der Bereich seines Dienstes eingeschränkt, weil seine Aufmerksamkeit nicht ungeteilt war.

War der Dienst von Petrus wirkungslos? Nein, aber er war nur begrenzt wirksam. Die Ehe hat ihn eingeschränkt.

Paulus fährt fort: »Wenn ihr euch nicht enthalten könnt, dann heiratet« (vgl. 1. Korinther 7,9). Überhören Sie aber nicht das Herzstück der Lehre: Unverheiratete sind ohne Ehepartner, aber nicht ohne Bräutigam. Ledige können ein wesentlicher Teil der Braut von Christus, der Gemeinde, sein, wenn sie sich auf jenen letzten großen Hochzeitstag vorbereitet.

126. *Ein Streitpunkt in unserer Familie ist das Geld. Mein Mann und ich können uns nicht einigen, wie viel wir ausgeben, wie viel wir sparen und wie viel wir spenden sollen.*

Denalyn und ich mussten uns auch mit dieser Frage auseinandersetzen. Das familiäre Umfeld, in dem wir aufwuchsen, war unterschiedlich. Meine Eltern waren genügsam und machten höchst ungern Schulden. Sie nahmen nie einen Kredit auf und führten über die kleinsten Ausgaben Buch. Denalyns Eltern verhielten sich spontaner und hatten ständig Kredite laufen. Als wir heirateten, wollte ich folglich mehr sparen und Denalyn wollte mehr ausgeben.

Es dauerte geraume Zeit, bis wir lernten, was die Bibel zum Umgang mit Geld sagt. Laut Bibel gibt Gott uns aus vier Gründen ein Einkommen.

Um Gott zu ehren: »Ehre den Herrn mit deinem Besitz und schenke ihm das Beste, was dein Land hervorbringt« (Sprüche 3,9). Ihr Bankkonto ist ein Mittel zur Anbetung. Wie Sie Gott mit Ihrer Stimme und Ihrem Gebet ehren, ehren Sie ihn, wenn Sie Geld für sein Werk zur Verfügung stellen.

Um Ihre Familie zu versorgen: »Diejenigen jedoch, die nicht für ihre eigenen Verwandten sorgen – besonders wenn sie im selben Haushalt leben –, haben damit verleugnet, was wir glauben. Solche Leute sind schlimmer als Ungläubige« (1. Timotheus 5,8). Dieser Vers gehört zu den härtesten Worten der Bibel. Gott hatte nie beabsichtigt, dass seine Kinder hungern oder frieren sollen. Das

Wohlergehen der Familie hat jederzeit Vorrang vor Sportbooten oder Diamanten.

Um Ihr Land zu unterstützen: »Bezahlt eure Steuern genauso wie den Zoll und erweist allen Achtung und Ehre, denen dies zusteht« (Römer 13,7). Straßen müssen gebaut und Schulen müssen renoviert werden. Die Bürger des Himmels sind von der Pflicht, ihren Teil auf der Erde beizutragen, nicht befreit.

Um es zu genießen: »Sag allen, die in dieser gegenwärtigen Welt reich sind, sie sollen nicht stolz sein und nicht auf ihr Geld vertrauen, das bald vergehen wird. Stattdessen sollen sie ihr Vertrauen auf den lebendigen Gott setzen, der uns alles reichlich gibt, was wir brauchen, damit wir uns daran freuen und es genießen können« (1. Timotheus 6,17).

Diese vier Prioritäten haben Denalyn und mir geholfen, eine einfache Strategie für den Umgang mit Geld auszuarbeiten. Im zweiten Jahr unserer Ehe, nach viel zu vielen Spannungen wegen den Finanzen, haben wir uns folgenden Plan ausgedacht:

- 10 Prozent für die christliche Gemeinde.
- 10 Prozent werden gespart.
- 80 Prozent für Rechnungen und Vergnügen.

Beide waren wir darüber einig, dass wir den Zehnten geben wollten. Ich wollte etwas sparen und Denalyn wollte das freie Unternehmertum fördern. Also schlossen wir einen Kompromiss. Nachdem wir Gott geehrt und etwas Geld auf die hohe Kante gelegt hatten, stellte sich heraus, dass die restlichen 80 Prozent immer für die tagtäglichen Bedürfnisse genügten. Dieser Plan funktionierte so gut für uns, dass wir sogar mehr als 10 Prozent spenden konnten.

Finden Sie einen Plan, der für Sie passt.

127. *Mir graut es wirklich davor, in den Ferien nach Hause zu gehen. Meine Eltern und Brüder machen Weihnachten zu einem Chaos. Sie achten mich nicht und ermutigen mich nicht. Eigentlich sprechen sie gar nicht mit mir.*

Wir haben keinen Einfluss darauf, wie unsere Familie mit uns umgeht. Wenn es um das Verhalten anderer uns gegenüber geht, sind unsere Hände gebunden. Es ist naiv, zu erwarten, dass andere uns gut behandeln, wenn wir Gutes tun. Sie tun es vielleicht, vielleicht aber auch nicht.

Wenn Ihr Vater ein Trottel ist, können Sie die beste Tochter der Welt sein, er würde es Ihnen nicht sagen.

Wenn Ihre Tante etwas an Ihrer Berufslaufbahn auszusetzen hat, können Sie ein Dutzend Mal die Arbeitsstelle wechseln und sie wird immer noch nicht zufrieden sein.

Wenn Ihre Schwester sich ständig darüber beklagt, was Sie bekommen haben und sie selbst nicht, können Sie ihr alles geben, ohne dass sich etwas ändert.

Solange Sie glauben, das Verhalten der Menschen Ihnen gegenüber beeinflussen zu können, sind Sie ein Sklave der Meinung anderer. Wenn Sie glauben, Sie können die Meinung der anderen beeinflussen, dann müssen Sie sich selbst die Schuld geben, wenn die Meinung der anderen nicht positiv ist.

Es ist ein Spiel mit unfairen Regeln, das schlimm endet.

Ich kann Ihnen nicht versichern, dass Ihre Familie Ihnen jemals den Segen gibt, nach dem Sie sich sehnen, doch ich weiß, dass Gott es tun wird. Lassen Sie zu, dass Gott Ihnen das gibt, was Ihre Familie Ihnen vorenthält. Wenn Ihr irdischer Vater Sie nicht aufbaut, dann lassen Sie Ihren himmlischen Vater seine Stelle einnehmen.

Wie können Sie das tun? Indem Sie Gott emotional als Ihren Vater annehmen. Gott als Herrn anzunehmen, ist eine Sache. Eine andere ist es, ihn als Retter anzuerkennen. Aber ihn als Vater anzunehmen, ist wieder etwas völlig anderes.

Gott hat sich selbst als treuer Vater erwiesen. Jetzt liegt es an uns, vertrauensvolle Kinder zu sein. Bitten Sie Gott, Ihnen zu geben, was Ihre Familie Ihnen nicht gibt. Er kann die Leere ausfüllen, die andere zurückgelassen haben. Vertrauen Sie auf die Stärkung und Ermutigung, die er Ihnen gibt. Paulus drückte das so aus: »Jetzt seid ihr keine Diener mehr, sondern Kinder Gottes. Und als seine Kinder gehört euch alles, was ihm gehört« (Galater 4,7). Weil Sie sein Kind sind, gibt Gott Ihnen alles, was er zugesagt hat.

128. *Unsere Familie ist erschöpft. Wir eilen von einer Veranstaltung zur nächsten. Wie können wir etwas zur Ruhe kommen?*

Jesus versteht Ihr Problem. Er kannte die Hektik des Lebens. Unaufhörlich stellten die Menschen Ansprüche an seine Zeit und Kraft. Doch er wusste, wie er sich eine Zeit lang ausklinken konnte.

> Früh am nächsten Morgen ging Jesus an einen einsamen Ort.
> Lukas 4,42

Jesus verließ die Menge und tauchte in einem Naturschutzgebiet, einer versteckten Bucht, einem leer stehenden Gebäude, einem *einsamen Ort* unter. Später in dem Vers erklärt Lukas den Grund: »Die Menschen … baten ihn, sie nicht zu verlassen.« Die Menschen brachten nicht nur körperlich und seelisch Kranke zu Jesus. Sie kamen mit Terminkalendern, Reiseplänen, ungebetenen Ratschlägen. Die Menschenmenge wollte die Weichen für das Handeln von Jesus stellen. »Hör auf uns«, betonten sie. »Wir sagen dir, wo es langgeht.«

Das Gleiche sagen sie zu Ihnen. Drehen Sie sich kurz um. Die Menge folgt Ihnen dicht auf den Fersen. Überdies scheinen all die anderen mehr über Ihr Leben zu wissen als Sie selbst: Wo Sie arbeiten, wen sie heiraten, was Sie studieren sollen. Die anderen werden Ihr Leben in die Hand nehmen, wenn Sie es zulassen.

Jesus hat das nicht zugelassen. Folgen Sie seinem Beispiel.

Einsam bedeutet nicht trostlos, sondern nur still. Einfach ein Ort, an den Sie wie Jesus *gehen.* »Früh am Morgen ging Jesus an einen einsamen Ort.« *Gehen* setzt eine Entscheidung von Jesus voraus. »Ich muss von hier weg. Um nachzudenken. Um nachzusinnen. Um meinen Kurs neu abzustecken.« Er bestimmte die Zeit, wählte einen Ort. Entschlossen drückte er auf den Pausenknopf in seinem Leben.

Gott ruhte nach sechs Tagen Arbeit, und die Welt brach nicht zusammen. Warum meinen wir, dass die Welt zusammenbricht, wenn wir eine Pause einlegen? (Oder haben wir Angst, dass sie dann nicht zusammenbricht?)

129. *Ich habe ein Kind in der Mittelstufe und ein anderes, das gerade den Führerschein gemacht hat. Ist es falsch, wenn ich mir Sorgen um sie mache?*

Nein, das ist ganz normal für Eltern. Jesus achtet auf die Sorgen im Herzen von Eltern. Schließlich waren unsere Kinder zunächst seine Kinder.

»Kinder sind ein Geschenk des Herrn, sie sind ein Lohn aus seiner Hand« (Psalm 127,3). Bevor sie unsere Kinder wurden, waren sie seine. Und sie sind sogar noch seine, wenn sie bereits unsere sind.

Das vergessen wir oft und betrachten unsere Kinder als *unsere* Kinder, als ob wir das letzte Wort hinsichtlich ihrer Gesundheit und ihres Wohlergehens hätten. Das haben wir nicht. Alle Menschen gehören Gott, auch die kleinen Leute, die an unserem Tisch sitzen. Weise sind die Eltern, die ihre Kinder regelmäßig in Gottes Hand zurücklegen.

Jesus sagte sehr wenig über Kindererziehung, äußerte sich nicht zur Prügelstrafe, zum Stillen, zur Rivalität zwischen Geschwistern oder zur schulischen Ausbildung. Doch seine Taten sprachen Bände über das Gebet. Jedes Mal, wenn ein Vater oder eine Mutter betete, hat Jesus reagiert. Seine große Botschaft für Mütter und Väter? Bringt eure Kinder zu mir. Erzieht sie in einem Gewächshaus des Gebets.

Segnen Sie Ihre Kinder, bevor sie morgens das Haus verlassen. Wenn Sie ihnen eine gute Nacht wünschen, hüllen Sie sie in Gebete ein. Gerät Ihre Tochter wegen ihrer Geografie-Hausaufgabe außer Fassung? Beten Sie mit ihr darüber. Wird Ihr Sohn von dem neuen Mädchen eingeschüchtert? Beten Sie mit ihm für das Mädchen. Beten Sie, dass Ihre Kinder sich in dieser Welt zu Hause fühlen und dass sie sich bewusst sind, dass sie auch im Himmel ihren Platz haben.

Gott verwirft das Gebet von Eltern nie.

130. *Mein Mann und ich wollen gastfreundlich sein, aber unser Haus ist klein und ich bin eine schlechte Köchin. Deshalb zögere ich, jemanden einzuladen. Mein Mann meint, diese Dinge sind weniger wichtig als Gastfreundschaft. Hat er recht?*

Ihr Mann hat recht. Wenn Gäste kommen, muss nicht alles bis ins Einzelne ausgeklügelt sein. Hören Sie nicht auf gewisse Zeitschriften, die Ihnen einreden wollen, dass alles perfekt sein muss. Das Haus muss perfekt sein. Das Porzellan muss perfekt sein, genauso wie das Essen, die Kinder, der Mann. Parfümierte Gästehandtücher, warme Appetithäppchen, Pfefferminzschokolade nach dem Essen. Alles muss perfekt sein.

Wenn wir warten, bis alles perfekt ist, laden wir nie jemanden ein.

Es ist kein Zufall, dass die englischen Wörter für Gastfreundschaft *(hospitality)* und für Krankenhaus (*hospital*) von demselben lateinischen Wort abstammen, denn beide führen zum gleichen Ergebnis: Heilung. Wenn Sie jemandem Ihre Tür öffnen, teilen Sie ihm mit: »Du bist mir und Gott wichtig.« Sie denken vielleicht, dass Sie sagen: »Komm zu Besuch.« Was Ihr Gast hört, ist: »Ich bin der Mühe wert.«

Kennen Sie Menschen, denen eine solche Mitteilung guttut? Ledige, die alleine essen? Junge Paare, die fern von zu Hause sind? Alte Menschen, die nicht mehr Auto fahren? Manche Menschen verbringen einen ganzen Tag ohne richtige Kontakte mit einem anderen. Ihre Gastfreundschaft kann für diese Menschen eine heilende Wirkung haben. Alles, was Sie brauchen, sind ein paar grundlegende Richtlinien.

Sprechen Sie eine ernst gemeinte Einladung aus. Ihre Gäste sollen spüren, dass sie wirklich willkommen sind. Rufen Sie sie an oder gehen Sie bei der Arbeit an ihren Schreibtisch. Menschen müssen jeden Tag Zurückweisungen ertragen. Der Arzt hat keinen Termin mehr frei. Die Kinder haben nicht angerufen. Das Flugzeug ist überbucht. Doch dann werden sie von Ihnen eingeladen. *Wir haben Platz für dich!* Eine lebensverändernde Erfahrung.

Feiern Sie die Ankunft der Gäste. Versammeln Sie die ganze Familie an der Eingangstür. Reißen Sie die Tür weit auf. Wenn sie eine Auffahrt haben, gehen Sie ihnen entgegen. Wenn Sie in einem Mehrfamilienhaus mit Eingangshalle wohnen, dann warten Sie dort auf Ihre Gäste. Dieser Augenblick ist des vielen Aufhebens wert. Eines von Gottes Kindern kommt zu Ihnen nach Hause!

Gehen Sie auf die Bedürfnisse Ihrer Gäste ein. Im ersten Jahrhundert gehörte das Waschen der Füße zur Gastfreundschaft. Heutzutage gehört das gemeinsame Essen und Trinken dazu. Zeit zum Sprechen und zum Zuhören. Kein Fernsehen, das im Hintergrund plärrt. Keine aufdringliche Musik.

Verabschieden Sie Ihre Gäste mit einem Segen. Machen Sie deutlich, dass Sie sich über das Kommen Ihrer Gäste gefreut haben. Beten Sie für ihre Sicherheit und geben Sie ihnen ein Wort der Ermutigung mit auf den Heimweg.

Vergessen Sie nicht: Was für Sie nichts Besonderes ist, ist für jemand anderen ein Festessen. Sie denken, dass Ihr Haus klein ist, doch für ein einsames Herz ist es ein Schloss. Sie denken, dass Ihr Wohnzimmer unordentlich ist, aber für einen Menschen, dessen Leben in Unordnung geraten ist, ist Ihr Haus ein Zufluchtsort. Sie denken, dass Ihr Essen einfach ist, aber für jemanden, der jeden Abend alleine vor seinem Teller sitzt, schmeckt Schweinebauch mit Bohnen auf Papptellern wie Schweinelendchen. Was für Sie klein ist, ist für diese Menschen gewaltig.

131. *Wegen meiner Fehler habe ich meine Familie in eine gefährliche finanzielle Klemme gebracht. Ich bin zu stolz, um Hilfe in Anspruch zu nehmen, aber andererseits habe ich Angst, meine Ehe und meine Familie zu ruinieren.*

Hier sind gleichzeitig zwei Ängste im Spiel:

1. Die Angst vor der Zerstörung einer Ehe und einer Familie.
2. Die Angst vor der Zerstörung Ihres Rufes.

Es ist schwer, mit der ersten Angst umzugehen, weil viele verschiedene Menschen mit verschiedenen Bedürfnissen betroffen sind. Familien sind empfindlich.

Eine falsche Bewegung, und alles könnte in Stücke zerbrechen. Es gibt so viele Meinungen, Lebensläufe und Anlässe für Reue. Familien sind sehr kompliziert.

Die zweite Angst betrifft nur Sie. Sie glauben, dass das Bitten um Hilfe ein Zeichen von Schwäche ist. Sie fürchten, dass Sie Ihr Ansehen in der Gemeinde verlieren.

Bei der ersten Angst geht es Ihnen um die Liebe zu Ihrer Familie.

Bei der zweiten geht es um Ihre Liebe zu sich selbst.

Worum kümmert sich Gott wohl mehr – um Ihre Familie oder um Ihren Ruf?

Stolz ist eine dumme, heikle Auswirkung des Selbsterhaltungstriebes. Gott heißt ihn niemals gut.

Wenn Sie zugeben, dass Sie schwach sind, geben Sie die Wahrheit zu. Wir alle sind schwach. Wir alle brauchen Hilfe. Wir alle brauchen Gott. Wir können uns nicht selbst retten. Das ist das gesamte Thema der Bibel. Wenn Menschen versuchen, sich selbst zu helfen, entstehen nur noch mehr Probleme.

Holen Sie sich für Ihre Finanzen Hilfe, bevor Sie Hilfe für Ihre Familie in Anspruch nehmen müssen. Um anderer willen sein eigenes Wohlbefinden hintanzustellen, ist der Stoff, aus dem Helden sind.

132. *Meine Eltern sind großartige Christen, aber sie wollen mein Leben unter Ihrer Kontrolle halten. Sie wollen bei allen meinen Entscheidungen mitreden: wen ich heirate, zu welcher Universität ich gehe, welchen Beruf ich erlerne. Ich will meine Eltern ehren, doch was soll ich tun, wenn ich den Eindruck habe, dass ihre Ideen nicht mit Gottes Willen für mein Leben übereinstimmen?*

Ich bin ein Sohn und ein Vater, deshalb sehe ich Ihren Konflikt von beiden Seiten.

Als Sohn wollte ich auch frei sein, in die Welt hinausziehen und meine Spuren hinterlassen. Ich wollte jedem zeigen, was ich wert bin, und selbst über meine Zukunft entscheiden.

Als Vater verstehe ich die Angst, unsere Kinder könnten die falschen Entscheidungen treffen. Als Vater liebe ich meine Kinder so sehr, dass ich sie immer noch in meinen Armen wiegen und sie unbedingt vor der großen bösen Welt beschützen möchte.

Es ist leicht, herauszufinden, ob die Ideen Ihrer Eltern mit Gottes Willen für Ihr Leben kollidieren. Stellen Sie sich diese beiden Fragen:

1. Stehen sie im Widerspruch zu Gottes Wort?
2. Laufen Sie Ihren Herzenswünschen zuwider?

Ihre Eltern kennen Sie schon länger, als Sie sich bewusst selbst kennen. Die Ideen Ihrer Eltern sind möglicherweise erwägenswert.

Das Gefühl des Konflikts kann Stolz sein – dass Sie verbissen an *Ihren* Vorstellungen festhalten und nicht wollen, dass jemand Ihnen sagt, was sie tun sollen. Sie müssen nicht tun, was Ihre Eltern vorschlagen, aber Sie sollten ihnen zumindest zuhören und über das Gehörte nachdenken. Wenn sie Christen sind, müssten sie Hinweise von demselben Gott bekommen, dem Sie nachfolgen. Er kann durch Ihre Eltern zu Ihnen sprechen.

Ehren Sie Ihren Vater und Ihre Mutter, indem Sie sie um Rat fragen und ihren Rat in Betracht ziehen. Ehren Sie Gott, indem Sie seinen Willen für Ihr Leben tun. Als Christen sollten Ihre Eltern das verstehen.

Arm und reich

Arbeit, Geld und »Wo ist die helfende Hand?«

Ellen-

Your financial struggles have not gone unnoticed in heaven. Though God hasn't given you the answers you've yearned for, that doesn't mean he's not acting on your behalf. Instead of dollars, God may be providing an opportunity to know and trust him more. You have a choice: either deny God and turn away, or trust. Please choose trust —

Max

Ellen,

deine finanziellen Kämpfe sind im Himmel nicht unbemerkt geblieben. Auch wenn Gott dir nicht die Antworten gegeben hat, nach denen du dich gesehnt hast, heißt das nicht, dass Er nicht in deinem Interesse handelt. Statt Geld könnte Gott dir eine Gelegenheit bieten, Ihn kennenzulernen und Ihm mehr zu vertrauen. Du hast die Wahl: entweder Gott zu leugnen und dich von Ihm abzuwenden, oder zu vertrauen.
Bitte entscheide dich dafür, ihm zu vertrauen.

Max

133. *Meine Berufstätigkeit könnte nicht unspektakulärer sein: Ich reinige Hotelzimmer. Manche Leute rümpfen die Nase über eine solch niedrige Tätigkeit. Ist meine Arbeit für Gott von Bedeutung? Oder dient sie nur der Bestreitung meines Lebensunterhalts?*

Gott hat bestimmt, dass Arbeit etwas Gutes ist. Gott gab Adam eine Arbeit, bevor er ihm eine Frau oder ein Kind gab, ja sogar, bevor er ihm Kleidung gab. »Gott, der Herr, brachte den Menschen in den Garten Eden. Er sollte ihn bebauen und bewahren« (1. Mose 2,15).

Gott hält Arbeit für so wichtig, dass er ihr sogar ein eigenes Gebot widmete: »Sechs Tage sollt ihr arbeiten, am siebten Tag aber sollt ihr ausruhen« (2. Mose 34,21). Uns gefällt besonders die zweite Hälfte dieses Verses: Wir arbeiten, um das Wochenende zu genießen. Aber wenn wir nur den Ruhetag betonen, vergessen wir womöglich, dass Gott Arbeit befohlen hat: »Sechs Tage sollt ihr arbeiten.« Ihre Arbeit ist für Gott von Bedeutung, egal, ob Sie zu Hause oder außer Haus arbeiten.

Und Ihre Arbeit ist für die Gesellschaft von Bedeutung. Wir brauchen Sie! Städte brauchen Klempner. Staaten brauchen Soldaten. Ampeln gehen kaputt. Knochen brechen. Wir brauchen Menschen, die Ampeln reparieren und Knochenbrüche richten. Wir brauchen Menschen, die Kinder aufziehen, Zuckerrohr anbauen und sich um verhaltensauffällige Kinder kümmern.

Sie machen es Gott nach, egal, ob Sie am Computer arbeiten oder Pakete packen. Gott selbst hat an den sechs Tagen der Schöpfung gearbeitet. Jesus sagte: »Mein Vater hat bis heute nicht aufgehört zu wirken und deshalb wirke ich auch« (Johannes 5,17). Ihre Berufstätigkeit beansprucht die Hälfte Ihres Lebens. Sollte Ihre Arbeit nicht Gott verkünden? Gehören ihm diese vierzig bis sechzig Stunden in der Woche nicht auch?

Die Bibel unterstützt keinesfalls Arbeitssucht oder die Abhängigkeit von Arbeit zur Schmerzbekämpfung. Aber Gott fordert alle Arbeitsfähigen auf, die Gärten zu bestellen, die er ihnen gibt. Gott ehrt die Arbeit. Ehren Sie deshalb Gott mit Ihrer Arbeit.

Doch alles, was auch immer ihr tut oder sagt, soll im Namen von Jesus, dem Herrn, geschehen, durch den ihr Gott, dem Vater, danken sollt!

Kolosser 3,17

Wissen Sie, was der Ausdruck »alles, was auch immer ihr tut« auf Griechisch bedeutet?

Alles, was auch immer ihr tut! Das heißt: Tun Sie alles, was Sie tun, so, als würde Jesus mit seinem Namen Ihre Kontrollkarte stempeln oder Ihre Arbeit abzeichnen oder Ihrem Projekt zustimmen.

Danken Sie dann Gott für Ihre Arbeitsstelle, für seine Fürsorge und für die Gelegenheit, seine Liebe mit der Welt zu teilen …

Gleichgültig, welche Arbeit Sie verrichten.

134. *Meine Frau und ich haben einen kleinen (besser gesagt großen) Schuldenberg angehäuft. Wir kaufen immer den allerneuesten Schnickschnack und neue Kleidung. Wie können wir dieser Schuldenfalle entrinnen?*

Hören Sie gut zu. Ich möchte Ihnen die Lösung für zu hohe Ausgaben ins Ohr flüstern. Ja, das ist es. Haben Sie es verstanden?

Hören Sie auf, so viel auszugeben!!

Entschuldigung, ich wollte Sie nicht anschreien. Ich wollte nur sicher sein, dass Sie mich hören.

Ist diese Lösung zu einfach? Nein. Unser Ausgabeverhalten zeigt, welche Einstellung wir zu uns selbst, zu unserer Sicherheit und zu Gott haben.

Wenn Sie einen verschobenen Wirbel haben, gehen Sie wahrscheinlich zu einem Chiropraktiker und lassen Ihre Wirbelsäule wieder richtig ausrichten.

Wenn Ihre Finanzen aus dem Gleichgewicht geraten sind, würde ich vorschlagen, dass Sie mit Gott sprechen und eine Neuausrichtung Ihrer Finanzen vornehmen lassen.

Hier sind zwei biblische Wahrheiten, die dabei helfen können.

> Genauso nackt, wie er bei der Geburt auf die Welt gekommen ist, muss dieser Mensch auch wieder diese Welt verlassen. Und obwohl er viel gearbeitet und große Mühen auf sich genommen hat, wird er nicht einmal eine Hand voll von seinem Besitz mit sich nehmen können.
>
> Prediger 5,14

Nackt sind wir auf diese Welt gekommen. Jede Hebamme wird Ihnen das bestätigen. Wir verlassen diese Welt in einem Kasten, bekleidet mit einem Anzug oder einem Kleid. Jeder Bestatter kann Ihnen das bestätigen. Man kann Erinnerungsstücke in einen Sarg legen, aber wir können weder unser Geld noch unsere Autos noch unser Haus mitnehmen. Wenn wir sterben, verabschieden wir uns von den Dingen, die wir gekauft haben.

> [Jesus sagte:] »Nehmt euch in Acht! Begehrt nicht das, was ihr nicht habt. Das wahre Leben wird nicht daran gemessen, wie viel wir besitzen.«
>
> Lukas 12,15

Sie sind nicht Ihre Kreditkartenabrechnung. Was Sie kaufen, weist vielleicht auf einige Gesichtspunkte Ihrer Persönlichkeit hin. Ihre Käufe können Ihr Wesen erklären, aber sie legen Ihr Wesen nicht fest.

Wer Sie sind, liegt in Ihrem Herzen. »Der Herr entscheidet nicht nach den Maßstäben der Menschen! Der Mensch urteilt nach dem, was er sieht, doch der Herr sieht ins Herz« (1. Samuel 16,7). Gott schaut nicht darauf, ob Sie ein Luxusauto fahren, einen italienischen Seidenanzug tragen und mit der allerletzten elektronischen Neuheit spielen. Wenn Gott an Sie denkt, sieht er Ihre Vorlieben, Ihre Hingabe, Ihre Zärtlichkeit ... Ihr Herz.

Wenn Sie Ihren Selbstwert von Dingen abhängig machen, fühlen Sie sich wohl, wenn Sie viel haben, und schlecht, wenn Sie nicht viel haben.

Wenn Sie diese beiden biblischen Wahrheiten im Hinterkopf behalten, hören Sie ein entspannendes Knacken in Ihrem finanziellen Rückgrat, das es Ihnen ermöglicht, erhobenen Hauptes vorwärtszugehen, denn die Last der Schulden ist von Ihren Schultern genommen.

135. *Mein Vater ist Arzt. Mein Großvater ist Arzt. Alle erwarten, dass auch ich Arzt werde. Aber ich will Musik studieren. Ist bei mir etwas schiefgelaufen?*

Nein, ich glaube, Sie haben etwas entdeckt. Die Leute sagen oft: »Man kann alles werden, wenn man es nur will. Werde Metzger, wenn du willst, Handelsvertreter, wenn dir das gefällt. Werde Botschafter, wenn dir wirklich daran liegt. Man kann alles werden, was man will, vorausgesetzt, man arbeitet hart genug.«

Kann man das wirklich? Wenn Gott Ihnen nicht das Gefühl eines Metzgers für Fleisch, die Sozialkompetenzen eines Verkäufers oder die Denkweise eines Botschafters mitgegeben hat, können Sie dann einer werden?

Ein unglücklicher, unbefriedigter vielleicht. Aber niemals einer, der in seinem Beruf Erfüllung findet. Kann aus einer Eichel eine Rose werden, kann ein Wal wie ein Vogel fliegen oder kann sich Blei in Gold verwandeln? Niemals.

Man kann nicht alles werden, was man werden will. Aber man kann alles werden, wozu Gott einen geschaffen hat.

Wenn Gott Menschen erschafft, dann greift er nicht auf vorgefertigte Teile oder auf Massenproduktion zurück. Er formt den Menschen nicht im Eil-Verfahren. »Ja, ich mache alles neu«, erklärt er (Offenbarung 21,5). Er hat Ihnen nicht den Beutel Ihres Großvaters oder das Leben Ihrer Tante überreicht. Er hat Sie ganz persönlich und ganz bewusst mit Gaben ausgestattet.

Leben Sie aus dem Beutel der Gaben, den Gott Ihnen gegeben hat. Freuen Sie sich am Musizieren.

136. *Dieses Jahr war eine einzige Katastrophe für mich. Ich arbeite in der Produktion, und die Wirtschaftsflaute hat uns voll erwischt. Jeden Tag habe ich Angst vor dem Verlust meiner Arbeitsstelle. Wie kann ich in dieser Lage furchtlos sein?*

Wenn die Arbeitslosigkeit steigt, die Aktienkurse abstürzen und die Wirtschaft in einem Konjunkturtief steckt, dann gibt die Bibel einen deutlichen Rat:

Hebt den Blick!

Der Apostel Paulus schrieb: »Sag allen, die in dieser gegenwärtigen Welt reich sind, sie sollen nicht stolz sein und nicht auf ihr Geld vertrauen, das bald vergehen wird« (1. Timotheus 6,17).

Wenn Sie auf Ihr Einkommen, Ihre Investitionen und Ihre Arbeitsstelle starren, betrachten Sie eine wilde, unberechenbare Achterbahn, die außer Kontrolle geraten ist. Auf und ab. Auf und ab. Es ist schwindelerregend, Ihnen wird übel und jeder Muskel Ihres Körpers wird angespannt, manchmal so sehr, dass der Nacken schmerzt.

Die Bibel sagt, dass Menschen, die sich weigern, auf Gott zu schauen, halsstarrig sind (Jeremia 17,23; LUT). Der Hals dieser Menschen verweigert die Bewegung nach oben, den Blick auf Gott. Das Leben führt bei ihnen zu einer Zerrung des Glaubensmuskels. Jetzt ist der Hals so steif, dass sie nur noch geradeaus oder nach unten, auf ihren eigenen Weg, schauen können.

Wenn man auf Gott schaut, wird alles anders, weil man seine Hoffnung auf den richtet, der alle Reichtümer besitzt, der die Zukunft kennt und Reiche aufbaut.

Wenn Sie sich das nächste Mal dabei ertappen, dass Sie auf Ihre Reichtümer starren, dann betrachten Sie die Rückseite eines Dollarscheines. Darauf steht: »Auf Gott vertrauen wir.«

Das ist bei uns nicht immer der Fall.

Für viele von uns gilt:

»Auf Geld vertrauen wir.«

»Auf Raketenabwehrsysteme vertrauen wir.«

»Auf den Menschen vertrauen wir.«

»Auf die Arbeitsplätze vertrauen wir.«
»Auf mich selbst vertraue ich.«
Die Bibel richtet unseren Nacken neu aus.

Manche Völker verlassen sich auf ihre Heere und Waffen,
wir aber vertrauen dem Herrn, unserem Gott.
Psalm 20,8

Gott, ich preise dein Wort und vertraue auf dich, warum sollte ich mich fürchten?
Was können mir Menschen anhaben?
Psalm 56,5

Habt keine Angst. Ihr vertraut auf Gott,
nun vertraut auch auf mich!
Johannes 14,1

Hören Sie auf, nach rechts und nach links, nach vorne und nach hinten zu schauen. Das tun die Paranoiden und die Ängstlichen. Heben Sie Ihren Blick und vertrauen Sie auf Gott, auch hinsichtlich Ihrer Finanzen.

137.

Das Unternehmen, für das ich über vierzig Jahre lang gearbeitet habe, hat mich gezwungen, in Frührente zu gehen. Ich habe den Eindruck, zum alten Eisen zu gehören. Doch ich bin immer noch kerngesund und voller Tatkraft. Glauben Sie, dass Gott mich noch gebrauchen kann oder bin ich zu alt?

Schreibe diesen Brief dem Engel der Gemeinde in Philadelphia. Das ist die Botschaft dessen, der heilig und wahrhaftig ist und der den Schlüssel Davids hat. Was er öffnet, kann niemand schließen, und was er schließt, kann niemand öffnen. Ich weiß alles, was du tust, und ich habe eine Tür für dich geöffnet, die niemand schließen kann; denn du bist nicht stark, aber hast an meinem Wort festgehalten und meinen Namen nicht verleugnet.

Offenbarung 3,7-8

Jesus ist ein Türsteher. Er öffnet und schließt Türen und niemand kann zuschließen, was er geöffnet hat, und niemand kann öffnen, was er zugeschlossen hat. Er steht oft vor Türen und klopft an (Offenbarung 3,20). Wenn die Tür verschlossen ist, hat er einen Schlüssel. Wenn er den Schlüssel nicht benutzen will, tritt er durch die Wand (Johannes 20,19). Doch Jesus ist nicht nur ein Türsteher, er ist die Tür selbst (Johannes 10,9)!

Was will Jesus mit seinen Aussagen über Türen erklären? Er hat die Kontrolle über alle Zugänge und Durchgangswege von einem Ort zum anderen. Nichts geht an ihm vorbei, ohne dass er es weiß.

Jesus lässt uns nicht auf dem Gang oder draußen in der Kälte stehen. Er hat etwas für uns – neue Möglichkeiten, neue Ziele, neue Gelegenheiten, um unseren Glauben an ihn zu zeigen.

Was tun wir, während wir warten, dass sich Türen öffnen? Im Buch der Offenbarung erklärt Jesus das der Gemeinde von Philadelphia: Gottes Wort und Gebote halten, treu bleiben und seinen Namen nicht verfluchen oder verleugnen.

Gerade jetzt schaut Jesus den riesigen Schlüsselbund nach der richtigen Tür für Sie durch. Zunächst muss er vielleicht ein paar andere Türen verschließen und aufschließen, doch es ist sicher, dass sich bald eine öffnen wird.

Vertrauen Sie ihm. Die Sache ist so offensichtlich, dass keinerlei Zweifel daran bestehen.

138. *Unsere Kinder werden sehr unter Druck gesetzt, damit sie den richtigen Beruf wählen, mit dem sie viel verdienen können. Das wird ihnen nicht nur von unserer Kultur übermittelt, sondern auch von der Familie. Sie hören das von ihren Großeltern! Wie können wir ihnen helfen, die Gefahr zu erkennen, die in Habgier liegt?*

Im Jahr 1900 wollte der Durchschnittsmensch in den Vereinigten Staaten zweiundsiebzig Dinge besitzen und betrachtete achtzehn davon für unabdingbar. Heute will der Durchschnittsmensch fünfhundert Dinge besitzen und betrachtet hundert davon für unabdingbar.[18]

Unsere Fixierung auf Materielles kommt uns teuer zu stehen. Wir geben 110 Prozent unseres verfügbaren Einkommens für die Versuche aus, mit unseren Schulden klarzukommen.[19] Und wer kann das durchziehen? Wir messen uns nicht mehr mit den Nachbarn von nebenan, sondern mit den Fernsehstars oder dem Muskelprotz auf der Zeitschriftentitelseite. Verglichen mit den Diamanten von Hollywood sieht Ihr Schmuck wie Flitter aus einem Kaugummiautomaten aus. Wer kann sich alles leisten, was in der Madison Avenue angeboten wird? Niemand. Deshalb warnt Jesus: »Nehmt euch in Acht! Begehrt nicht das, was ihr nicht habt. Das wahre Leben wird nicht daran gemessen, wie viel wir besitzen« (Lukas 12,15).

Gier kann viele Formen annehmen. Gier nach Anerkennung. Gier nach Bewunderung. Gier nach Ansehen. Gier nach dem besten Büro, dem schnellsten Auto, der hübschesten Freundin. Gier hat viele Gesichter, spricht aber nur eine Sprache: die Sprache des »Mehr«. Weise war der Mann, der schrieb: »Wer am Geld hängt, wird davon nie genug kriegen, und wer den Wohlstand liebt, wird immer von der Gier nach mehr getrieben werden« (Prediger 5,9).

Gier kann nie befriedigt werden. Gier will immer mehr. Sie bekommt nie genug. Sie schreit Tag und Nacht: »Füttere mich!« und bleibt doch immer hungrig.

Eltern müssen ihre Kinder über die Gier aufklären, bevor die Gier sie verschlingt. Die einzige Möglichkeit, sich befriedigt zu fühlen, ist, im Leben Erfüllung zu finden. Erfüllung ist nur zu finden, wenn man versteht, dass alles, was wir haben, von Gott kommt und dass er uns genau das gibt, was wir brauchen. Alles ist nur geliehen, und eines Tages, wenn wir vor der Tür des Himmels stehen, müssen wir alles zurückgeben.

139. *Bei der Arbeit wird es ziemlich brenzlig. Angesichts der Entlassungswelle, die auf uns zurollt, ändern meine Kollegen ihre Einstellung zur Ehrlichkeit. Manche geben Umsätze an, die sie nicht erreicht haben. Andere polstern ihr Spesenkonto auf. Ich kann sie gut verstehen. Eigentlich bin ich sogar versucht, mich selbst nach allen Seiten abzusichern.*

Seien Sie vorsichtig. Treffen Sie in einem Sturm keine Entscheidung, die bei ruhigem Wetter für Sie nie infrage käme.

Ein Freund von mir hat vor Kurzem seine Fluglizenz erworben. Sein Lehrer wollte ihm beibringen, auf die Instrumente zu vertrauen, weil Stürme und Nebel die Sicht des Piloten beeinträchtigen können. Er könnte in manchen Situationen denken, dass er sicher fliegt, während er in Wirklichkeit auf die Erde zurast.

Um ihm zu zeigen, dass er recht hatte, erhob sich der Lehrer mit meinem Freund in die Lüfte und verdeckte seine Sicht, sodass er sich auf die Instrumente verlassen musste. Der Lehrer versetzte dann das Flugzeug in solch starke Roll- und Schlingerbewegungen, dass dem Schüler schwindlig wurde und er den Gleichgewichtssinn verlor. Dann musste der Schüler das Steuer übernehmen. Mein Freund war davon überzeugt, dass er das Flugzeug wieder in eine stabile Lage gebracht hatte. Sein Instinkt, sein Eindruck war, dass er horizontal flog. Die Instrumente zeigten aber etwas anderes an. Nach den Kontrollinstrumenten verlor er an Höhe und steuerte auf die Erde zu.

Wem sollte er vertrauen?

Uns geht es ähnlich. Wir werden von unseren Lebensverhältnissen und Nöten gebeutelt. Unsere Sicht wird beeinträchtigt und wir geraten aus dem Gleichgewicht. In solchen Stunden müssen wir Entscheidungen treffen. Begehen wir Ehebruch oder bleiben wir treu? Betrügen wir oder bleiben wir ehrlich? Machen wir Kompromisse oder beziehen wir klar Stellung?

Können wir im Sturm unseren Instinkten vertrauen? Die Bibel sagt, dass wir dazu nicht imstande sind. »Vor jedem Menschen liegt ein Weg, der richtig zu sein scheint, aber dennoch in den Tod führt« (Sprüche 14,12).

In den Turbulenzen, die Unwetter mit sich bringen, brauchen wir eine neutrale Richtschnur. Wir brauchen eine Orientierungshilfe, die von Stürmen nicht beeinflusst wird. Hören Sie nicht auf Ihre Freunde. Hören Sie auf Ihren Vater.

140. *Mein Mann hatte einen gut bezahlten Arbeitsplatz. Deshalb konnten wir uns ein Leben voller Annehmlichkeiten leisten. Seine Stelle wurde letztes Jahr gestrichen, und er musste eine größere Gehaltskürzung hinnehmen. Wir mussten in eine kleinere Wohnung ziehen und sind jetzt immer knapp bei Kasse. Es fällt mir schwer, diese Änderungen zu akzeptieren. All das führt zu Unfrieden in unserer Ehe.*

Wir müssen das Geheimnis der Zufriedenheit von Paulus lernen: »Ich habe gelernt, mit dem zufrieden zu sein, was ich habe. Ob ich nun wenig oder viel habe, ich habe gelernt, mit jeder Situation fertig zu werden: Ich kann einen vollen oder einen leeren Magen haben, Überfluss erleben oder Mangel leiden. Denn alles ist mir möglich durch Christus, der mir die Kraft gibt, die ich brauche« (Philipper 4,11-13).

Worin liegt das Geheimnis, zu jeder Zeit und in jeder Lage zufrieden zu sein?

Ob wir satt oder am Verhungern sind?

Wenn wir mehr und wenn wir weniger haben?

Das Geheimnis ist – Christus, der uns Kraft gibt.

Paulus sagt nicht: »Christus, der mir Geld gibt.«

Auch nicht: »Christus, der mein Bankkonto auffüllt.«

Auch nicht: »Christus, der alles zu dem Ergebnis führt, das ich mir wünsche.«

Er gibt uns einfach Kraft – die Kraft, um mutig, großzügig, erfinderisch, freundlich, rücksichtsvoll, bescheiden, genügsam und liebevoll zu sein, gleichgültig, was geschieht.

Was brauchen wir wirklich, wenn wir im Leben geradewegs gegen eine Wand stoßen? Die Kraft, wieder aufzustehen. Nicht unsere Kraft. Wir sind ja gerade k.o. geschlagen worden! Aber die Kraft, die von Gottes helfender Hand ausgeht, die uns wieder auf die Füße bringt.

Was brauchen wir wirklich, wenn wir Monate und Jahre lang über die Berge und durch die Täler des Lebens gewandert sind? Die Kraft, weiterzugehen. Nicht unsere Kraft. Wir sind erschöpft!

Wenn uns alles genommen wurde, ist Gottes Kraft das einzige, was uns bleibt. Das ist gut. Sie ist das einzige, was wir brauchen.

141. *Vor Kurzem haben wir ziemlich viel Geld mit Aktien verloren, und mein Mann ist so auf unsere finanzielle Lage fixiert, dass er ständig darüber spricht und ein richtiger Geizkragen geworden ist. Ich habe den Eindruck, dass er es übertreibt. Wie kann ich ihm helfen, damit er wieder das rechte Mittelmaß findet?*

Es erfordert Weisheit, ein Mittelmaß zwischen Risiko und Manie zu finden.

Es ist weise, sparsam zu sein, wenn man mit wirtschaftlicher Unsicherheit konfrontiert ist. In manchen Situationen muss man die Bremsen ziehen oder den Gürtel enger schnallen.

Kennen Sie das Mittelmaß zwischen Pfennigfuchserei und Verschwendung? Großzügigkeit.

Der Pfennigfuchser erinnert an Scrooge, den Geizhals in einer Erzählung von Charles Dickens.

Der Verschwender weckt Erinnerungen an »Arthur – kein Kind von Traurigkeit«.

Achten Sie auf die Extreme. Einer hortet Geld. Der andere verschwendet es.

Beide tun es aus demselben Grund: Egoismus. Die einen schützen sich, indem sie das Geld nicht ausgeben. »Es gehört alles mir. Ich behalte es, wenn ich will!«

Die anderen belohnen sich mit zu hohen Ausgaben. »Es gehört alles mir. Ich gebe es aus, wenn ich will!«

Wenn also Egoismus die Extreme definiert, dann ist Großzügigkeit das Mittelmaß.

Anstatt Geld für sich selbst auszugeben oder nicht auszugeben, gibt man es für andere aus. Man gibt es weg. Gott segnet den Menschen, der gerne gibt (2. Korinther 9,7). Nirgendwo in der Bibel steht, dass Gott einen knauserigen Geizhals oder einen ichbezogenen Millionär segnet.

Machen Sie sich keine Sorgen darüber, wo Sie den nächsten Dollar für sich selbst ausgeben. Finden Sie Orte, an denen Sie gemeinsam etwas für andere geben können.

Wie Sie haben viele andere Menschen Schwierigkeiten und brauchen Hilfe. Es gibt keinen besseren Zeitpunkt zum Geben und für eine gewisse Ausgewogenheit in Ihrer wirtschaftlichen Situation zu sorgen.

142. *Die Wand in meinem Büro ist mit meinen Auszeichnungen und Zeugnissen bedeckt. Neulich machte ein Kunde eine negative Bemerkung darüber und hinterfragte meine Bescheidenheit. Hat er recht?*

Ich denke, Sie können die Zeugnisse abhängen, solange Sie dies nicht aus Stolz tun. Bescheidenheit ist eine verzwickte Angelegenheit. Wenn man meint, dass man bescheiden ist, ist man es wahrscheinlich nicht. Hier ein paar Gedanken über Bescheidenheit.

Beurteilen Sie sich ehrlich. »Seid ehrlich in eurem Urteil über euch selbst und messt euch daran, wie viel Glauben Gott euch geschenkt hat« (Römer 12,3).

Nehmen Sie Erfolg nicht allzu ernst. »Wenn ... ihr viel Gold, Silber und vieles andere besitzt, dann werdet nicht überheblich« (5. Mose 8,13-14).

Weisen Sie auf die Bedeutung anderer Menschen hin. »Seid nicht selbstsüchtig; strebt nicht danach, einen guten Eindruck auf andere zu machen, sondern seid bescheiden und achtet die anderen höher als euch selbst« (Philipper 2,3).

Fordern Sie keinen offiziellen Parkplatz für sich. »... geh hin und setz dich untenan« (Lukas 14,10; LUT).

Verkünden Sie Ihren Erfolg nie, bevor er eingetreten ist. »Ein Krieger, der sich noch zum Kampf rüstet, sollte nicht prahlen wie einer, der die Rüstung bereits ablegt« (1. Könige 20,11).

Sprechen Sie in bescheidener Weise. »Hört auf mit euren überheblichen Reden!« (1. Samuel 2,3).

Leben Sie am Fuß des Kreuzes. »Rühmen will ich mich nur einer Sache: des Kreuzes von Jesus Christus, unserem Herrn« (Galater 6,14).

Wenn Sie sich wirklich an große Leistungen erinnern wollen, dann hängen Sie ein Kreuz an Ihre Wand.

143. *Mein Mann und ich verdienen zurzeit mehr Geld als je zuvor. Wir haben erlebt, wie Menschen durch Erfolg ruiniert wurden, und möchten nicht die gleichen Fehler begehen.*

Das ist gut für Sie. Machen Sie die folgenden Verse zu Ihrem Leitmotiv:

> Sag allen, die in dieser gegenwärtigen Welt reich sind, sie sollen nicht stolz sein und nicht auf ihr Geld vertrauen, das bald vergehen wird. Stattdessen sollen sie ihr Vertrauen auf den lebendigen Gott setzen, der uns alles reichlich gibt, was

wir brauchen, damit wir uns daran freuen und es genießen können. Fordere sie auf, ihr Geld zu nutzen, um Gutes zu tun. Sie sollen reich an guten Taten sein, die Bedürftigen großzügig unterstützen und immer bereit sein, mit anderen zu teilen, was Gott ihnen gegeben hat. Auf diese Weise legen sie mit ihrem Besitz ein gutes Fundament für die Zukunft, um das wahre Leben zu ergreifen.

1. Timotheus 6,17-19

Werden Sie nicht hochmütig. Kommen Sie keine Sekunde lang auf den Gedanken, dass Sie selbst etwas mit Ihrer Vermögensbildung zu tun haben.

Die Bibel macht das ganz deutlich: Ihre Aktien, Ihr Bargeld und Ihre Rentenanwartschaften gehören nicht Ihnen.

»Der ganze Himmel, die Erde und alles, was auf ihr ist, gehören dem Herrn, deinem Gott« (5. Mose 10,14).

Dein, Herr, sind Größe, Macht, Herrlichkeit, Ruhm und Hoheit. Alles im Himmel und auf der Erde gehört dir; dein ist das Reich, Herr.

1. Chronik 29,11

»Das Silber gehört mir und das Gold gehört mir«, spricht der Herr, der Allmächtige.

Haggai 2,8

Setzen Sie Ihr Vertrauen nicht auf Geld, »das bald vergehen wird.« In einer anderen Übersetzung heißt es: »[Die Reichen sollen] nicht hoffen auf den unsicheren Reichtum« (1. Timotheus 6,17; LUT). Geld ist ein unzuverlässiges Fundament.

Gott gehören alle Dinge, und er gibt uns alles, damit wir uns daran freuen und es genießen und »... dass [wir] Gutes tun, reich werden an guten Werken, gerne geben, behilflich seien« (1. Timotheus 6,18; LUT). Also: weniger horten, mehr teilen.

144. *Soweit ich zurückdenken kann, habe ich mir Sorgen gemacht. Welchen Rat können Sie Selbstpeinigern wie mir geben?*

Beten Sie zuerst. Immunisieren Sie sich innerlich, damit Sie Ihren Ängsten äußerlich die Stirn bieten können. »Überlasst all eure Sorgen [alle Ängste, alle Befürchtungen, alle Unruhe ein für allemal] Gott, denn er sorgt sich um alles, was euch betrifft« (1. Petrus 5,7).

Immer mit der Ruhe. Entschleunigung ist angesagt. »Sei ruhig in der Gegenwart des Herrn und warte, bis er eingreift« (Psalm 37,7). Beurteilen Sie das Problem. Bringen Sie es vor Jesus und erklären Sie es ihm.

Handeln Sie. Sobald eine Sorge auftaucht, setzen Sie sich mit ihr auseinander. Halten Sie sich nicht lange mit ihr auf. Verschwenden Sie Ihre Zeit nicht mit Fragen, was Ihr Chef wohl denkt; fragen Sie ihn. Lassen Sie einen Leberfleck untersuchen, bevor Sie selbst die Diagnose »Krebs« stellen. Werden Sie aktiv, anstatt Probleme zu wälzen.

Erstellen Sie eine Sorgenliste. Schreiben Sie ein paar Tage lang Ihre sorgenvollen Gedanken auf. Führen Sie eine Liste mit allen Dingen, die Sie beunruhigen. Wie viele davon sind Wirklichkeit geworden?

Bewerten Sie Ihre Sorgen-Schwerpunkte. Ihre Liste wirft ein Schlaglicht auf bestimmte Themenschwerpunkte. Beten Sie ganz besonders für diese.

Konzentrieren Sie sich auf das Heute. Gott erfüllt jeden Tag unsere täglichen Bedürfnisse. Nicht wöchentlich und nicht jährlich. Er gibt Ihnen das, was Sie brauchen, wenn Sie es brauchen. »Lasst uns deshalb zuversichtlich vor den Thron unseres gnädigen Gottes treten. Dort werden wir Barmherzigkeit empfangen und Gnade finden, die uns helfen wird, *wenn wir sie brauchen*« (Hebräer 4,16; Hervorhebung durch den Autor).

Sorgen Sie für eine Sorgen-Armee. Teilen Sie einigen nahestehenden Menschen Ihre Empfindungen mit. Bitten Sie sie, mit Ihnen und für Sie zu beten.

Lassen Sie sich an Gott genügen. Jesus schließt seinen Aufruf zur inneren Ruhe mit dieser Aufforderung: »Euer himmlischer Vater kennt eure Bedürfnisse. Wenn ihr für ihn lebt und das Reich Gottes zu eurem wichtigsten Anliegen macht, wird er euch jeden Tag geben, was ihr braucht« (Matthäus 6,32-33).

Ruhe. Mit Gott ist es möglich.

145. *In den meisten meiner Gebete bitte ich Gott um Dinge, die ich jeden Tag benötige. Es sind berechtigte Bedürfnisse. (Ich bitte Gott nicht, mich zu einem Millionär zu machen, nur mir zu helfen, den Kredit für das Haus abzuzahlen.) Kümmert sich Gott wirklich um das, was ich für meinen täglichen Lebensunterhalt brauche?*

> Unser tägliches Brot gib uns Tag für Tag.
> Lukas 11,3; LUT

Was ist dieses tägliche Brot, von dem Jesus sprach und um das wir im Vaterunser bitten?

Ein warmer Laib Weißbrot jeden Morgen vor der Tür? Das wäre nicht schlecht.

Brot ist in jeder Kultur ein Grundnahrungsmittel. Vom Fladenbrot bis zu Brotlaiben aus Hefeteig, in jedem Land wurde Getreide mit Wasser und Fett vermischt und über einem Feuer gebacken. In den meisten Restaurants wird als erstes Brot auf den Tisch gestellt. (Okay, in mexikanischen Restaurants nicht, aber die Chips, die man bekommt, sind auch aus Getreide. Nur sind sie in Öl gebacken.)

Wie wäre es mit einer kleinen Änderung des täglichen Speiseplans: »Gib uns unser tägliches Mokkaschokolade-Eis«. Oder: »Gib uns unseren täglichen Beluga-Kaviar«?

Das sind Luxusgüter, keine Güter des täglichen Bedarfs. Es tut mir leid, diese hat Gott nicht versprochen.

Brot ist ein geschätztes Grundnahrungsmittel, schmackhaft und immer willkommen, aber bestimmt nicht luxuriös.

Jesus sagte uns, dass wir für das bitten sollen, was wir für unseren täglichen Lebensunterhalt brauchen. Aber verspricht er, dass er das immer zur Verfügung stellt?

Bald nach seiner Bitte um das tägliche Brot hält Jesus seine berühmte Rede mit dem Thema »Sorgt nicht«, die auch in Matthäus 6 nachzulesen ist: »Darum sage ich euch: Sorgt euch nicht um euer tägliches Leben – darum, ob ihr genug zu essen, zu trinken und anzuziehen habt. Besteht das Leben nicht aus mehr als nur aus Essen und Kleidung?« (V. 25). Gott sorgt für die Vögel, die Blumen und das Gras und stellt ihnen das Wesentliche, das sie zum Leben brauchen, zur Verfügung (V. 26-30). Warum nicht uns? Sind wir nicht wichtiger als eine Schwalbe, eine Lilie oder ein Grashalm?

Ich wette um ein leckeres Sauerteigbrot, dass wir wichtiger als sie alle zusammen sind.

Diese Aussage enthält das Versprechen von Gott, seine wichtigste Schöpfung auf der Erde mit Essen, Kleidung und Trinken zu versorgen (V. 25-34). Also mit den lebensnotwendigen Gütern.

Jesus sagt uns, dass wir bitten sollen. Dann verspricht er, dass er uns das Wesentliche, das wir zum Überleben brauchen, gibt.

Also machen Sie sich keine Sorgen, sondern beten Sie. Gott hat etwas Herrliches für uns im Ofen. Können Sie es auch riechen?

146. *Ich würde gerne mein Leben entschleunigen und vereinfachen. Meine Frau und ich arbeiten viele Stunden pro Woche und haben immer weniger Zeit zu Hause. Wir sind einfach beide sehr ehrgeizig.*

Sind Sie ehrgeizig? Oder sind Sie unzufrieden?

Denken Sie einen Moment über all die Dinge nach, die Sie besitzen: das Haus, das Sie haben; das Auto, das Sie fahren; das Geld, das Sie gespart haben. Denken Sie an den Schmuck, den Sie geerbt, die Aktien, die Sie erworben und die Kleider, die Sie gekauft haben. Vergegenwärtigen Sie sich all Ihren Besitz und dann sage ich Ihnen:

Sie können all das nicht behalten.

Hier eine gesunde Übung. Kleben Sie eine Haftnotiz an alles in Ihrem Leben, das verbrennen wird. Gehen Sie durch Ihr Haus, Ihr Büro, den Hof und die Garage und kleben Sie einen Haftnotizzettel an alle Dinge, die für die Zerstörung bestimmt ist: Ihr Auto, Ihr Schreibtisch, Ihr Sparkonto, Ihr Haus. Was wird zerstört, wenn Christus kommt?

Wenn Sie fertig sind, treten Sie einen Schritt zurück und schauen Sie sich um. Was ist übrig geblieben? Ihr Ehepartner, Ihre Kinder, Ihre Freunde, Ihre christliche Gemeinde, das Wort Gottes und vor allem Ihre Seele. »Was nützt es, die ganze Welt zu gewinnen und dabei seine Seele zu verlieren? Gibt es etwas Kostbareres als die Seele?« (Matthäus 16,26). Ist es nicht sinnvoll, in Dinge für die Ewigkeit zu investieren? All die Dinge, die Sie jetzt besitzen, können Sie nicht behalten.

Eigentlich *waren sie nie Ihr Eigentum*. Ihnen gehört nichts. Sie sind nur ein einfacher Haushalter über das, was Gott Ihnen gegeben hat. »Die Erde und alles, was darauf ist, gehört dem Herrn. Die Welt und die Menschen sind sein« (Psalm 24,1).

Ihre Sachen gehören Ihnen nicht. Schon seit Sie nach jenem Spielzeug gegriffen und »Meines!« geschrien haben, haben Sie gelogen. Alles gehört Gott. Also behalten Sie den richtigen Blickwinkel, wenn es ums Geld geht.

Mit Geld können Sie ein Bett kaufen, aber nicht den Schlaf. Bücher, aber nicht den Verstand. Essen, aber nicht den Appetit. Schmuck, aber keine Schönheit. Ein Haus, aber kein Zuhause. Medizin, aber nicht die Gesundheit. Vergnügen, aber keinen Frieden. Luxus, aber nicht das Leben. Belustigung, aber keine Freude. Ein Kirchengebäude, aber keine Gemeinde. Ein Kruzifix, aber kein Kreuz. Materielle Dinge, aber keinen Erlöser.

147. *Im letzten Jahr habe ich jede Woche sechzig Stunden gearbeitet, um mein eigenes Geschäft aufzubauen, doch jetzt bin ich ausgebrannt. Ich bin schlecht gelaunt, auch wenn ich mit meiner Familie zusammen bin, und ich fühle mich niedergeschlagen. Wie kann ich wieder frischer werden, ohne mein Geschäft zu verlieren?*

Was tun Sie, wenn das Benzin in Ihrem Auto zur Neige geht?

Auf die Benzinuhr starren? Die Schuld Ihrer Kindheit zuschreiben? Das Problem in Abrede stellen?

Das funktioniert nicht.

Wenn der Benzintank leer ist, müssen wir das Auto so schnell wie möglich zu einer Tankstelle bringen. Aber in unserem Leben versuchen wir, das Auto selbst zu schieben. Wir haben es so eilig, dahin zu kommen, wo wir hin wollen, dass wir über die Tankstelle spotten, aus dem Auto steigen und versuchen, alles aus eigener Kraft zu tun. Schieben, schieben, schieben. Nur Schwächlinge halten an der Tankstelle.

Wenn Sie sechzig Stunden pro Woche arbeiten, um Ihr »eigenes« Geschäft aufzubauen, dann ist das ein Zeichen dafür, dass Sie Ihr Auto selbst schieben.

Und dabei werden Sie sehr müde.

Es sieht so aus, als würden Sie an einem treibstofflosen Glauben leiden. Sie müssen etwas Super-Treibstoff tanken. Versuchen Sie es mit dem Philipperbrief – mit sechs Zusagen aus einem erstklassigen Buch:

> Ich bin ganz sicher, dass Gott, der sein gutes Werk in euch angefangen hat, damit weitermachen und es vollenden wird bis zu dem Tag, an dem Christus Jesus wiederkommt.
> Philipper 1,6

> Denn Christus ist mein Leben und Sterben ist mein Gewinn.
> Philipper 1,21; LUT

Seid nicht selbstsüchtig; strebt nicht danach, einen guten Eindruck auf andere zu machen, sondern seid bescheiden und achtet die anderen höher als euch selbst.
Philipper 2,3

Mein Wunsch ist es, Christus zu erkennen und die mächtige Kraft, die ihn von den Toten auferweckte, am eigenen Leib zu erfahren. Ich möchte lernen, was es heißt, mit ihm zu leiden, indem ich an seinem Tod teilhabe.
Philipper 3,10

[Ich] versuche ..., das Rennen bis zum Ende durchzuhalten und den Preis zu gewinnen, für den Gott uns durch Christus Jesus bestimmt hat.
Philipper 3,14

Denn alles ist mir möglich durch Christus, der mir die Kraft gibt, die ich brauche.
Philipper 4,13

Füllen Sie Ihren Tank mit solchen Versen und hören Sie auf, sich selbst herumzukommandieren. Gott kann tun, was Sie nicht können.

Das Jenseits

Friedhöfe, Himmel, Hölle und »Wer kommt wohin?«

Charles -

I'm happy to tell you that you don't have to go to hell. Jesus died so you could be saved and spend eternity with Him. Ask Him to forgive your sins and be your Savior. <u>He</u> <u>will</u>! Find a church where you can be baptized, learn about the Bible, and grow in your faith.

Stay Strong!

Charles,

es freut mich, dir sagen zu können, dass du nicht in die Hölle kommen musst. Jesus starb, damit du gerettet werden und die Ewigkeit mit Ihm verbringen kannst. Bitte Ihn darum, dass Er dir deine Sünden vergibt und dein Retter sein wird. Er wird es tun!
Finde eine Kirche, in der du getauft werden kannst, lerne die Bibel und wachse in deinem Glauben.
Bleibe stark!

Max

148. *Letzte Woche ist der siebenjährige Sohn unserer Nachbarn gestorben. Sie sind am Boden zerstört. Wir auch. Was können wir ihnen sagen?*

Gott ist gut. So müssen wir anfangen. Obwohl wir nicht verstehen, was er tut, können wir seinem Herzen vertrauen.

Gott tut nur, was gut ist. Aber wie kann der Tod gut sein? Manche Trauernde stellen diese Frage nicht. Wenn die Anzahl der Jahre größer geworden ist als die Qualität der Jahre, fragen wir nicht, wieso der Tod gut sein kann.

Aber der Vater des toten Teenagers stellt diese Frage. Die 39-jährige Witwe auch. Die Eltern eines Siebenjährigen fragen ebenso: Wie kann der Tod gut sein?

Einen Teil der Antwort finden wir vielleicht in Jesaja 57,1-2: »Der Gerechte dagegen kommt um, ohne dass sich jemand darüber Gedanken macht. Die, die Gott treu sind, werden abberufen, aber niemandem fällt auf, dass sie dadurch dem Bösen entkommen sollen. Sie treten in den Frieden Gottes ein und ruhen auf ihren Lagern, weil sie ihren Weg geradeaus gingen.«

Durch den Tod nimmt Gott Menschen weg, um sie vor dem Bösen zu bewahren. Vor welchem Bösen? Einer langen Krankheit? Einer Sucht? Einer dunklen Zeit der Auflehnung? Wir wissen es nicht. Aber wir wissen, dass kein Mensch einen Tag länger oder kürzer lebt, als Gott es will. »Jeder Tag meines Lebens war in deinem Buch geschrieben. Jeder Augenblick stand fest, noch bevor der erste Tag begann« (Psalm 139,16).

Sie musste so jung sterben …

Sein Leben war so kurz …

So scheint es für uns. Wir sprechen von einem kurzen Leben, doch wer hat ein langes Leben, wenn man es mit der Ewigkeit vergleicht? Die Tage eines Menschen auf der Erde kommen uns möglicherweise wie ein Tropfen im Ozean vor. Ihres und meines scheint vielleicht wie ein Fingerhut voll. Doch verglichen mit dem Pazifik der Ewigkeit füllen sogar die Jahre von Methusalem nicht mehr als ein Glas. Jakobus sprach nicht nur zu jungen Menschen, als er sagte: »Euer Leben gleicht doch dem Nebel am Morgen – schon nach kurzer Zeit ist er wieder verschwunden« (Jakobus 4,14).

In Gottes Plan ist jedes Leben lang genug, und jeder Tod kommt bei ihm zur rechten Zeit. Gott weiß es besser, auch wenn Sie oder ich ein längeres Leben wünschen.

Und – das ist wichtig – obwohl Sie und ich den Menschen, die wir lieben, ein längeres Leben wünschen, tun sie selbst es nicht. Ironischerweise sind es die sterbenden Menschen, die Gottes Entscheidung für den Tod zuerst akzeptieren.

Während wir ungläubig den Kopf schütteln, heben sie die Hände in Anbetung. Während wir am Grab trauern, bestaunen sie den Himmel. Während wir Gott mit Fragen bestürmen, preisen sie Gott.

149. *Vor fünf Jahren haben wir unseren Sohn begraben. Doch wir trauern immer noch. Meine Frau und ich kommen einfach nicht darüber hinweg. Warum nicht?*

Weil Sie mehr als einen Menschen begraben haben. Sie haben einen Teil von sich selbst begraben. Hat nicht John Donne gesagt: »Jedes Menschen Tod ist ein Verlust für mich«? Es ist, als befände sich die ganze Menschheit auf einem riesigen Trampolin. Die Bewegungen eines einzigen können von allen gespürt werden. Je enger die Beziehung, umso tiefer ist der Verlust. Der Tod eines geliebten Menschen geht einem sehr nahe.

Dieser Tod durchkreuzt Ihre Träume.

Vor einigen Jahren dienten meine Frau und ich mit anderen Missionaren in Brasilien, genauer gesagt in Rio de Janeiro. Unser Team bestand aus einigen jungen Ehepaaren, die aufgrund der großen Entfernung von Zuhause eine enge Beziehung zueinander aufbauten. Die Freude bei uns allen war groß, als zwei unserer Team-Mitglieder, Marty und Angela, ankündigten, dass sie ihr erstes Kind erwarteten.

Die Schwangerschaft stellte sich als schwierig heraus, und die Freude verwandelte sich in Sorge. Angela musste das Bett hüten, und wir wurden dringend gebeten, intensiv zu beten. Das taten wir. Der Herr erhörte unsere Gebete, doch nicht so, wie wir es uns wünschten. Das Baby starb im Mutterleib.

Nie werde ich Martys Äußerung vergessen: »Nicht nur ein Baby ist gestorben, Max. Ein Traum ist gestorben.«

Warum hält die Trauer an? Weil Sie nicht nur mit Erinnerungen zu tun haben, sondern mit einer nicht gelebten Zukunft. Sie kämpfen nicht nur gegen den Schmerz; Sie kämpfen gegen Enttäuschung und Sie kämpfen auch gegen Wut.

Die Wut kann offen zutage treten oder unter der Oberfläche brodeln. Sie kann wie eine Flamme oder wie ein Schneidbrenner sein. Die Wut lebt im Haus des Schmerzes. Wut auf sich selbst. Wut auf das Leben. Wut auf das Militär oder das Krankenhaus oder das Autobahnnetz. Aber vor allem Wut auf Gott. Die Wut äußert sich in einer Frage, die mit W beginnt. Warum? Warum er? Warum sie? Warum jetzt? Warum wir?

Wir beide wissen, dass ich diese Frage nicht beantworten kann. Nur Gott kennt die Gründe für sein Tun. Lassen Sie sich Zeit. Gehen Sie ihren eigen Trauerweg. Zur rechten Zeit wird der Schmerz nachlassen.

Die Ägypter tragen sechs Monate lang schwarze Kleidung. Muslime tragen ein Jahr lang Trauerkleidung. Orthodoxe Juden beten für einen verstorbenen Angehörigen elf Monate lang jeden Tag. Vor nicht einmal fünfzig Jahren trugen die Amerikaner in ländlichen Gebieten ein paar Wochen lang schwarze Armbänder.[20] Und heute? Bin ich der einzige, der das Gefühl hat, dass wir unseren Schmerz überstürzt bewältigen wollen?

Trauer braucht ihre Zeit. Nehmen Sie sich diese Zeit. »Der Weise ist mit seinen Gedanken und seinem Herzen bei denen, die trauern« (Prediger 7,4). Der Sohn Davids schrieb: »Kummer ist besser als Lachen, denn Traurigkeit reinigt den Menschen« (Prediger 7,3).

150. *Uns wurde gesagt, dass es ein Leben nach dem Tod gibt, aber wie können wir sicher sein? Wie können wir wissen, dass wir wieder leben werden? Manche glauben, dass wir nach dem Tod einfach für immer schlafen.*

Wie können wir sicher sein, dass es ein Leben nach dem Tod gibt?

Die Bibel sagt es. »Jetzt haben wir eine lebendige Hoffnung, weil Jesus Christus von den Toten auferstanden ist. Denn Gott hat für seine Kinder ein unvergängliches Erbe, das rein und unversehrt im Himmel für euch aufbewahrt wird« (1. Petrus 1,3-4).

Jesus hat es gesagt. »Es wurde vor langer Zeit aufgeschrieben, dass der Christus leiden und sterben und am dritten Tag auferstehen muss. Geht in seinem Namen zu allen Völkern, angefangen in Jerusalem, ruft sie zur Umkehr auf, damit sie Vergebung der Sünden erhalten. Für all dies seid ihr meine Zeugen« (Lukas 24,46-48).

Der Engel sagte es. »Habt keine Angst! ... Ich weiß, ihr sucht Jesus, der gekreuzigt wurde. Er ist nicht hier! Er ist von den Toten auferstanden, wie er gesagt hat. Kommt und seht, wo sein Leichnam gelegen hat« (Matthäus 28,5-6).

Die Zeugen sagten es. »Er wurde von Petrus gesehen und dann von den zwölf Aposteln. Danach sahen ihn mehr als fünfhundert seiner Anhänger auf einmal« (1. Korinther 15,5-6).

Sogar der weggerollte Stein ist ein Zeugnis für die Auferstehung von Jesus von den Toten (Matthäus 28,1-7). Keine Schranke wird uns im Grab gefangen halten. Christus war der Erste, und wir werden seinem Beispiel folgen.

Was tut unser Geist, während wir auf diese herrliche Auferstehung warten? Jesus nannte den Tod einen Schlaf, als er mit den Jüngern über Lazarus sprach:

> Und er fuhr fort: »Unser Freund Lazarus ist eingeschlafen, doch nun gehe ich hin und wecke ihn auf.« Die Jünger meinten: »Herr, wenn er schläft, wird er bald wieder gesund!« Sie

dachten, Jesus rede von einem heilsamen Schlaf; Jesus sprach aber davon, dass Lazarus gestorben war.
Johannes 11,11-13

Ist der Tod eine Zeit der Bewusstlosigkeit, eine Art Tiefschlafphase? In der Geschichte von dem reichen Mann und Lazarus (einem anderen Lazarus) in Lukas 16 beschreibt Jesus einen bewussten Todeszustand, in dem Ereignisse, Menschen und Identitäten wahrgenommen werden. Es kann also kein Tiefschlaf sein.

Wenn wir schlafen, geht unser Körper in einen anderen Zustand über, wie beim Tod. Der Körper liegt bewegungslos da, aber das Gehirn arbeitet in einem anderen Bewusstseinszustand weiter. Im Tod verlagert sich das Bewusstsein ebenfalls, wenn der Geist den Körper zurücklässt. Der Körper wartet auf seine eigene Auferstehung, wenn er vom Weckruf der letzten Posaune aufgeweckt wird und aus dem Grab aufersteht, um mit seinem immer noch bewussten Geist und demjenigen, der den Tod vor uns allen besiegt hat, vereint zu werden.

151. *Ein lieber gläubiger Freund von uns kam vor Kurzem bei einem Verkehrsunfall ums Leben. Das war besonders schwer für seine vierzig Jahre alte Frau. Sie ist auch gläubig, aber sie fragt sich und macht sich Sorgen, ob sie ihn wirklich wiedersehen wird. Können Sie mir einige Trostworte geben, die ich ihr sagen kann?*

Gott hat das letzte Wort über den Tod. Und wenn wir zuhören, sagt er uns die Wahrheit über die Menschen, die wir lieben. Sie wurden aus dem Krankenhaus, das Erde genannt wird, entlassen. Wir wandern immer noch durch die Gänge, riechen die Medikamente und essen grüne Bohnen und Pudding auf Plastiktabletts. Sie dagegen genießen Picknicks, riechen den Frühling und laufen durch kniehohe Blumen. Sie fehlen uns furchtbar, aber können wir die Wahrheit abstreiten?

Sie haben keine Schmerzen, keine Zweifel und keine Kämpfe. Sie sind im Himmel glücklicher.

Und werden wir sie nicht bald sehen? Das Leben eilt mit Überschallgeschwindigkeit dahin. »Mein Leben währt nicht länger als die Breite meiner Hand und ist vor dir nur wie ein Augenblick. Nur wie ein Hauch ist jeder Mensch« (Psalm 39,6).

Wenn Sie Ihre Kinder zur Schule bringen, weinen Sie dann, als würden Sie sie nie wiedersehen? Wenn Sie Ihren Ehepartner an einem Laden aussteigen lassen und einen Parkplatz für das Auto suchen, verabschieden Sie sich dann für immer? Nein. Wenn Sie sagen: »Bis bald«, dann meinen Sie das ernst. Wenn Sie auf dem Friedhof stehen und auf die frische Erde starren und versprechen: »Bis bald«, dann sagen Sie die Wahrheit. Das Wiedersehen findet in nur einem Splitter eines Moments der Ewigkeit statt.

Sie müssen nicht traurig sein »wie jene Menschen, die keine Hoffnung haben« (1. Thessalonicher 4,13). Deshalb schauen Sie nach vorne, stellen Sie sich Ihrer Trauer. Lassen Sie sich Zeit. Lassen Sie Ihren Tränen freien Lauf. Gott versteht das. Er kennt den Schmerz an einem Grab. Er hat seinen Sohn begraben. Aber er kennt auch die Freude der Auferstehung. Und durch seine Macht werden Sie diese Freude auch erleben.

152. *Mein Mann und ich waren fünf Jahre lang wegen Unfruchtbarkeit in Behandlung. Wir waren so glücklich, als wir letztes Jahr Eltern eines kleinen Mädchens wurden. Doch das Kind lebte nur zwei Monate. Der Verlust unserer Tochter ist fast mehr, als ich ertragen kann. Ich sehne mich danach, mein Baby im Arm zu halten. Wie kann ich mit diesem Schmerz leben?*

Die Gesellschaft sagt uns, wie wir mit Trauer umzugehen haben.

»Weine nicht.«

»Sei tapfer.«

»Haltung bewahren.«

Unsere Herzen sagen etwas ganz anderes.

»Lass den Schmerz heraus.«

»Weine dich aus.«

Die Bibel sagt, dass unser Herz recht hat. Wenn ich die Bibel lese, sehe ich alle möglichen Gefühle, die durch Leid und Schmerz hervorgerufen wurden. David schrie zu Gott. Jesus weinte beim Tod von Lazarus. Es gibt ein ganzes Buch, das Klagelieder heißt. Siebzig Prozent der Psalmen sprechen von Leid und Schmerz.

Trauern ist ein Ablassventil für Gefühle. Tun Sie sich keinen Zwang an. Sie dürfen Ihre Trauer zeigen.

Setzen Sie sich nicht unter Druck, dass es Ihnen bald besser gehen muss. Sie müssen mit der Trauer nicht aufhören, solange Sie nicht dazu bereit sind. Der Tod ist ein Schock, er stellt Ihre Welt auf den Kopf. Ein wesentlicher Teil Ihres Lebens wurde Ihnen weggerissen. Sie brauchen nun Zeit, um Ihr Leben neu auszurichten, sich neue Ziele zu setzen und neue Träume zu träumen.

Salomo erklärte: »Alles hat seine Zeit ... Klagen hat seine Zeit« (Prediger 3,1.4). Im Leben gibt es Zeiten des Winters, aber nach jedem Winter kommt ein Frühling. Paulus forderte die Thessalonicher auf, zu trauern, aber er wollte nicht, dass die Christen traurig sind »wie jene Menschen, die keine Hoffnung haben« (1. Thessalonicher 4,13). Er wusste, dass das Grab nicht das letzte Wort hat.

Vergessen Sie nie, dass es Hoffnung gibt. Das Grab gewinnt einzelne Kämpfe, aber den Krieg wird es nie gewinnen. Wie die Frauen am Grab und die trauernden Apostel hinter verschlossenen Türen entdeckt haben, werden eines Tages alle unsere Tränen abgewischt und unser Schmerz wird sich in Freude verwandeln, wenn wir im Himmel mit denen vereint sind, die wir auf der Erde verloren haben, und der Tod nur noch eine Erinnerung an längst vergangene Zeiten ist (Matthäus 28,8-9; Johannes 20,19-20).

153. *Meine Großmutter hat eine seltene Blutkrankheit und liegt im Sterben. Sie leidet sehr, und ich glaube, es wäre barmherzig, wenn sie sterben dürfte, da sie bereit ist, zu Jesus zu gehen. Doch meine Mutter will, dass ich bete, dass Gott meine Großmutter am Leben erhält. Wie können wir wissen, wie wir in einer solchen Situation beten sollen?*

> Jeder Tag meines Lebens war in deinem Buch geschrieben.
> Jeder Augenblick stand fest, noch bevor der erste Tag begann.
> Psalm 139,16

Wir alle haben ein Anfangsdatum und ein Enddatum, die Gott bekannt sind, bevor wir geboren werden. Die Uhr beginnt zu ticken, sobald wir in der Gebärmutter gezeugt wurden.

(Glücklicherweise) sind nicht wir es, die Leben und Tod bestimmen, denn wir können nicht wissen, was geschehen würde, wenn wir einen Tag länger oder einen Tag kürzer leben würden. Gott kann all das sehen und bestimmt den besten Zeitpunkt für unsere Bestattung. Wer weiß, was geschehen könnte, wenn der Mensch, den wir lieben, an einem Mittwoch oder an einem Freitag anstatt an einem Donnerstag stirbt? Darüber nachzudenken ist zu schwer für uns. Es gibt zu viele Variablen und Fragen, auf die wir keine Antwort wissen.

> Euer Leben gleicht doch dem Nebel am Morgen – schon nach kurzer Zeit ist er wieder verschwunden.
> Jakobus 4,14

Das Leben ist nie zu lang oder zu kurz. Andererseits ist es nie lange genug, wenn wir uns von einem geliebten Menschen verabschieden müssen. Es ist nie kurz genug, wenn wir zusehen müssen, wie er leidet.

Auf dieser Seite des Grabes ist der Tod so endgültig und so schwer.

Es kommt jedoch eine Zeit, wenn der Tod auf die Müllhalde geworfen wird. In Offenbarung 20,14 lesen wir, dass der Tod und das Grab der Vergangenheit angehören und in den Feuersee geworfen werden. Sie sind dann wie Schnee von gestern. Wir denken dann nicht mehr an den Begriff des Todes. Denken Sie noch an den Abfall, den Sie letzte Woche weggeworfen haben? So wird es mit dem Tod auch sein.

Ihre Großmutter wird lebendig und gesund mit uns im Himmel stehen. Der Tod hat das Leben der Gläubigen nicht abgekürzt. Er hat sie nur in das kommende Leben hinübergeführt.

154. *Ich habe vor Kurzem ein Buch über das Leben nach dem Tod gelesen und frage mich, wie unser Auferstehungsleib aussehen wird. Seit Jahren kämpfe ich mit Übergewicht und hoffe, dass ich im Himmel einen anderen Körper haben werde!*

Ich gebe gerne mein altes Auto gegen ein neues in Zahlung. Dieser Geruch des neuen Autos. Das ruhige Motorgeräusch. Der saubere Innenraum. Keine Flecken mehr. Kein rätselhaftes Klappern. Keine abgefahrenen Reifen mehr.

Wenn wir sterben und Jesus unseren Körper auferweckt, bekommen wir einen neuen Körper. Die alte Klapperkiste ist verschwunden, und das neueste Modell wird geliefert.

»Er wird unseren schwachen, sterblichen Körper verwandeln, sodass er seinem verherrlichten Körper entspricht« (Philipper 3,21). Bei der Auferstehung hat Jesus den auferstandenen Körper gezeigt, den wir eines Tages bekommen.

Es wird keine neue Machart sein, sondern ein neues Modell. Funkelnagelneu. Sauber, ohne Flecken, ohne lose Teile, ohne Verschleißerscheinungen. Dieser Körper ist für die Ewigkeit ausgelegt und hat ein optimales Leistungsvermögen. Zusätzlich gibt es eine lebenslange Garantie.

Das bedeutet, dass Ihre Augen immer so funktionieren, wie sie sollten. Sie brauchen keine Brille mehr.

Ihre Beine werden genau gleich lang sein. Sie brauchen keine orthopädischen Schuhe mehr.

Ihre Zunge bildet alle Wörter richtig. Sie stottern nicht mehr.

Ihre Wirbelsäule wird perfekt ausgerichtet sein. Sie brauchen keine Krücken mehr.

Ihr Stoffwechsel verbrennt Kalorien mit der vorgesehenen Geschwindigkeit. Sie haben keine Gewichtsprobleme mehr.

Werden wir Narben haben? Jesus hat seine Narben behalten. Doch sie dienen als Erinnerung an das, was er am Kreuz für uns getan hat, und ermuntern uns zum Lobpreis. Unsere Narben sprechen von den Schrecken und dem Bösen dieser Welt. Wir werden sie nicht mitnehmen.

Es war nicht vorgesehen, dass wir psychisch labil, körperbehindert oder blind sind. Wenn Jesus Behinderte sah, heilte er sie. Warum? Weil Behinderungen nicht zu Gottes ursprünglichem Plan gehören. Wenn der blind geborene Mann hätte blind sein sollen, hätte Jesus ihn in diesem Zustand gelassen.

Wir werden die optimale Größe haben. Vielleicht werden kleine Menschen etwas größer sein und große Menschen etwas kleiner. Vielleicht werden magere Menschen etwas schwerer sein. Aufgrund unseres unvollkommenen genetischen Codes treten Änderungen in unseren Bauplänen auf. Wir werden den Körper bekommen, der für uns vorgesehen war. Und alles, was Gott macht, ist gut.

155. *Als Pastor einer kleinen Gemeinde arbeitet mein Mann sehr viel und bekommt wenig Dank und ganz bestimmt keine große finanzielle Entlohnung. Ich sage ihm immer wieder, dass er im Himmel belohnt wird. Können Sie mir etwas über diese Belohnungen sagen?*

Die Belohnungen im Himmel werden nicht nur ein paar Auserwählten zuteil, »sondern allen, die seine Rückkehr herbeisehnen« (2. Timotheus 4,8). Das kurze Wort *allen* ist ein Kleinod. Der Kreis der Gewinner ist nicht auf eine kleine Elite beschränkt, sondern der Himmel ist voller Kinder Gottes, die »die Krone des Lebens empfangen, die Gott verheißen hat denen, die ihn lieb haben« (Jakobus 1,12; LUT).

Vieles über das Leben nach dem Tod wissen wir nicht, aber eines ist sicher. Der Tag, an dem Christus wiederkommt, ist ein Tag der Belohnung. Menschen, die auf der Erde unbekannt blieben, werden im Himmel bekannt werden. Diejenigen, die nie von Menschen bejubelt wurden, werden von den Engeln bejubelt. Diejenigen, die nie von ihrem Vater gesegnet wurden, werden den Segen ihres himmlischen Vater erhalten.

Die Kleinen werden groß sein. Die Vergessenen werden in Erinnerung gebracht werden. Die Unbeachteten werden gekrönt und die Treuen geehrt werden. »Bleibe treu bis zum Tod, dann will ich dir den Siegeskranz des ewigen Lebens geben« (Offenbarung 2,10).

Ihr Tag wird kommen. Ihr himmlischer Vater erinnert sich an alles, was die Welt übersehen hat, und eher als Sie es sich vorstellen können, werden Sie von ihm gesegnet. Lesen Sie seine Zusage aus der Feder von Paulus: »Und dann wird Gott jeden so loben, wie es ihm zusteht« (1. Korinther 4,5).

Was für ein unglaublicher Satz. Gott wird jeden Einzelnen loben. Nicht »den Besten«, auch nicht »wenige« und nicht »die Überflieger«, sondern: »Gott wird jeden loben.«

Sie werden nicht übergangen. Dafür sorgt Gott schon. In der Tat wird Gott selbst Sie loben. Wenn es darum geht, jemandem Anerkennung zukommen zu lassen, überträgt Gott die Aufgabe keinem anderen. Der Erzengel Michael verteilt keine Kronen. Gabriel spricht nicht im Namen des Thrones. Gott selbst überreicht die Auszeichnungen. Gott selbst wird seine Kinder loben.

Wir wissen zwar nicht genau, wie diese Belohnungen aussehen, aber wir wissen, dass der Applaus des Himmels, Gottes Beifall und das ewige Leben dazugehören. Was wollen Sie mehr?

156. *Was hält Gott von Selbstmördern? Wie steht es um ihre Erlösung? Wie gehen wir mit unseren Erinnerungen um? Wie finden wir inneren Frieden?*

Selbstmörder sind im Leben meist zu kurz gekommen. Oft litten sie an einer psychischen Störung oder an Krankheiten und wurden von geistiger Erschöpfung gequält. Sie sehnten sich nach dem, was wir als selbstverständlich betrachten: Optimismus. Hoffnung. Vertrauen darauf, dass alles gut wird. An ihrem Horizont waren nur Wolken, kein Silberstreif. In ihren Stürmen zeigte sich kein Regenbogen.

Haben wir uns nicht gefragt: *Warum konnte er aus diesem Tief nicht herauskommen … diesen Durchhänger nicht einfach mit einem Schulterzucken abtun … sich zusammenreißen und vorwärts schauen?* Natürlich hätten wir diese Fragen nicht gestellt, wenn er körperliche Probleme gehabt hätte. Einen Krebspatienten fragen wir nicht: »Warum bist du dieses Melanom nicht losgeworden?« Wir kennen die Macht des Krebses. Aber wir verstehen möglicherweise das Geheimnis einer psychischen Erkrankung nicht. Ich jedenfalls verstehe es nicht. Doch eines habe ich beobachtet. Eine Depression kann dazu führen, dass gute Menschen eine falsche Entscheidung treffen.

Seien wir uns klar darüber: Selbstmord ist eine falsche Entscheidung. Gott hat das Datum unseres Todes zu bestimmen, nicht wir. Er gibt das Leben und er nimmt es. Wenn Menschen ihr eigenes Sterben organisieren, treffen sie die falsche Entscheidung.

Doch ist dieser Fehler geistlich verhängnisvoll? Begraben wir die Hoffnung auf ihre ewige Errettung? Bleibt uns nur die beklemmende Schlussfolgerung, dass es im Himmel keinen Platz für sie gibt?

Auf keinen Fall. Selbstmord ist zwar eine falsche Entscheidung, aber haben wir nicht alle falsche Entscheidungen getroffen? Und ist Christus nicht für Menschen wie uns gekommen? Betrachten Sie das Leben des Selbstmörders im rechten Zusammenhang. Erinnern Sie sich an gute Entscheidungen. Denken Sie an wundervolle Tage. Jesus sagte: »Kommt alle her zu mir, die ihr müde seid und schwere

Lasten tragt, ich will euch Ruhe schenken« (Matthäus 11,28). Gott beurteilt einen Menschen nicht aufgrund einer einzigen Entscheidung, und wir sollten das auch nicht tun.

157. *Was wird am Tag des Gerichts geschehen? Werden alle Christus sehen, wenn er wiederkommt?*

Die Bibel spannt uns auf die Folter mit Bildern und Tönen von jenem Tag. Zunächst ein lauter Befehl: »Denn der Herr selbst wird mit einem lauten Befehl … vom Himmel herabkommen« (1. Thessalonicher 4,16).

Dann die Auferstehung der Toten. »Die Zeit kommt … in der die Toten die Stimme des Sohnes Gottes hören werden … Die Zeit wird kommen, in der die Toten in ihren Gräbern die Stimme des Sohnes Gottes hören und auferstehen werden« (Johannes 5,25.28-29).

Der Befehl Gottes ist das Startsignal für den »Ruf des Erzengels« und den »Schall der Posaune Gottes« (1. Thessalonicher 4,16).

Engel überall! »Siehe, der Herr ist gekommen mit Tausenden seiner Heiligen [Engel]. Er wird über die Menschen der Welt Gericht halten« (Judas 14-15).

Und Menschen überall! »Alle Völker werden vor ihm zusammengerufen« (Matthäus 25,32).

Irgendwann bei dieser großen Sammlung wird unser Geist wieder mit unserem Körper vereint sein. »Das wird in einem kurzen Moment geschehen, in einem einzigen Augenblick, wenn die letzte Posaune ertönt. Beim Klang der Posaune werden die Toten mit einem unvergänglichen Körper auferstehen, und wir Lebenden werden verwandelt werden, sodass wir nie mehr sterben. Denn unser vergänglicher irdischer Körper muss in einen himmlischen Körper verwandelt werden, der nicht mehr sterben wird« (1. Korinther 15,52-53).

Ein großer Lärm wird losbrechen. »Dann wird der Himmel unter schrecklichem Lärm vergehen, und alles wird sich in Flammen auflösen; und die Erde wird mit allem, was auf ihr ist, dem Gericht ausgeliefert werden« (2. Petrus 3,10).

Dann kommt der Höhepunkt: »Sie werden sehen, wie der Menschensohn mit großer Macht und Herrlichkeit auf den Wolken des Himmels kommt« (Matthäus 24,30). »Vor diesem Namen [von Jesus] sollen sich die Knie aller beugen, die im Himmel und auf der Erde und unter der Erde sind. Und zur Ehre Gottes, des Vaters, werden alle bekennen, dass Jesus Christus Herr ist« (Philipper 2,10-11).

Seien Sie bereit. Wir wissen nicht, wann er kommen wird, aber wir wissen, dass er kommt. Möge er uns wachend vorfinden.

158. *Stimmt es, dass am Tag des Gerichts alle unsere Sünden offenbart werden? Wenn ja, werde ich vor Scham vergehen.*

Jesus sagte: »Es ist nichts verborgen, was nicht offenbar wird, und nichts geheim, was man nicht wissen wird« (Matthäus 10,26; LUT).

Diese Worte scheinen genug Grund zur Panik zu geben. Wer möchte schon, dass alle seine Geheimnisse öffentlich bekannt gemacht werden? Wer möchte, dass alle seine geheimen Sünden ans Licht kommen? Wer würde begeistert sein, wenn jede unrechte Tat öffentlich verkündet würde?

Sie haben recht; niemand möchte so etwas.

Römer 2,16 ist ein Schlüsselvers zu dieser Frage. Stoßen Sie einen Seufzer der Erleichterung aus, wenn Sie diese drei Worte unterstreichen: »Und dies alles wird sichtbar an dem Tag, an dem Gott *durch Jesus Christus* alles richten wird, auch das, was bei den Menschen verborgen ist« (Hervorhebung durch den Autor).

Haben Sie es verstanden? Jesus ist der Filter, durch den Gott uns betrachtet, wenn er unsere Sünden richtet.

Wenn Gott die Menschen anschaut, die geglaubt haben, sieht er sie nicht. Er sieht den einen, der sie umgibt. Das heißt, dass Sie über Ihr Versagen nicht beunruhigt sein müssen. Unser Sieg ist sicher.

159. *Eine meiner Freundinnen glaubt an das Fegefeuer. Sie zündet Kerzen an und betet, dass ihre toten Angehörigen in den Himmel kommen. Können wir beten, dass Tote gerettet werden? Gibt es das Fegefeuer wirklich?*

Der Gedanke, dass wir im Wartezimmer des Geistes eine zweite Chance bekommen, um unser Leben zu verstehen, um zu sehen, was wir falsch gemacht haben und unsere Probleme zu bereinigen, gibt Trauernden etwas Hoffnung. Wir sind fest davon überzeugt, dass wir die richtigen Entscheidungen treffen, wenn wir diesen Körper abgelegt haben, keinen übervollen Terminkalender mehr und etwas Zeit zum Nachdenken haben.

Leider liefert die Bibel keinen Anhaltspunkt für einen solchen Ort. Der Gedanke des Fegefeuers stammt aus einem Buch der Apokryphen, das 2. Makkabäer genannt wird, doch der Begriff *Fegefeuer* kommt darin nicht vor. Aus dem Text wird nur darauf geschlossen. Jesus hat das Fegefeuer nie erwähnt. Er sprach über zwei Orte im Leben nach dem Tod: Himmel und Hölle. Über nichts dazwischen.

Das Fegefeuer wird als Ort beschrieben, an dem wir von unseren Sünden gereinigt werden. Die Befürworter behaupten, dass die Menschen im Fegefeuer die Strafe erhalten, die sie verdient haben. Sie müssen die Konsequenzen tragen, werden dann nach einer gewissen Zeit entlassen – wenn sie ihre Lektion gelernt haben – und vorbereitet und erneuert ins Paradies kommen.

Wenn es so ist, stellt sich die Frage, was Jesus am Kreuz getan hat. Ist er nicht für unsere Sünden gestorben? Er hat nicht für seine eigenen Sünden gelitten, das weiß ich. Schenkt sein Opfertod nicht denen, die glauben, die hundertprozentige Vergebung? Oder sind darin nur 70, 80 oder 90 Prozent Vergebung enthalten und wir müssen für den Rest selbst aufkommen?

Am Kreuz hat Jesus sich seinem neuesten Nachfolger, dem Verbrecher, zugewandt und ihm versprochen: »Heute noch wirst du mit mir im Paradies sein« (Lukas 23,43). Jesus hat nicht gesagt: »Heute kommst du ins Fegefeuer, wo du noch ein bisschen leiden musst.« Das Wort *Paradies* lässt auf das Fehlen von Leiden schließen. Deshalb nennen wir es Paradies.

Kurz bevor Jesus starb, sagte er: »Es ist vollbracht« (Johannes 19,30). Hat er diesen Satz beendet? Wollte er sagen: »Es ist vollbracht … bis du ins Fegefeuer kommst und das, was ich begonnen habe, zu Ende führst«, wurde aber unterbrochen?

»Es ist vollbracht« bedeutet, dass es geschafft und beendet ist! Es muss nichts mehr getan werden. Finis! Finito!

In Römer 6,23 steht, dass der Lohn der Sünde der Tod ist. Wie könnten wir die Todesstrafe, die wir verdient haben, abwenden? Die Strafe ist der Tod, und im Fegefeuer wären die Menschen bereits tot.

Manche schlagen vor, dass das Fegefeuer eine Hölle mit Hoffnung ist. Welche Hoffnung können wir haben, wenn wir für unsere Sünden bezahlen müssten? Wie lange würde das dauern? Werden wir geprügelt, bis wir uns unterwerfen und Christus annehmen? Glaube durch Zwang?

Die gute Nachricht lautet, dass Jesus uns bereits von unseren Sünden gereinigt hat. Golgatha war unser Fegefeuer. Wenn ein Glaubender sein menschliches Gewand ablegt und die Kleider des Himmels anlegt, tut er das in der Gewissheit, dass Jesus Christus alles bezahlt hat. Das Paradies, nicht das Fegefeuer, wartet auf uns.

160. *Neulich diskutierten wir im Bibelkreis über den Himmel. Einige sagten, dass wir dort vor allem Gott loben. Andere meinten, wir werden für Gott arbeiten. Was werden wir im Himmel einmal tun?*

Lob und Anbetung beherrschen den Ablauf im Himmel. Aber bedeutet das, dass wir fortwährend von Gottes Liebe singen? Lob und Anbetung bedeuten nicht immer Singen. Wir können Gott auch loben und anbeten, indem wir Obst ernten und Tieren Namen geben.

Das taten Adam und Eva. Kaum waren sie geschaffen, wies Gott ihnen Gartenarbeit zu. »Sie sollen … herrschen« (1. Mose 1,26). Er übertrug ihnen die Verantwortung »über die Fische im Meer, die Vögel am Himmel, über alles Vieh, die wilden Tiere und über alle Kriechtiere« (V. 26). Gott machte Adam zum Direktor, der für die Bebauung und Bewahrung des Gartens zuständig war (1. Mose 2,15).

Wenn Gott uns also auf der Erde an die Arbeit schickt, ist dann der Himmel unser Ruhestand? Eine ewige Kreuzfahrt im Licht des Herrn, während die Engel uns Getränke servieren?

Gott schuf die Menschen zum Dienst, und dieser Dienst endet nicht mit unserem Tod. Wenn wir aus den Gräbern auferstehen, wird es im neuen Himmel und auf der neuen Erde unser Vorrecht sein, dem Herrn und anderen mit den Gaben, die Gott uns gegeben hat, zu dienen, während wir im Himmel und auf der Erde und – wer weiß – vielleicht im Weltall unsere Herzenswünsche erforschen.

Vielleicht dienen Sie ihm in der Eigenschaft, in der Sie ihm jetzt in der Gemeinde dienen – als Lehrer, Gastgeber, in der Musik- oder Theatergruppe. Ihre Aufgabe im Himmel ist vielleicht so ähnlich wie Ihre Arbeit auf der Erde – Designer, Bauunternehmer, Koch, Raumausstatter, Ingenieur, Hausmeister, Unterhalter. Vielleicht entdecken Sie endlich jenen lang verborgenen Herzenswunsch, den Sie auf der Erde nicht verfolgen konnten, sodass Sie sich im Himmel daran freuen können.

Gott hat Erweiterungspläne für die Zukunft. »Seine Herrschaft ist groß und der Frieden auf dem Thron Davids und in seinem Reich wird endlos sein« (Jesaja 9,6). Die Ewigkeit ist voller Entwicklung – unerforschte Gebiete, weite Horizonte, unendliche Farben, endlose Wiedergabelisten. Vielleicht erschafft Gott immerfort Neues, und wir werden uns immerfort daran freuen.

Wir wurden geschaffen, um zu arbeiten, und wir wurden geschaffen, um Gott anzubeten. Nehmen wir beides zusammen, dann haben wir den ewigen Programmablauf im Himmel.

161. *Unsere liebenswerte Tochter im Teenageralter kam vor ein paar Monaten bei einem Motorradunfall ums Leben. Wir wissen, dass sie bei Jesus ist, fragen uns aber, wie sie aussieht. Werden wir sie im Himmel wieder erkennen? Oder wird sie ganz anders aussehen?*

In einem Augenblick werden wir im Himmel alle verändert werden. In diesem Moment wird sich unser für die Ewigkeit erneuerter Körper mit unserem Geist wieder vereinigen.

In diesem Geist finden wir unser Herz, unsere Seele und unseren Verstand, also das, was uns zu dem macht, was wir sind. Werden wir – Sie, ich und Ihre Tochter – genau so sein wie wir auf der Erde waren?

Hoffentlich nicht.

Wir werden besser sein.

Unsere Persönlichkeit wird vom Bösen und vom Schmutz gereinigt sein. »Nichts Unreines wird hinein dürfen« (Offenbarung 21,27). All die Sünde, die unser Herz pechschwarz gemacht hat, wird weggewaschen. All die messerscharfen Kommentare, die unseren Verstand füllten, werden an der Tür abgegeben.

Vergangen sein wird all der Schmerz, der unseren Blickwinkel auf das Leben geprägt hat, die Krankheit, die unsere Hoffnung lähmte.

Es wird ein besseres, frohgemuteres und reineres Kind Gottes entstehen, von dem Jahrzehnte alter irdischer Unrat abgestreift wurde. Die Persönlichkeit, die in den Himmel eintritt, ist die, die Gott immer in uns gesehen hat: die gesäuberte Version nach einem gründlichen himmlischen Bad.

Sie werden für immer in Bestform sein!

Und Sie freuen sich an all den anderen Menschen, die in der Blüte ihrer Jahre stehen! Wie die Dinge liegen, ist einer von uns immer im Rückstand. Schlechte Laune kommt in den besten Familien vor. Beschwerden werfen einen Schatten auf die hellsten Tage. Wie ein paar faule Äpfel eine ganze Kiste verderben können, kann ein schwarzes Schaf eine ganze Gruppe von Menschen ruinieren.

Aber verfaulte Früchte werden nicht in den Himmel aufgenommen. Christus wird sein Erlösungswerk vollendet haben. Aller Klatsch und alle Eifersucht werden ausgemerzt sein. Er wird den letzten Tropfen Bosheit aus den hintersten Ecken unserer Seele saugen. Sie werden von dem Ergebnis begeistert sein. Niemand wird Ihr Wort in Zweifel ziehen, Ihre Beweggründe hinterfragen oder hinter Ihrem Rücken schlecht reden. Aller Zank wird beendet sein, wenn Gott die Sünde weggewaschen hat.

Im Himmel werden Sie sicher Ihre Tochter wiedererkennen, so hübsch wie sie sein kann und sogar hübscher, als Sie sich vorstellen können.

162. *Mein Problem ist, dass ich einerseits froh bin, dass ich die Gewissheit habe, einmal in den Himmel zu kommen. Doch andererseits fürchte ich, dass ich im Himmel nicht mehr ich selbst bin. Wie kann ich mich auf den Himmel freuen, wenn ich diese Angst vor dem Unbekannten habe?*

Aus mehreren Gründen müssen Sie im Himmel Sie persönlich sein.

Gott hat Sie aus Ihren Sünden errettet. Nicht Ihr Double. Nicht Ihren Zwillingsbruder. Nicht irgendeinen Typen mit dem gleichen Facebook-Namen wie Sie. Sondern Sie selbst.

In Sie hat er sich verliebt. Nicht in irgendein Hologramm oder einen künftigen Avatar von Ihnen. Warum sollte Gott den Wunsch haben, in Ewigkeit mit einem Hochstapler Umgang zu pflegen? Er hat so viel auf sich genommen, um Ihre Aufmerksamkeit zu erregen und auf der Erde eine Beziehung zu Ihnen aufzubauen. Gott will immer mit Ihnen zusammen sein.

Warum sollten Sie Gott loben, wenn Sie im Himmel nicht Sie selbst sind? Der Programmablauf der Ewigkeit ist mit der Verehrung von Jesus gefüllt, weil er uns von unseren Sünden errettet hat. Wenn Sie nicht Sie selbst sind, dann wissen Sie gar nicht, dass Gott Sie gerettet hat. Da Sie nicht wissen, wovon Sie errettet wurden, haben Sie keinen Grund, Gott zu loben.

Wenn wir im Himmel unsere Identität nicht mehr hätten, gäbe es kein Wiedersehen. Ehepartner würden einander fremd sein. Unsere Kinder wären Unbekannte. Wir hätten das seltsame Gefühl, dass wir jenen Mann schon einmal gesehen haben, der glaubt, unser Nachbar gewesen zu sein. Gott legt auf der Erde Wert auf Beziehungen und Versöhnung. Warum sollte er im Himmel andere Schwerpunkte setzen?

In Lukas 16 erzählte Jesus die Geschichte von einem reichen Mann in der Hölle. Dieser flehte Abraham an, ihm etwas Erleichterung zu verschaffen. Abraham lehnte ab. »Doch Abraham sagte zu ihm: ›Sohn, erinnere dich, dass du in deinem Leben alles hattest, was du wolltest‹« (V. 25). Abraham wusste, dass der reiche Mann sich an sein Leben erinnern konnte.

Der reiche Mann versuchte es dann mit einer anderen Bitte. »Daraufhin sagte der reiche Mann: ›Bitte, Vater Abraham, schicke Lazarus zum Haus meines Vaters. Denn ich habe fünf Brüder und möchte sie vor diesem Ort der Qual warnen, damit sie nicht hierher kommen müssen, wenn sie sterben‹« (Lukas 16,27-28). In diesem unbehaglichen Bewusstseinszustand wusste der reiche Mann, dass er auf der Erde Beziehungen hatte – seinen Vater und seine Brüder. Er litt nicht an einem ewigen Gedächtnisschwund.

Diese Regeln des Bewusstseins in der Hölle dürften auch für den Himmel gelten.

Die Offenbarung spricht davon, dass unsere Namen im Buch des Lebens, dem Verzeichnis für die Reservierungen für die Ewigkeit, eingetragen sind.

> Wer siegreich ist, wird in weiße Kleider gekleidet werden. Und ich werde seinen Namen nicht aus dem Buch des Lebens löschen, sondern vor meinem Vater und seinen Engeln bekennen, dass er zu mir gehört.
>
> Offenbarung 3,5

Bei unserem Eintritt erhalten wir eine Art Identifikationsetikett, doch das ändert unsere Identität nicht.

> Wer siegreich ist, den werde ich zu einer Säule im Tempel meines Gottes machen, und er wird ihn nie verlassen müssen. Ich werde ihn mit dem Namen meines Gottes kennzeichnen, und er wird Bürger in der Stadt meines Gottes sein – in dem neuen Jerusalem, das von meinem Gott aus dem Himmel herabkommt. Und mein neuer Name wird auf ihm geschrieben stehen.
>
> Offenbarung 3,12

Wie eine Kiste beim Transport werden wir mit Etiketten gekennzeichnet, wir erhalten eine Identifikation, mit der wir durch die Bearbeitung laufen. Wir werden mit »Gottes Eigentum«, »Bestimmungsort: Himmel« und »Gehört Jesus« abgestempelt.

Die Stempel auf uns können neu sein, aber innen drinnen sind wir dieselbe Person wie eh und je, in die Jesus sich verliebte, bevor wir geboren wurden – erlöst und in Christus neu gemacht.

163. *Ehrlich gesagt, bei dem Gedanken an den Himmel – bei dieser Vorstellung von Wolken und Harfen und endlosem Singen – breche ich nicht in Begeisterung aus. Habe ich etwas verpasst?*

Ihnen ist etwas Wichtiges hinsichtlich des Himmels entgangen. Vergessen Sie die Cherubim und die körperlosen Geister. Der Himmel wird diese Welt in ihrem optimalen Zustand sein. Gott hat den Garten Eden nicht vergessen. Die ganze Natur sehnt sich nach Erlösung. Der Kosmos, der bald erscheinen wird, liegt noch sicher in ihrem Schoß. »Denn die ganze Schöpfung wartet sehnsüchtig auf jenen Tag, an dem Gott offenbar machen wird, wer wirklich zu seinen Kindern gehört« (Römer 8,19). Gottes Material wird nicht verschwinden, sondern in seiner vollkommenen Gestalt wieder erscheinen.

Warum sollte Gott seinen Planeten aufgeben? Er hat nie auf sein Werk verzichtet. Ganz im Gegenteil. Er hat versprochen, es wiederherzustellen: »Sieh! Ich schaffe einen neuen Himmel und eine neue Erde« (Jesaja 65,17). Die griechische Sprache hat zwei Wörter für *neu*. Eines bezieht sich auf die Chronologie, das andere auf die Qualität. Im Englischen und Deutschen gibt es die gleiche Möglichkeit. Der Ausdruck »neue Küche« kann »nagelneu« bedeuten, also eine Küche, die es vorher noch nicht gab. Oder er kann »neu und verbessert« bedeuten, also mit neuen Apparaten und Einrichtungsgegenständen ausgestattet. Welches *neu* hat Johannes Ihrer Meinung nach benutzt, als er sagte: »Dann sah ich einen neuen Himmel und eine neue Erde« (Offenbarung 21,1)?

Er wählte die Qualität, nicht die Chronologie. Er sieht keine Erde, die es nie gegeben hat, sondern eine Erde, die seit den Tagen des Garten Edens nie so großartig gewesen ist.

Warum würde Gott seiner Erde so viel Liebe entgegenbringen, wenn er sie nur zerstören will? Die Waldwiese. Die atemberaubende Eiche. Die Sterne, die wie Tautropfen am Himmel tanzen. Warum schenkt er uns Liebe für seine Schöpfung? Weil er unsere Neugierde weckt. Er wirbt um uns. Er hält uns einen Wasserfall oder eine Karibikküste vor die Augen und sagt: »Das ist nur eine Kostprobe von dem, was euch erwartet. Das Beste dieser Welt ist nur eine Postkarte von der kommenden Welt.« Die Erde ist Gottes Vorspeisentablett.

Schneeflocken im Himmel? Giraffen und Murmeltiere? Nebelschleier auf Waldwiesen und sternenübersäte Nächte? Ja, und noch viel mehr. Die Herrlichkeit dieses Lebens soll Ihnen beim Gedanken an das kommende Leben den Mund wässrig machen. Das Universum ist eine schwangere Schöpfung. Sie wird gebären … und dann wird Gott der stolze Vater sein.

164. *Bei der Familienandacht hat mich meine kleine Tochter vor Kurzem gefragt, ob wir im Himmel unser eigenes Zimmer bekommen. Ich weiß keine Antwort. Was soll ich ihr sagen?*

> Habt keine Angst. Ihr vertraut auf Gott, nun vertraut auch auf mich! Es gibt viele Wohnungen im Haus meines Vaters, und ich gehe voraus, um euch einen Platz vorzubereiten. Wenn es nicht so wäre, hätte ich es euch dann so gesagt? Wenn dann alles bereit ist, werde ich kommen und euch holen, damit ihr immer bei mir seid, dort, wo ich bin.
> Johannes 14,1-3

Jesus gibt uns die Adresse seiner Heimat und lädt uns zur höchsten Wohnungseinweihungsfeier im Himmel ein. Als Zugabe bietet er sogar an, dass er uns eine Wohnung baut, damit wir einen Platz haben.

Bei den Juden damals baute ein Mann ein Haus oder erhielt das Haus als Erbe von seinem Vater. Wenn die Familie wuchs, fügte der Vater seinem Haus neue Räume hinzu, um seine Söhne und deren Familien – Ehepartner und Enkel – unterzubringen. Wenn eine seiner Schwestern schwierige Zeiten durchlebte, wurde auch für sie Platz geschaffen. Manchmal gab es sogar ein Gästezimmer für durchreisende Besucher der Stadt.

Den Mittelpunkt des Hauses bildete ein Hof, der als Küche für Familienmahlzeiten diente oder einfach als Ort, an dem man sich aufhielt und plauderte.

Jesus nennt den Himmel das Haus seines Vaters. Dadurch wird uns das Bild eines Hauptraumes für den Vater übermittelt – einen Thronsaal vielleicht – mit kleinen Räumen, die um einen zentralen Versammlungsbereich herum gebaut sind.

Dort könnten wir ganz wunderbare Anbetungsabende abhalten oder bei den großen Festmahlen, die Jesus uns versprochen hat, miteinander essen oder einfach nur die freie Zeit sinnvoll miteinander verbringen.

Dies ist nur ein Bild für die Behaglichkeit und Nähe, die wir mit unserem Vater im Himmel verspüren. Es wird mehr als ein Haus sein. Es wird ein Zuhause sein.

Ob wir unser eigenes Zimmer haben werden, in das wir uns zurückziehen und wo wir entspannen können? Wenn Gott meint, dass wir das brauchen, dann werden wir es sicher bekommen. Leider führen solche Zimmer für viele Menschen zu Isolierung und Trennung. Das wird im Himmel nicht so sein. Im Himmel sind Beziehungen angesagt, keine Trennwände.

Aber wenn zu den Plänen des Himmels Privaträume gehören, dann wissen wir, dass Gott davon überzeugt ist, dass wir genau das brauchen. Sagen Sie das Ihrer Tochter, damit sie ein Poster von Jesus an die Wand hängt und nicht des neuesten Popstars.

165. *Ein Armeekamerad von mir kam bei einer Explosion ums Leben. Ich hatte mit ihm über den Glauben gesprochen, aber er wollte nie etwas mit Gott zu tun haben. Zusätzlich zu meiner Trauer habe ich Sorge, dass er in die Hölle kommt.*

In Markus 4 erzählte Jesus seinen Jüngern das Gleichnis von vier verschiedenen Böden und wie die Saat auf ihnen aufging. Er verglich die Böden mit Herzen, die das Wort Gottes empfangen. Bei drei von ihnen konnte die Wahrheit nicht aufblühen, weil sie vergessen hatten, die Saat zu nähren, zu schützen und zu gießen oder die Dornen auszureißen.

Was Ihre Situation betrifft, so glaube ich, dass Jesus Ihnen zunächst dafür dankt, dass Sie Ihren Freunden von ihm erzählten. Auch denen, die nicht darauf eingingen. Besonders den Freunden, die dem Glauben gleichgültig gegenüberstanden. Sie bewiesen ungeheuren Mut, weil sie aus Liebe zu Ihrem Freund und zu Ihrem Erlöser Ihre freundschaftliche Beziehung aufs Spiel setzten.

Machen Sie sich vor allem keine Vorwürfe. Ihre Aufgabe ist es, Saat auszustreuen. Das ist alles. Diese Samenkörner landen an allen möglichen Orten. Es liegt an den anderen – Ihren Freunden –, den Samen der Wahrheit anzunehmen oder nicht.

Ich habe festgestellt, dass manche Menschen, die sagen, dass sie mit Christus nichts zu tun haben wollen, eigentlich nicht die Wahrheit sagen. Äußerlich nehmen sie eine abwehrende Haltung ein, aber im Inneren sagt ihr Herz Ja.

Man weiß nicht, wie tief jene Samenkörner Wurzeln schlugen und wuchsen. Das zu wissen ist nicht Ihre Aufgabe. Streuen Sie einfach Saat aus und überlassen es Gott, für das Wachstum zu sorgen.

Schließlich wird Gott Ihren Freund danach beurteilen, wie viel er erhalten und wie viel er verstanden hat, wie viel er ablehnte und wie viel er annahm. Gott wird das gerechteste Urteil sprechen, das wir je erlebt haben.

166. *Ein Freund von mir hat sich von Gott entfernt. Er sagt, dass er als Kind gelernt hat, dass Gott die Menschen auserwählt, die gerettet werden. Er meint, dass Gott ihn nicht auserwählt hätte. Können Sie mir das erklären? Wählen wir Gott oder wählt Gott uns?*

In Matthäus 22 erzählte Jesus die Geschichte eines Hochzeitsfestes, das ein König für seinen Sohn vorbereitete. Die Ehrengäste erhielten eine Einladung, aber als es so weit war, kam niemand. Die Gäste lehnten schlichtweg ab. Der König war natürlich aufgebracht (er ist immerhin der König, und normalerweise sind die Feste von Königen großartig). Er befahl den Dienern, mit den Einladungen auf die Straßen zu gehen und alle einzuladen, die kommen wollten. Der Anklang war riesig. Der Hochzeitssaal füllte sich mit Gästen, die mit dem König und seinem Sohn feiern wollten.

Als das Fest in vollem Gange war, bemerkte der König einen Mann, der nicht angemessen gekleidet war. Er hatte sich eingeschlichen! Alarm! Eindringling! Der König rief die Türsteher, ließ ihn hinauswerfen und sagte: »Denn viele sind eingeladen, aber nur wenige sind auserwählt« (Matthäus 22,14).

Wer bekommt also die Einladung, die Ewigkeit mit Gott, unserem König, und Jesus, seinem Sohn, zu verbringen? Diejenigen, die als erste die Bibel lasen, bekamen die erste Chance. Die Pharisäer und religiösen Führer lasen die klar und deutlich geschriebenen Einladungen im Alten Testament – die Prophezeiungen und Verheißungen. Sie sahen die Einladung mit eigenen Augen, weigerten sich jedoch, zur Geburtstagsfeier von Jesus zu kommen.

Dann trugen die Diener – die Apostel, Jünger, Evangelisten, Pastoren – die Botschaft auf die Straßen von Jerusalem, Nazareth, Jericho, New York, Sao Paulo, Bangladesch, Nairobi und Warschau und luden alle ein, die kommen wollten. Ein paar tausend Jahre lang haben Millionen diese Einladung angenommen.

Wer trifft also die Wahl – Gott oder wir?

Im Gleichnis hat der König die Wahl getroffen, andere einzuladen. Die Einladenden haben die Menschen ausgewählt, die sie einladen wollten. Und die Eingeladenen hatten die Wahl, ob sie die Einladung annehmen wollten oder nicht. Das Auswählen und Entscheiden geschah auf vielen Ebenen.

»Gott hat die Welt so sehr geliebt«, steht in Johannes 3,16. Nicht: »Gott hat bestimmte Menschen auf der Welt so sehr geliebt.« Jeder ist eingeladen. »Es ist aber nicht so, dass der Herr seine versprochene Wiederkehr hinauszögert, wie manche meinen. Nein, er wartet, weil er Geduld mit uns hat. Denn er möchte nicht, dass auch nur ein Mensch verloren geht, sondern dass alle Buße tun und zu ihm umkehren« (2. Petrus 3,9). Gott will, dass alle zu seinem ewigen Fest kommen.

Das Gleichnis endet jedoch mit einer merkwürdigen Bemerkung. Was bedeutete diese Äußerung: »Denn viele sind eingeladen, aber nur wenige sind auserwählt«?

Die Tür steht allen offen, doch manche Gäste verstoßen gegen die Regel: »Zutritt nur in angemessener Kleidung.« Sie versuchen, hineinzukommen, aber ihre Kleidung ist mit Sünde befleckt und schmutzig. Die Kleiderordnung für den Himmel schreibt reine Rechtschaffenheit vor, weiß wie Schnee. Das sind Gottes Regeln. Er hat sie ausgewählt.

Gott hat beschlossen, dass alle kommen können, doch in seiner Allwissenheit weiß er, wer die Einladung annehmen wird. Viele werden sie ablehnen. Viele werden sie annehmen. Manche werden versuchen, sich einzuschleichen. Doch Gott hat als Regel gewählt, dass nur Menschen, denen vergeben wurde und die Jesus als ihren Erlöser angenommen haben, eingelassen werden.

167. *Was geschieht mit den Menschen, die nie etwas von Gott gehört haben? Wie kann Gott sie wegen etwas richten, das sie nicht kennen?*

Davon gibt es sicher Millionen. Die Indianer, die nie etwas von Bethlehem oder Golgatha gehört haben. Der Bauer in der Bronzezeit, der vor dem Apostel Paulus lebte. Der psychisch kranke Erwachsene oder das geistig behinderte Kind. Was geschieht mit Babys? Wird Gott die strafen, die im Kindesalter gestorben sind und nicht lange genug lebten, um Gottes Gnade zu verstehen?

Nein. Das wird er nicht tun. Zur Bevölkerung des Himmels gehören Mengen von Menschen, die den Namen ihres Erlösers erst erfahren, wenn sie in ihrer ewigen Heimat aufwachen. Das glaube ich aus verschiedenen Gründen. »Denn er [Gott] möchte nicht, dass auch nur ein Mensch verloren geht, sondern dass alle Buße tun und zu ihm umkehren« (2. Petrus 3,9). Seine Barmherzigkeit ist so weit wie seine Welt. Seine Einladungsliste ist so lange wie die Liste seiner Schöpfung. Würde Gott einen Menschen nur aufgrund seines Wohnorts oder seiner Abstammung zum Verderben bestimmen?

Gott schenkt jedem Menschen einen anderen Grad an Offenbarung. Er schickt die Botschaft des Evangeliums nicht allen Menschen in gleicher Weise, in gleichem Ausmaß und mit gleicher Kraft. Gott gab den Aposteln die Chance, Augenzeugen zu sein. Jesus ließ Thomas seine Wunden berühren und Petrus sein leeres Grab sehen (Johannes 20,26-28; 20,1-7). Er schenkte dem Apostel Paulus eine eindrückliche Vision vom Himmel (2. Korinther 12,1-4).

Er gab Max Lucado Zugang zur Bibel, gottesfürchtige Eltern und den starken Einfluss gottesfürchtiger Freunde. Ich erhielt nicht das, was Paulus bekam. Aber ich erhielt alles, was ich brauchte, um meine Entscheidung zu treffen.

Würde jemand weniger erhalten? Werden der Einwohner der Mongolei und das autistische Kind weniger erhalten als das, was sie brauchen, um an Gott zu glauben? Wie könnte die Antwort anders als Nein lauten? Gott, der alle liebt, wird allen Menschen all das geben, was sie brauchen, um eine Entscheidung für oder gegen ihn zu treffen.

Zumindest haben sie das Zeugnis der Schöpfung und des Gewissens. »Dabei wissen sie von Gott; Gott selbst hat ihnen diese Erkenntnis gegeben. Seit Erschaffung der Welt haben die Menschen die Erde und den Himmel und alles gesehen, was Gott erschaffen hat, und können daran ihn, den unsichtbaren Gott, in seiner ewigen Macht und seinem göttlichen Wesen klar erkennen. Deshalb haben sie keine Entschuldigung dafür, von Gott nichts gewusst zu haben« (Römer 1,19-20).

Der Kosmos um uns, die Überzeugungen in uns und was wir sehen und empfinden, übermittelt jedem Menschen das Wesentliche von Gottes Charakter. Wenn das alles ist, was ein Mensch hat, dann ist es alles, was dieser Mensch braucht. Ist es dann möglich, dass einige gerettete Heilige den Namen ihres Erlösers erst im Himmel erfahren? Unbedingt. In der Bibel steht, dass der Himmel Bewohner »aus allen Nationen und Stämmen und Völkern und Sprachen« hat (Offenbarung 7,9). Jede Volksgruppe und jede Sprache ist vertreten. Dazu müssen Menschen gehören, die im Glauben einem Erlöser folgten, den sie noch nicht kannten. Hebräer 9,15 erklärt, dass »Christus starb, um sie von der Strafe für die Sünden zu befreien, die sie zur Zeit des ersten Bundes begangen hatten«. Die Gnade von Jesus erstreckt sich vom Kreuz aus in alle Richtungen.

168. *Ich mag die Engstirnigkeit der Christen nicht. Es ist absurd zu sagen, dass Jesus der einzige Weg zum Himmel ist.*

Wir müssen einander annehmen. Damit bin ich einverstanden. Wir müssen höflich, respektvoll und freundlich miteinander umgehen. Aber wir dürfen die Unterschiede nicht vertuschen. Das Christentum ist anders als andere Religionen.

Jede nichtchristliche Religion sagt: »Du kannst dich selbst retten.« Jesus sagt: »Mein Tod am Kreuz kann dich retten« (vgl. Johannes 10,9).

Wie können alle Religionen zu Gott führen, wenn sie so unterschiedlich sind? Auf anderen Gebieten dulden wir eine solche Unlogik nicht. Wir behaupten auch nicht, dass alle Straßen nach London führen oder alle Schiffe nach Australien segeln. Nicht alle Flüge landen in Rom. Stellen Sie sich vor, was Sie einem Reisebürokaufmann antworten würden, der behauptet, dass dies so ist. Sie sagen ihm, dass Sie einen Flug nach Rom in Italien buchen wollen, und er betrachtet seinen Bildschirm.

»Nun, ein Flug nach Sydney, Australien, fliegt um 6.00 Uhr ab.«

»Fliegt er nach Rom?«

»Nein, aber auf dem Flug gibt es erstklassige Mahlzeiten und Filme.«

»Aber ich will nach Rom fliegen.«

»Dann schlage ich Southwest Airlines vor.«

»Fliegt die Southwest Airlines nach Rom?«

»Nein, aber sie haben vielfach Auszeichnungen für pünktliche Ankunft bekommen.«

Allmählich werden Sie ärgerlich. »Ich brauche ein Flugzeug, das mich nach Rom bringt.«

Der Angestellte reagiert beleidigt. »Alle Flüge gehen nach Rom.«

So dumm sind sie nicht. Unterschiedliche Flüge haben unterschiedliche Ziele. Das ist keine dickköpfige, sondern eine einleuchtende Schlussfolgerung. Nicht jeder Flug geht nach Rom. Nicht jeder Weg führt zu Gott. Die Religionen der Welt sind aus der Natur der Sache unterschiedlich.

- Das Judentum lehnt das Neue Testament ab und sieht die Erlösung als Entscheidung, die am Tag des Gerichts aufgrund des sittlichen Verhaltens eines Menschen getroffen wird. Der Messias, glauben sie, wird eines Tages Frieden für Israel bringen.
- Die Hindus erwarten zahlreiche Reinkarnationen während der Reise der Seele durch den Kosmos. Sie glauben an viele Götter, die alle unpersönlich sind.
- Der Buddhismus ordnet das Leben eines Menschen anhand der vier edlen Wahrheiten und des edlen achtteiligen Pfades ein. Der Himmel ist das Nirwana und wird nach zahlreichen Reinkarnationen erreicht.
- Muslime verdienen sich ihren Weg zu Allah, indem sie die Pflichten der fünf Glaubenssäulen erfüllen. Sie sagen, dass Jesus nicht gekreuzigt wurde, lehnen die Dreieinigkeit ab und stellen Mohammed höher als alle anderen Propheten.

Im Gegensatz dazu bahnte Jesus den einzigen Weg ohne Selbsterlösung. Er machte einen einzigartigen Weg frei, der nicht von menschlichen Anstrengungen zugemüllt ist. Christus kam nicht für die Starken, sondern für die Schwachen, nicht für die Gerechten, sondern für die Sünder. Wir betreten diesen Weg durch das Bekenntnis unserer Notlage, nicht durch die Ableistung von Taten. Jesus stellt eine einzigartige Einladung aus, in der er etwas tut und wir vertrauen, er stirbt und wir leben, er einlädt und wir glauben.

169. *Dauert die Hölle für immer an? Ich habe gehört, dass manche Leute von einer abgekürzten Strafe sprechen. Haben sie recht?*

Die Sprache des Neuen Testaments führt dazu, dass einige gläubige Theologen davon überzeugt sind, dass die Hölle ein Enddatum hat.

> Fürchtet allein Gott, der Leib und Seele in der Hölle vernichten kann.
> Matthäus 10,28

> ... damit jeder, der an ihn glaubt, nicht verloren geht.
> Johannes 3,16

Vernichten. Verloren gehen. Geben diese Wörter nicht zu verstehen, dass das Leiden ein Ende hat? Ich wollte, es wäre so. Das ewige Fortbestehen der Hölle ist ein Punkt, bei dem ich mich mit größter Freude davon überzeugen ließe, dass ich unrecht habe. Wenn Gott am Jüngsten Tag die Gottlosen vertilgen würde, würde ich ein Fest feiern, wenn ich seine Worte falsch gedeutet hätte. Doch die Vernichtung scheint der Bibel zu widersprechen. Gott spricht seine Warnungen nüchtern aus und bezieht sich dabei auf die Ewigkeit. Lesen Sie, wie Johannes die Gottlosen in Offenbarung 14,11 beschreibt: »Der Rauch ihrer Qualen wird für alle Zeit aufsteigen, und sie werden Tag und Nacht keine Erleichterung finden«. Wie könnten eingeschläferte Seelen »Tag und Nacht keine Erleichterung finden«?

Jesus verglich die Hölle mit der Gehenna, einer Müllkippe außerhalb der Mauern von Jerusalem, die wegen ihrer endlosen Schwelbrände und Vermoderung berüchtigt war. Er benutzt *Gehenna* als Bild für die Hölle, einen Ort, »wo der Wurm nicht stirbt und das Feuer nicht erlischt« (Markus 9,48). Ein unsterblicher Wurm und ein unlöschbares Feuer – so symbolisch diese Ausdrücke sein mögen – haben den Beigeschmack anhaltender Aufzehrung von etwas. Jesus sagte, Sünder »werden in die tiefste Dunkelheit hinausgestoßen, wo sie weinen und mit den Zähnen knirschen werden« (Matthäus 8,12). Wie kann eine nicht existierende Person weinen oder mit den Zähnen knirschen?

Jesus beschrieb die Länge des Himmels und der Hölle mit demselben Adjektiv: *ewig*. »Und sie werden der ewigen Verdammnis übergeben werden, den Gerechten aber wird das ewige Leben geschenkt« (Matthäus 25,46). Die Hölle dauert genauso lange wie der Himmel.

Viel geht in der Hölle zugrunde. Die Hoffnung geht zugrunde. Die Freude geht zugrunde. Aber der Körper und die Seele der Gottesleugner werden dort ewig leben.

170. *Ich sprach mit einem Freund in der Schule, der sehr interessiert ist und mehr über Gott und die Erlösung erfahren möchte. Aber er kommt immer wieder auf eine Frage zurück: »Wie kann ein liebender Gott Leute in die Hölle schicken?« Können Sie mir bei der Beantwortung dieser Frage helfen?*

Zunächst: Gott *schickt* die Leute nicht in die Hölle. Er respektiert nur ihre Entscheidung. Die Hölle ist der höchste Ausdruck von Gottes Hochachtung vor der Würde des Menschen. Er hat uns nie gezwungen, uns für ihn zu entscheiden, auch wenn das bedeutet, dass wir uns stattdessen für die Hölle entscheiden. C.S. Lewis schrieb: »Am Ende gibt es nur zwei Arten von Menschen: diejenigen, die zu Gott sagen: ›Dein Wille geschehe‹, und diejenigen, zu denen Gott am Ende sagt: ›*Dein* Wille geschehe.‹ Alle, die in der Hölle sind, haben sich dafür entschieden.«[21] In einem anderen Buch drückte es Lewis so aus: »Ich glaube gerne, dass die Verdammten in gewisser Hinsicht erfolgreich Rebellen bis zum Ende sind; dass die Türen der Hölle von *innen* verschlossen sind.«[22]

Nein, Gott »schickt« die Leute nicht in die Hölle. Auch schickt er keine »Leute« in die Hölle.

Das Wort *Leute* ist neutral und unterstellt Unschuld. Nirgendwo in der Bibel steht, dass unschuldige Leute verdammt werden. Die

Leute kommen nicht in die Hölle. Sünder, Aufsässige, Ichsüchtige kommen in die Hölle. Also, wie kann ein liebender Gott Leute in die Hölle schicken? Er tut es nicht. Er respektiert nur die Entscheidung der Sünder. Die Hölle ist ein Beweis für Gottes Gerechtigkeit.

Wenn es keine Hölle geben würde, wäre Gott nicht gerecht. Wenn es keine Strafe für die Sünde geben würde, würde der Himmel den Vergewaltigern und Plünderern und Massenmördern der Gesellschaft gleichgültig gegenüberstehen. Wenn es keine Hölle geben würde, würde Gott den Opfern gegenüber blind sein und würde denen, die um Hilfe flehen, den Rücken zukehren. Wenn es keinen Zorn auf das Böse geben würde, würde Gott nicht Liebe sein, denn die Liebe hasst das Böse. Auch wenn wir uns gegen den Gedanken sträuben: Wäre das Nichtvorhandensein der Hölle nicht schlimmer?

Schließlich rettet Gott die, die gerettet werden wollen, und schickt die weg, die nicht gerettet werden wollen.

171. *Wo genau ist die Hölle? Ist sie im Zentrum der Erde? Draußen im Weltall? Wo liegt sie?*

Die Hölle liegt im selben Bereich wie der Himmel. Zurzeit hat sie eine geistliche Adresse, wo kein irdischer Briefträger eine Zustellung vornehmen, kein Astronaut andocken und keine Ölbohrung hingelangen kann. Genauso wenig wie Sie auf eine Leiter klettern, die an eine Wolke angelehnt ist, und vorbeischauen und Mose begrüßen können, können Sie einen Tauchsprung in einer Höhle machen und erwarten, auf dem Rücken eines Dämonen zu landen.

Jesus gab einen abschreckenden Hinweis auf die Hölle: Sie liegt außerhalb. »Fesselt ihn an Händen und Füßen und werft ihn hinaus in die Dunkelheit, wo Weinen und Zähneknirschen herrschen« (Matthäus 22,13).

Außerhalb wovon? Zum einen: Außerhalb der Grenzen des Himmels.

Im Paradies sagte Abraham zu dem reichen Mann, der Qualen erlitt: »Außerdem trennt uns eine tiefe Kluft voneinander. Wer von hier zu euch gelangen will, wird durch diesen Abgrund daran gehindert, und ebenso kann von euch niemand hier herüberkommen« (Lukas 16,26).

Die Hölle ist außerhalb von Gottes Willen. Gott möchte, dass alle ihn kennen und seinen Sohn annehmen. Diejenigen, die in der Hölle wohnen, entfernten sich von Gottes Willen und meinten, sie könnten sich selbst erlösen.

Die Hölle ist außerhalb von Gottes Liebe. Jeden Tag, jeden Augenblick schickt Gott Valentinstag-Karten an Menschen und teilt ihnen mit, dass er sie liebt. Die Karten werden an den Absender zurückgeschickt. Annahme verweigert. Viele ziehen die Liebe der Welt vor.

Die Hölle ist außerhalb der ewigen Produktivität. In der Hölle werden alle Träume, Leistungen, Auszeichnungen, Hoffnungen und Monumente der Welt verbrannt. Niemand nimmt seine Medaillen mit. Alle kommen in den Müll.

Nur Ewiges tritt in die Ewigkeit ein. Sie, ich und die Seelen, die wir mit uns gebracht haben.

Die Hölle ist außerhalb von Gottes Segen. Wo Gott lebt, da ist Hoffnung und Freude, Lachen und Ermutigung. Er ist die Stimmungskanone. Wo er nicht ist, wird die Stimmung trübsinnig.

Die Hölle ist außerhalb von Gottes Licht. Am häufigsten wird die Hölle als Ort der Dunkelheit beschrieben. Niemand kann dort klar sehen, man stolpert über seine eigenen Füße und Sünden.

Während die Hölle jetzt noch ein geistlicher Ort ist, wird sie einmal wirklich und greifbar werden. In Offenbarung 20,14 steht, dass nach der Auferstehung der Tod und das Grab in den Feuersee geworfen werden. Das ist der zweite Tod. Der erste Tod ist der Tod eines Menschen auf der Erde, der ihn von seinem Körper trennt. Der zweite Tod vereint die Seele und einen ewigen Körper, trennt aber die Person ewig, für immer, von Gott und dem neuen Himmel und der neuen Erde.

In der Hölle geht es um Trennung, um das Sein außerhalb von Gott.

Ich weiß … es ist ein furchtbarer, furchtbarer Gedanke.

172. *Angesichts der derzeitigen Turbulenzen in der Welt sagt mein Freund, dass Jesus bald wiederkommt. Deshalb hat er seine Arbeitsstelle aufgegeben und verbringt seine Tage mit Beten und dem Warten auf die Wiederkunft von Jesus. Das klingt edel, aber auch ein bisschen verrückt. Ist das die richtige Entscheidung?*

Ganz bestimmt nicht. Die baldige Wiederkunft von Jesus gibt uns nicht das Recht, die Hände in den Schoß zu legen, sondern ist die Aufforderung, tätig zu werden. *Arbeit* muss getan werden, denn wenn Jesus wiederkommt, ist es vorbei. Das endgültige Finale. Dann hat die Stunde geschlagen.

Während wir arbeiten, müssen wir *warten*. Paulus sagt: »Aber wenn wir auf etwas hoffen, das wir noch nicht sehen, müssen wir mit Geduld und Zuversicht darauf warten« (Römer 8,25). Simeon ist unser Vorbild. Während er auf den Messias wartete, war er nicht so sehr auf das »noch nicht« konzentriert, dass er das »jetzt« übersah (Lukas 2,25-35). Lukas sagt, dass Simeon »gerecht und gottesfürchtig« war (Lukas 2,25). Unsere Aufgabe ist Warten, aber wir warten in »Erwartung« und Vorfreude.

Während wir warten, müssen wir *Ausschau halten*. »Doch der Tag des Herrn wird so unerwartet kommen wie ein Dieb. Dann wird der Himmel unter schrecklichem Lärm vergehen, und alles wird sich in Flammen auflösen; und die Erde wird mit allem, was auf ihr ist, dem Gericht ausgeliefert werden. Wenn aber alles um uns her sich auf diese Weise auflösen wird, wie viel mehr solltet ihr dann ein Leben führen, das heilig ist und Gott ehrt!« (2. Petrus 3,10-11).

Gute Frage, Petrus. Was für ein Leben sollen wir führen?

Während wir Ausschau halten, müssen wir *Zeugen* sein. Petrus sagt uns: »[Ihr] solltet … ein Leben führen, das heilig ist und Gott ehrt! Ihr solltet diesen Tag erwarten und ihn herbeisehnen« (2. Petrus 3,11-12).

Hoffnung auf die Zukunft ist keine Erlaubnis für Verantwortungslosigkeit in der Gegenwart. Wir dürfen nicht so geduldig werden, dass wir bequem und allzu zufrieden werden.

Unser Herr richtete sich an die, die stark im Warten, aber schwach im Ausschauhalten sind, als er sagte: »Niemand kennt den Tag oder die Stunde, in der diese Dinge geschehen werden, nicht einmal die Engel im Himmel, und auch nicht der Sohn. Nur der Vater weiß es … Deshalb haltet euch bereit, denn ihr wisst nicht, wann euer Herr wiederkommt … Denn der Menschensohn wird kommen, wenn ihr es am wenigsten erwartet« (Matthäus 24,36.42.44).

Simeon schärft uns ein, »zielorientiert« zu warten. Geduldig wachsam. Nicht so geduldig, dass wir unsere Wachsamkeit verlieren. Aber auch nicht so wachsam, dass wir unsere Geduld verlieren.

Nachtrag

Über das Schreiben

In unserem Büro erhalten wir viele Fragen über das Schreiben: Wie schreibt man, wann schreibt man, wer kann das Geschriebene veröffentlichen und lektorieren. Es vergeht keinen Woche, in der wir nicht eine Frage über das Schreiben erhalten. Deshalb schrieb ich ein paar Gedanken auf und hoffe, dass sie hilfreich sind.[23]

Gerne stellen wir ihn uns als alten Mann mit jungen Augen, wirrem Haar und fliegender Feder vor. Er schrieb im Schutz einer Hütte, beim Licht einer Lampe und mit dem Ungestüm eines Propheten. Seine Feder konnte kaum mit seinen Gedanken Schritt halten.

> Dies ist eine Offenbarung von Jesus Christus, die ihm Gott gegeben hat, um seinen Dienern die Ereignisse, die in Kürze eintreten, bekannt zu machen. Ein Engel wurde gesandt, der sie Johannes, dem Diener Gottes, verkündete. Johannes hat das Wort Gottes und das Zeugnis von
> Jesus Christus – und alles, was er sah – bezeugt.
> Gott segnet jeden, der diese prophetische Rede an die Gemeinde liest, und er segnet alle, die sie hören und befolgen.
> Offenbarung 1,1-3

Der alte Apostel hielt nur inne, um Atem zu schöpfen und seine Feder einzutauchen. Er stand nur auf, um durch ein offenes Fenster in den Himmel zu schauen, der sich eben geöffnet hatte. Wenn er die Augen schloss, dann nur, um in der Schatzkiste der Wörter nach dem einen zu suchen, das am besten der Vision eines oft gekrönten

Christus oder eines in Blut getauchten Gewandes entspricht. Keine aussageschwachen Verben, keine Standard-Adjektive. Dieses Tor glitzerte von Perlen und die Straßen waren aus Gold. Das war Gottes Offenbarung. Johannes war Gottes Offenbarer. So schrieb Johannes.

So schrieb auch Paulus. Doch Paulus schrieb nicht aufgrund einer Handlung des Himmels, sondern wegen der Lebensangst der Gemeinde. Titus brauchte Anleitung, die Epheser brauchten Zusicherungen. Timotheus hatte Schwierigkeiten, die Korinther zankten sich und die Galater fanden keine klare Linie. Deshalb schrieb Paulus ihnen Briefe.

Wie er mit den Worten musizierte! Er machte aus Briefen Notenblätter für ein Konzert. »Wenn ich in den Sprachen der Welt oder mit Engelszungen reden könnte, aber keine Liebe hätte, wäre mein Reden nur sinnloser Lärm wie ein dröhnender Gong oder eine klingende Schelle« (1. Korinther 13,1). Es ist, als hätte Paulus seine Feder in Honig getaucht. Er konnte wie ein Dichter im siebten Himmel klingen.

Er konnte auch wie ein Pastor am Montagmorgen klingen. Müde und frustriert begann er Sätze, ohne sie zu beenden, begann einen zweiten Gedanken, bevor der erste zu Ende geführt war, warf Gedanken wie Brocken hin, anstatt sie dichterisch auszugestalten. Aber das war in Ordnung. Er schrieb nicht die Bibel. Er schrieb an Philemon. Er arbeitete keine Epistel aus, sondern löste Probleme. Paulus schrieb nicht für die Ewigkeit, sondern für Gemeinden. Er schrieb für Menschen.

Das tat auch Lukas. Erinnern Sie sich an die Anfangsworte seines Evangeliums?

> Ich habe alle diese Berichte von Anfang an sorgfältig studiert und beschlossen, dir [lieber Theophilus] eine genaue Zusammenfassung davon zu geben. Auf diese Weise kannst du dich von der Zuverlässigkeit der Lehre überzeugen, in der du unterrichtet wurdest.
>
> Lukas 1,3-4

Wir fragen uns, wer Theophilus war und wo Theophilus lebte und ob Theophilus es außergewöhnlich fand, einen zweibändigen Brief zu erhalten. Wir fragen uns, was Lukas bewog, so lange auf einem Holzstuhl sitzen zu bleiben, bis er ein Evangelium geschrieben hatte. Was hat den Arzt Lukas veranlasst, sein Skalpell gegen eine Feder und die Menschenmenge gegen ein stilles Kämmerlein einzutauschen? Wann hat er seinen Auftrag als königlicher Schreiber erkannt?

Wir fragen uns, weil wir uns gefragt haben, ob Gott uns für die gleiche Aufgabe gebrauchen würde.

Wir kennen einen Theophilus oder zwei. Wir haben die Verwirrung in Ephesus gesehen und von den Problemen auf Kreta gehört. Und wir spürten den Sand von Patmos unter unseren Füßen und ein Feuer im Herzen. Wir schrieben Artikel, Blogs, Bücher und Geschichten. Nicht wie Lukas, Paulus oder Johannes. Aber auch nicht völlig anders als sie.

Wir hatten unsere Augenblicke der Inspiration – unbestreitbar zwischen Stunden, in denen wir uns im Schweiße unseres Angesichts abquälten. Doch wir hatten unsere Augenblicke – mystische Augenblicke, in denen das Herz vor Aufregung raste und die Finger auf die Tastatur hämmerten. Wir spürten Rückenwind und fühlten, wie eine heilige Hand die unsere führte. Wie unser Schöpfer betrachteten wir unsere Werke und erklärten: »Es ist gut.« (Oder zumindest: »Nicht schlecht.«) Und wir fragten: Ist das unser Ruf? Unsere Aufgabe? Wörter zu gebrauchen, um Menschen zu prägen?

Eine solche Frage wagte ich zum ersten Mal unter dem milden Himmel von Miami in Florida. 1979 hatte ich gerade als Pastor angefangen. Die Gemeinde, in der ich diente, veröffentlichte jede Woche ein Rundschreiben. Vielen Pastoren graut vor solchen Aufgaben, doch ich fand daran Gefallen. Bald wurden die Dienstagabende meine Schreibstunden. Ich zog mich mit einem Notizblock und einem Stift zurück, bis etwas geschah. Einmal in der Woche machte ich mich an die Arbeit und brachte einen Gedanken auf Papier. Gibt es einen schöneren Augenblick als das Schreiben des letzten Satzes?

Es gibt ihn. Nämlich die Anerkennung. Als die achtzigjährige Edith Hayes mir in der Eingangshalle der Kirche für meinen Artikel über das Gebet dankte. Als Joe, der Schiffsbauer, an seine Mannschaft Kopien verteilte. Als der Pastor aus Kalifornien mich drängte, etwas zur Veröffentlichung zu schreiben. Ich lächelte tagelang. Schreiben ist eine Sache. Gelesen werden ist etwas ganz anderes.

Ich kam zu der Überzeugung: Gute Worte sind ihre Arbeit wert. Gut geschriebene Worte können ein Leben verändern. Worte gehen dahin, wo wir nie hinkommen. Nach Afrika, nach Australien, nach Indonesien. Meine Tochter war vergangenen Sommer in Indien und sah meine Bücher im Schaufenster eines Ladens in Bangalore.

Geschriebene Worte gehen dahin, wo Sie nie hinkommen werden.

... und gehen so tief, wie Sie es nie erfahren werden.

Die Leser laden den Autor ganz privat ein. Sie nehmen sich Zeit, setzen sich in eine Ecke, schalten die Lampe ein und den Fernseher aus, gießen sich eine Tasse Tee ein, legen sich eine Decke über die Knie, bringen den Hund und die Kinder zum Schweigen. Sie decken den Tisch, rücken den Stuhl zurecht und laden Sie ein: »Kommen Sie, sprechen Sie einen Augenblick mit mir.«

Nehmen Sie die Einladung an. Wir brauchen das, was Sie schreiben. Nehmen Sie die Feder auf, die Paulus, Johannes und Lukas aus der Hand gelegt haben, und schreiben Sie für die Menschen. Sie zeigen uns, wie wir schreiben sollen.

Zum Beispiel haben sie immer das Brot gereicht. Haben Sie es bemerkt?

Sie schrieben zuerst mit ihrem Leben. Sie lebten die Botschaft, bevor sie schrieben. Johannes war wegen seines Glaubens unter Beschuss geraten. »Man hat mich auf die Insel Patmos verbannt« (Offenbarung 1,9). Wegen seines Glaubens wurde er ausgewiesen. Die Römer haben ihn weggesperrt, weil sie ihn nicht zum Schweigen bringen konnten. Und Paulus? Er hat mitten im Durcheinander dieser Welt geschrieben und nachgedacht. Auf einem Schiff während einer Fahrt über das Meer oder in einer Gefängniszelle, an einen

Wärter angekettet. Lukas hatte, wie es scheint, zwei große Lieben: Jesus und Theophilus. Und er schrieb zweiundfünfzig Kapitel in der Hoffnung, dass Theophilus Jesus kennenlernt.

Sie lebten nicht im Elfenbeinturm und schotteten sich nicht in einer Welt ungestellter Fragen ab. »Ihr wisst, wie ich mich vom ersten Tag an … die ganze Zeit bei euch verhalten habe« (Apostelgeschichte 20,18; LUT). Bevor Lukas über Christus schrieb, lebte er Christus. Er reagierte mit realen Worten auf eine reale Welt. Tun wir das Gleiche.

Ihr Leben soll Ihr erster Entwurf sein. Sollten christliche Autoren nicht *christliche* Autoren sein? Die mürrischen Nachbarn lieben. Hungrige speisen. Einer christlichen Gemeinde in Schwierigkeiten helfen. Ihre Rechnungen und Gebühren zahlen und Ihrem Ehepartner Aufmerksamkeit schenken. Sie werden nie besser schreiben als Sie leben. Leben Sie rechtschaffen.

Und wenn es so weit ist, schreiben Sie klar.

Gutes Schreiben spiegelt klares Denken wider. Hier ein kleiner Tipp:

Legen Sie Wert auf Klarheit. Setzen Sie sich zum Ziel, das ganze Buch in einem einzigen Satz zusammenzufassen. Pressen Sie die Botschaft in einen Satz und schützen Sie ihn. Passen Sie auf. Widersetzen Sie sich Eindringlingen. Kein Absatz kommt herein, der nicht seinen Beitrag zur Botschaft des Buches leistet.

Folgen Sie dem Beispiel von Johannes.

> Die Jünger sahen, wie Jesus noch viele andere Wunder tat, die nicht in diesem Buch aufgezeichnet sind. Diese aber wurden aufgeschrieben, damit ihr glaubt, dass Jesus der Christus ist, der Sohn Gottes, und damit ihr durch den Glauben an ihn in seinem Namen das ewige Leben habt.
>
> Johannes 20,30-31

Johannes hat seine Schriften selbst lektoriert. Er unterzog seine Geschichten einer Prüfung, damit sie ins Manuskript passten. Sein Fußboden lag voll mit neu gefassten Absätzen.

Bei guten Autoren ist es genauso. Sie drücken die Taste »Entfernen« und straffen das Geschriebene. Sie streichen alles Überflüssige und specken den Text ab. Sie schreiben prägnant, aber nicht altklug. Klar, aber nicht seicht. Genug, aber nicht zu viel.

Jedes Wort muss seinen Platz auf der Seite verdient haben. Nicht nur einmal oder zweimal, sondern mehrmals. Sätze können wie frisch gefangene Fische sein – heute noch frisch und morgen schon widerlich. Lesen Sie Ihren Text immer wieder, bis alles Widerliche hinausgeworfen wurde. Schreiben Sie alles um, bis Sie entweder vor einem Meisterwerk oder einem wütenden Herausgeber stehen. Überarbeiten und korrigieren Sie, solange Sie können. »Die Worte des Herrn sind lauter wie Silber, im Tiegel geschmolzen, geläutert siebenmal (Psalm 12,7; LUT).

Ernest Hemingway bekannte sich zum Überarbeiten: »Ich stehe bei Tagesanbruch auf... und lese und überarbeite alles, was ich geschrieben habe, bevor ich am Vortag aufhörte. Auf diese Weise arbeite ich jedes Buch, das ich schreibe, mehrere hundert Male durch... Die meisten Autoren vernachlässigen den schwierigsten, aber wichtigsten Teil ihres Handwerks – das Überarbeiten ihres Manuskriptes, nämlich es verbessern und ihm den Feinschliff geben, bis es so scharf wie der Degen eines Stierkämpfers, wie ein tödliches Schwert, ist.« Zu seinem Roman *In einem anderen Land* sagte Hemingway: »Den Schluss des Buches habe ich im Manuskript 39 Mal neu geschrieben und... ihn auf der Korrekturfahne über 30 Mal überarbeitet, um ihn richtig hinzubekommen.«[24]

Ich finde, dass es hilfreich ist, das Werk laut zu lesen. Zuerst alleine, dann mit jemandem, der so nett ist und zuhört. Das Lesen nehme ich an unterschiedlichen Orten vor. Was im Arbeitszimmer gut klingt, muss auch auf der Veranda gut klingen. Was für mich gut klingt, muss auch den Anklang meiner Lektoren finden. Sicher ist, dass manches Lektorieren wehtut. Es ist wie ein Besuch beim Zahnarzt. Aber irgendjemand muss ja finden, was auszubessern ist.

Lassen Sie die Lektoren ihre Arbeit verrichten. Klammern Sie sich nicht am Manuskript fest. Ein bisschen rote Tinte schadet nichts. Viel rote Tinte könnte Sie retten. Mein letztes Manuskript kam feuerrot zurück. Es sah so blutig aus wie ein rohes Steak. Es hatte vierzehn Kapitel, von denen dreizehn gründlich überarbeitet werden mussten. Eine ganze Woche lang war ich niedergeschlagen. Doch wegen der Lektoren ist das Buch besser geworden.

Ist das nicht unser Ziel? Das bestmögliche Buch? Wir brauchen gute Bücher. Wir brauchen Ihr bestes Buch. Die Alleinstehenden, der einsame Pastor, der gestresste Missionar – sie alle haben es bitter nötig, dass Sie ihnen Ihre besten Worte schenken. Sie alle brauchen Ihre Schriften.

Die Absicht zu schreiben, ist noch nicht Schreiben. Recherchieren ist noch nicht Schreiben. Anderen erzählen, dass man schreiben möchte, ist noch nicht Schreiben. Schreiben ist Schreiben. Peter De Vries sagte: »Ich schreibe, wenn ich inspiriert bin, und ich sorge dafür, dass ich jeden Morgen um neun Uhr inspiriert bin.«[25]

Ein eingerahmtes Zitat begrüßt mich jedes Mal, wenn ich mich an meinen Schreibtisch setze. »Willst du schreiben? Dann setz dich auf den Hintern und bleibe lange, lange sitzen.«

Aber es ist eine edle Arbeit, eine geschätzte, heilige Arbeit, die der Mühe wert ist. Thoreau fragte: »Für wie viele Menschen hatte das Lesen eines Buches einen Einschnitt im Leben zur Folge?«[26]

Mögen Sie solche Bücher schreiben und das Leben von Menschen verändern. Mögen Sie wie Johannes den Himmel sehen, wie Paulus die Gemeinden lieben und wie Lukas Menschenherzen berühren. Mögen Sie Ihre Feder ergreifen und für Menschen schreiben.

Stichwortregister

Anhang

Hoffnung: Gott, Gnade und »Wozu lebe ich?«

1 Ein Dinar.

2 J.A. Motyer, *The Message of Philippians:* Jesus Our Joy (Downers Grove, IL: Inter-Varsity Press, 1984), S. 166.

3 Ronald J. Seder, *Rich Christians in an Age of Hunger: Moving from Affluence to Generosity* (Nashville: Thomas Nelson, 2005), S. 10.

4 ebd, S. 35.

5 UNICEF, *The State of the World's Children 2009: Maternal and Newborn Health*, 133, www.unicef.org/sowc09/report/report.php.

6 76,8 Prozent der Einwohner der USA sind Christen. Die Bevölkerung der Vereinigten Staaten betrug in Jahr 2009 etwa 307 212 000, gemäß CIA, *The World Factbook*, 2009, https://www.cia.gov/library/publications/the-world-factbook/geos/us.html.

7 Welternährungsprogramm der Vereinten Nationen, *WFP Facts Blast, Dezember 2009*, http://home.wfp.org/stellent/groups/public/documents/communications/wfp187701.pdf.

8 Anup Shah: »Heute starben über 25 000 Kinder auf der Welt«, *Global Issues*, www.globalissues.org/article/715/today-over-25 000-children-died-around-the-world.

Verletzungen: Konflikte, Schicksalsschläge und »Warum gerade ich?«

9 Das Buch ist im Deutschen unter dem Titel »Leben ohne Angst« erschienen.

10 Die Gesetzeslage in Deutschland bei Schwangerschaftsabbrüchen unterscheidet sich von der in den USA. Hilfreiche Informationen dazu gibt es unter anderem im Internet unter http://www.ak-lebensrecht.de/info/gesetz_stgb.html oder auch unter http://de.wikipedia.org/wiki/Schwangerschaftsabbruch.

11 C.S. Lewis, *Mere Christianity* (New York: Macmillan, 1960), S. 106-107.

12 M.Paul Lewis, Herausgeber, *Ethnologue: Languages of the World*, 16. Ausgabe (Dallas: SIL International, 2009), www.ethnologue.com.

Hilfe: Gebet, Bibellesen und »Warum christliche Gemeinde?«

13 Brother Lawrence, *The Practice of the Presence of God* (Old Tappan, NJ: Revell, 1958), S. 9.

14 »U.S. & World Population Clocks,« Statistisches Amt der USA, www.census.gov/main/www/popclock.html (abgerufen am 28. Juli 2010).

Er und Sie: Sex, Verliebtsein und »Gibt es eine zweite Chance?«

15 »Gender Differences in Our Approach to Sex,« Marriage Missions International, www.marriagemissions.com/gender-differences-in-our-approach-to-sex.

[16] David F. Greenberg, *The Construction of Homosexuality* (Chicago: University of Chicago Press, 1988), S. 195.

Familie: Windeln, Meinungsverschiedenheiten und »Hoffnung für verlorene Söhne und Töchter?«

[17] Das Buch ist im Deutschen unter dem Titel »Liebe im Überfluss« erschienen.

Arm und reich: Arbeit, Geld und »Wo ist die helfende Hand?«

[18] Bob Russell mit Rusty Russell, *Money: A User's Manual* (Sisters, OR: Multnomah, 1997), S. 82.

[19] Linda Kulman, »Our Consuming Interest,« *U.S. News & World Report*, 28. Juni – 5. Juli 2004, S. 59.

Das Jenseits: Friedhöfe, Himmel, Hölle und »Wer kommt wohin?«

[20] Ann Kaiser Stearns, *Living Through Personal Crisis* (1984; repr., Enumclaw, WA: Idyll Arbor, Inc., 2010), S. 6.

[21] C.S. Lewis, *The Great Divorce* (New York: Macmillan, 1946), S. 72.

[22] C.S. Lewis, *The Problem of Pain* (New York: HarperCollins, 2001), S. 130.

Nachtrag

[23] Aus einem Vortrag anlässlich der Jerry Jenkins's Christian Writers Guild Conference, Denver, CO, 18. Februar 2010.

[24] A.E. Hotchner, *Papa Hemingway: A Personal Memoir* (Cambridge, MA: Da Capo Press, 2005), S. 114, 43.

[25] Peter De Vries, ThinkExist.com, http://thinkexist.com/quotation/i_write_when_i-m_inspired- and_i_see_to_it_that_i/186988.html.

[26] Henry David Thoreau, *Walden* (Nashville: American Renaissance, 2009), S. 56.

Max Lucado

Gottes Verheißungen für dich

Ausgewählte Verse aus der Heiligen Schrift

Gebunden, 10,5 x 16,5 cm, 208 S.
Nr. 394.831
ISBN 978-3-7751-4831-3

Wie Perlen an einer Kette reiht Lucado die Zusagen Gottes zu den wichtigsten Lebenslagen auf und beschreibt sie mit inspirierenden Gedanken. Ein wunderbarer Geschenkband. Gottes Verheißungen stärken und schenken Freude und Leben.

Max Lucado

Wenn Gott dein Leben verändert

Gebunden, 13,5 x 20,5 cm, 208 S.
Nr. 394.919
ISBN 978-3-7751-4919-8

»Gott liebt Sie so, wie Sie sind. Aber er will Sie nicht so lassen, wie Sie sind.« Gott möchte unser Herz verändern. Er möchte uns ein vergebendes, mitfühlendes, von ihm erfülltes Herz geben. Kurz: Ein Herz, das von Jesus geprägt ist.

Bitte fragen Sie in Ihrer Buchhandlung nach diesen Büchern!
Oder schreiben Sie an: SCM Hänssler, D-71087 Holzgerlingen;
E-Mail: info@scm-haenssler.de; Internet: www.scm-haenssler.de